つなわたりの倫理学

相対主義と普遍主義を超えて

村松 聡

角川新書

目次

第四章　誠実に嘘をつこう……195

第五章　不平等を実践しよう……235

序　章　したいことをしよう——自愛と生の充実

倫理学のもう一つの道

倫理ときくと、「しなければならない」あるいは、「してはならない」ことだと考えたくなるが、倫理思想の長い歴史のうちでこれはあたりまえの発想ではない。その発端において、倫理は「しなければならない」ことを意味したわけではなかった。「したい」ことを探そうとしていた。現代の問題に即して言えば、たとえばヒト・クローン問題で、「ヒト・クローンを作っていいのか、あるいは作ってはならないのか」を考えたのではなく、「ヒト・クローンを私たちは本当に作りたいのか」を問うていた。

「したい」倫理を決定的に覆して、近現代の「しなければならない」倫理観を作り上げたのは近代思想に決定的な影響を与えたカントであり、カント以降、倫理と言えば、すべきか、すべきでないか、を問う倫理が定着してしまった。義務倫理が倫理思想の中核に座るようになった。

この章では、倫理思想の発端にある古代ギリシャの倫理観へ立ち返って、「しなければならない」倫理ではなく、「したい」倫理への転換、原点回帰をはかりたい。そこから、私たちが忘れている大きな問題、自愛についても焦点を当てたいと思っている。

第一節　倫理思想の原点

嫌々すべきことが倫理ではなかった

倫理思想の原点にあるのは、幸福への問いだった。アリストテレスは、『ニコマコス倫理学』の冒頭で、幸福こそ、私たちの全ての行いが求めているものと断言する。したがって、人間が求めている「よさ」（善さも良さも含まれる）は、幸福にほかならない。どうすれば幸福になれるのか、これはアリストテレスのみならず、古代ギリシャ思想全体の基本的なテーマだったといってよいだろう。

幸福の問いは、次のようになる。

どうすれば幸福になれるかを知るためには、私たちが何を求めているかを知らなければならない。幸せの青い鳥を手に入れようとしても、青い鳥がなにかを知らなければ、どこを探すべきか、何を探すべきかわからない。

さらに、私たちが何を求めているかを知るためには、私たちが何であるかを知らなければならない。たとえば、オオカミが何を求めているか、オオカミの幸福を考えてみよう。オオカミの求めているものを知るためには、オオカミの生態を知る必要がある。オオカミは、そのテリトリーが数百キロに及ぶ非常に広い範囲を群れで徘徊《はいかい》する。群れはアルファオオカミと呼ばれるボスに率いられて、階層社会をなしている。その途中、群れで狩りをするが、二〇キログラムのおとなのオオカミは一週間におおよそ五〇キログラムの肉を必要とする。リスやウサギのような小さな獲物ではおやつ程度にしかならない。大型の草食獣の生息がオオカミの生存にとって必須条件となる。

広い活動範囲と、鹿のような大型の獲物の存在、そして群れでの生活、こうしたオオカミの生態によってオオカミの求めているものが決まる。オオカミの生活を知れば、動物園の小さな檻《おり》や、群れから切り離され、一匹あるいは数匹で過ごす孤立した生活がオオカミにとって如何《いか》に残酷かわかるだろう。

私が子供だった頃――現在の動物園はかなり改善が進んでいるようだが――動物園でオオカミが小さな檻の中を行ったり来たりするのを見たのを覚えている。こんなにせわしなく行ったり来たりするのも、広い土地を疾走したいのだろうと思った。今考えると、それはストレスによって生じる病的症状、同じ行動を繰り返す常同症だったのではないだろうか。

人間も同様である。私たちが求めているものを知るためには、私たち人間の「生態」つまり人間本来のあり方を知らなければならない。そう古代ギリシャ人は考えた。人間にとって「よさ」は私たちが目標としている幸福にある。幸福を手に入れるには、私たちが何を求めているかを知る必要がある。何を求めているかは、そのものの本質や本性によって規定される。オオカミの求めているものはオオカミの生態により、人間の求めているものは人間の本質・本性による。すなわち、幸福とはそのものの本来のあり方や本質が実現されている充実した、生き生きとした生の展開なのである。

したがって、人間の幸福を考えるためには、人間の本性が遺憾なく発揮されている生についてまず考える必要がある。こうして倫理思想は、人間の本質の問いへと接続していった。

古代ギリシャ人の倫理思想を支えた考えの道筋をまとめると、以上のようになる。現代の倫理学や倫理思想についての印象、あるいは先入観と比べて、そのちがいは一目瞭然《りょうぜん》だろう。私たちは、自らの生の充実のために本当は何をしたいのか、それが、するべき内容だったのであり、嫌々することが倫理ではなかったのである。

第二節　古代ギリシャ人の考えた人間本性

自分の能力を発揮している活動が「幸福」

もちろん、ギリシャ語でユウダイモニアあるいはエウダイモニアと呼ばれるギリシャ人の「幸福」は、現在私たちが幸福の名の下に想像するものと同一ではない。人間に本性があるとして、その充実といえば聞こえはいいが、これは結構大変で頑張らなければならない「幸福」のようだ。

また、私たちは幸福によって、なんらか、幸福を感じている状態を形容したくなるが、アリストテレスは、自らの能力を発揮している活動を考えていた。オオカミが一所懸命野を疾駆して、鹿を逐《お》っているように、人間はその能力を、それがなんであれ発揮して、活動している。その活動の連鎖が充実した生とイメージされていたようにみえる。どうも人間本性に追い立てられている「幸福」は息つく暇もなさそうで、たいへんつらそうにもみえる。もっとも、自らのもっている能力を発揮できない生活は、これまた不幸な気がするから、あながち私たちの幸福と無縁とはいえない。とりあえず、今はこの問題はおいておこう。

幸福が人間本性の発揮に基づくとして、それでは、古代ギリシャ人は何を人間本来のあり方、人間の本性と考えたのか。まず考えられていたのは共同生活だった。アリストテレスの言葉で言えば、人間は社会的動物であり、共同で生を営む。この点で人間はオオカミやアリそしてサルや犬と近く、孤独に暮らす猫やカメと遠い。現代風に言えば、共生が人間の本質的な営みである。

プラトンの描くソクラテスはその好例だ。ソクラテスは如何に当時のアテネのソフィストたちに反対し、孤立しても、決してアテネのアゴラ（広場）から離れず、彼らとの対話と論争をあきらめない。ソクラテスは、俗世から離れた隠遁《いんとん》を理想とした宗教者や仙人、ニーチェの描くツァラトゥストラのように、一時であれ山に籠《こ》もる生活など思いもしなかった。アリストテレスにとって、共生は人間生活の重要な契機だった。彼は『ニコマコス倫理学』の多くの部分をさいて友愛（フィリア）について検討している。また、交際や会話で、一緒にいて人に心地よさをあたえる徳やユーモアの徳について語っているのである。

人間的生の中心にあって美と調和をもたらすロゴス

共生とともに、あるいはそれ以上に重要だったのがロゴスである。古代ギリシャ人はロゴスに導かれた生を人間本来のあり方と考えていた。ロゴスはたいてい、理性と訳されるが、日本語の一つの言葉への翻訳がほぼ不可能——ほとんど全ての根本概念はこの点で同じだが——に近い。ロゴスには言葉の意味もある。英語のロジックの語源でもあるから、ロゴスは論理も意味する。日本語で言えば分別の意味も含む。いろいろな意味を含む言葉として、物事の理《ことわり》とでも訳すのがいいかもしれない。ロゴスは、人間に特有の理《ことわり》をもたらす。

ギリシャ人にとってこの点で鋭く対立するのは獣だった。獣は欲望の赴くままに生活すると彼らは考えていた――動物についてのこうした素朴な理解には目をつぶろう――。人間も動物と同じく、欲望の生をもつが、理《ことわり》をもって、分別をもって制御する。そこにちがいがある。例えば、食べること、セックスなどは動物と同じと考えていたが、そこに制御が加わって人間的な生が生じる。アリストテレスは、これを集中的に節制の徳で考えている。

ロゴスは調和（ハルモニア）ももたらす。とりわけこの点にギリシャ人の特異な点があるのだが、ロゴスは美や身体理解にも影響を与えた。理性的なものは調和し美しい。

たとえばピタゴラスである。ピタゴラスと言えば、私たちは直ぐにピタゴラスの定理、三平方の定理を思い出す。この点でロゴス、理性のはたらきはわかりやすいが、同時に、ピタゴラスは音階の最初の発見者でもあった。彼は、弦楽器で弦を指や琴の柱で分割するとき、音の高低がその分割に比例して生じるのを発見した。比は音楽に美しい音階をもたらす。同じ比の原理で、ピタゴラスの定理も考えられているのだ。

比と調和（ハルモニア）は、音階のみならず精神と身体の関係に現れる。ギリシャ人は身体を軽視しない。身体と精神の調和にロゴスを体現した人間の生をみている。プラトンは、冬の夜、歩哨《ほしよう》に立つソクラテスを描いているが、そこに現れるのは、ひ弱な体の持ち主ではなく、鍛えた体をもち、思考に沈潜している哲人の姿である。

調和は、さらに身体自身の理解にも現れる。古代ギリシャ人は、身体を比で考える身体理解の発明者である。八頭身がその典型だろう。アテネの国立考古学博物館に、青銅製のゼウス像——一説には海神ポセイドン——が安置されている。博物館の一室の真ん中に立つこの像の美しさは比類がない。伸びた四肢、鍛え上げられ引き締まったトルソー、そして部分と全体の調和によって、その美しさは、ギリシャ的身体美の典型を表現しているのではないかと思う。

余談だが、若いとき、国立考古学博物館を訪れた。夏の暑い日盛り、閑散とした一室に入ると、いきなりゼウス像が目に飛び込んできた。その圧倒的な存在感に、離れられないでいると、リュックサックを背負ってジーンズの短パンをはいた北欧出身とおぼしき女性、おそらく私と同じ大学生が、ゼウス像の前にあぐらをかいて座り込んだ。三〇分あまりも経っただろうか、二人ともその見事さ、身体美の発見を前にして動けなかったのである。

第三節　徳倫理

「すべき」でなく「したい」を考える倫理

幸福を求める倫理観は、幸福を表わすギリシャ語のユウダイモニアから、ユウダイモニズム（幸福主義）と呼ばれる。ユウダイモニズムは、倫理思想のもう一つの基本理解である徳論と手を携えている。徳論、とりわけアリストテレスが展開した徳理解が、中世以降、近代にいたるまでの倫理思想と倫理観に大きな影響を与え続けてきた。もちろんアリストテレス倫理学のみが古代ギリシャの倫理思想ではないし、古代全体を通じてもっとも尊重された倫理思想でもなかった。『ニコマコス倫理学』は多くの競合する倫理観のうちの一つにすぎない。当時、エピクロスの快楽に基づく幸福論もあった。少し時代を経た古代ローマでは、ストア派の思想が席巻していたようである。アリストテレスが極めて重要視されるようになるのは、イスラム世界、そしてその影響を受けたキリスト教の中世世界へと取り入れられた事情が大きかった。

強調したいのは、しかし歴史的な重要性ではない。「すべき」倫理から「したい」倫理への転換にとって、アリストテレスの徳倫理は、現代でももっとも重要な倫理学であり続けている。義務倫理では飽き足りない人々にとって、アリストテレスは倫理理解への常に重要な考えるヒントなのだ。この意味で、現代の倫理理解へのヒントとして、今しばらくアリストテレスに目を向けたい。

さて、人間にとっての幸福は、人間の本来のあり方や本質が実現されている生き生きとした生、他者との共生のうちで、理性に制御され、身体と心が調和した生だと述べた。それでは、どのようにして人間の本性が遺憾なく発揮される幸福な生をもたらすことができるか。それが根本的な問題になる。

幸福を求める手がかりとしての徳（アレテー）

ここで徳（アレテー）が登場する。アリストテレスは、徳を、人間の本来的な生活を充分に発揮するための資質、心の姿勢と考えていた。たとえば、私たちの欲求と深く結びついている徳が節制である。食べること、飲むこと、セックス、このどれも動物と共通する生物としての本質的な欲求であり、その限り、人間に特有ではないが人間にとって欠かせない活動である。動物と異なるのは、ロゴスによる制御が加わる点だ。欲求の命じるままに食べ、飲むのではなく、人間ではロゴスにしたがう、分別ある活動になって、初めて飲食とセックスが人間的な生となる。

その鍵《かぎ》となるのが節制の徳である。春先のウサギのように、つがいの相手を求めて、交尾ばかりを求めてうろつくのは人間的な活動ではない。同時に、セックスを全く否定するのは、これまた人間的ではない。ちなみに、カントは生殖目的以外のセックスはいけないと考える、極めて厳格なプロテスタント的人生観、息の詰まる倫理観をもっていた。この点、ギリシャ人はずっと人間的だった。

徳の重要な点は、心の傾向性、何かを行う際の心がもつ方向性にある。節制について言えば、節制の徳をもつ人間は、おのずと節制する心構え、あるいは身構えができている。食事に際して、節制の人は、腹十二分まで食べるのではなく、腹八分目で満足するし、快適な気分になる。そうした快、不快や感情を含めた心構えができている状態が徳にあたる。アリストテレスは言及していないが、同様な状態は、体と運動についても当てはまるだろう。運動への心の傾向ができている人は、おのずと運動を行うし、そうしない日には何か落ち着かないものを感じるにちがいない。別の言い方をすれば、運動が日々の習慣となっている。

ユーモアも徳の一つ

徳と言えば、徳の高い人とか、徳のある人で、高潔で立派な人格者の印象があるが、アリストテレスの挙げている徳（アレテー）は、私たちの想像する高潔で、立派な徳のイメージとは実はかなり異なった内容も含んでいる。私たちが倫理的、あるいは道徳的と考える性質、心の特質を越えて、徳は生の全般に及ぶ。とりわけ人間の社会的活動の徳をみると、その広がりははっきりしている。

すでに言及したように、社会的な交際、共生にあって発揮される徳として、心地よさをあたえる徳やユーモアの徳がある。人間の生活には、娯楽と休息が欠かせないと語る文脈で、アリストテレスは交際の徳を考えているが、ユーモアを徳として挙げて、ユーモアのない野暮で無粋な心や、相手に追従しすぎる道化のような性格と対比する。ユーモアのセンスが倫理に必要だとは、現代的倫理観からは想像できない。そもそも倫理学の研究者は、この観点からすればほぼ全員、もっとも徳から遠い人たちの集まりだ。

ついでに言えば、ユーモアが、人間生活の幸福をつくる大きな要素と考える点は、現代の欧米社会でも共通している。パートナーに求める資質は何かを答えるアンケート調査がしばしば行われるのはよく知られているだろう。誠実さや心の優しさが資質の上位にランクする点では欧米でももちろん日本と同じである。だが、欧米では、ユーモアのセンスが男女ともに、相手に求める資質の上位に挙がってくる。アリストテレス的徳論の伝統が残っているのだろうか、と思わずにはいられない。

さらに、もう一つ例を挙げると、相手を居心地よくさせる、喜ばせる独特な交際の徳もある。この徳の反対の態度をもたらす心の傾向を、論争好きで無粋で無作法か、あるいは逆に、卑屈でこびる心としてアリストテレスは描いている。この交際の徳など、それを徳と呼ぶかどうかは別として、現代でも十分共感をえるにちがいない。何かと突っかかるタイプの人間や、逆にひどくこびる人間と居酒屋で一緒に歓談しながら飲みたいと思う人はいないだろう。

挙げられた二つの例からわかるように、徳（アレテー）は、倫理的と私たちが考える範囲以上に広い人間生活、活動に関わっている。その点を考えて、アリストテレスの翻訳では、英語でも日本語でもアレテーを徳ではなく（心の）卓越性（excellence）と訳すものもある。もっとも、交際の徳には名前がないとアリストテレス自身が語っているから、当時のギリシャ社会でも、アリストテレスが考えた徳すべてが徳として認知されていたわけではなかったらしい。いずれにせよ、アレテーは幸福で調和ある生を送るための心構えとして、私たちが理解する倫理的な範囲を超えて生活全般に及び、人間生活の基本に関わっているのである。

第四節　幸福か生の充実か

幸福を倫理的原理にできるか

「すべき」倫理から「したい」倫理への転換を図って、倫理思想の原点へと立ち返るべく、古代ギリシャ人のユウダイモニア理解を振り返った。同時に、アリストテレスの徳倫理を現代の倫理を考える上でのヒントとして取り上げてきた。

しかし、歴史的な理解として古代ギリシャの倫理思想の発端においてユウダイモニズムと徳論を倫理の原点と認めても、それをそのまま現代の私たちに応用できると考える人はまずいない。そこには大きな困難が、おそらく三つほどあるからだ。その一つは幸福に関する。

二つ目は人間本性に関する。そして、徳理解に関わる問題が、三番目の問題として浮び上がる。この困難な点にどうしても触れておかねばならない。

まず幸福について。批判の焦点は幸福の多様性にある。人間の幸福と言うが、幸福は個人によって異なる。十把一絡《じっぱひとから》げに幸福、あるいはこれこそtheé幸福と呼べるようなものがあるとはとうてい考えられない。幸福は各人それぞれであって、当人が何を大切にするかによって異なるから、幸福を倫理的なよさと考えると、相対主義に陥ってしまう。幸福は倫理的な基準にふさわしいものではない。そう、批判は語る。

この批判を行った典型はカントである。カントは、「経験的概念」である幸福によって倫理的善を理解できないと考えていた。倫理的な善さは普遍的でなければならないが、個人によって、時代によって、文化によって異なる、つまり経験内容に依存する幸福はだれにでも、どこでも、いつでも妥当する普遍的な原理にはならない。理性によって、そして理性のみから、経験的な事柄に頼らずに倫理的原則を導出しなければならない。カントは大変変わった人で、白鳥座の向こうにもし理性的エーリアンがいるとすれば、そのエーリアンにも同じく倫理的原則は妥当しなければならないと――「普遍妥当性」とはそういうものだが――本気で考えていた。

確かに、幸福は各人それぞれである。(1)また、歴史文化的な理解に基づいてこの点は大きく変わる可能性をもっている。簡単に素描した共生に関してすら、文化伝統によって、理解が異なるのを指摘するのは容易だ。古代ギリシャ人たちは、人間は社会的動物であると考え、他者との共生を幸福の本質的な要素と考えていたが、原始仏教や、初期キリスト教の一部、シリアやトルコの山岳地で人里離れて暮らしていた宗教者たちは、この点、際だった対照をなしている。

原始仏教経典を読んでいると、「サイの角のごとく独り歩め」と語りかけるフレーズが出てくる。解脱を求めるとき、もし己の周りに理解者がいないなら、世を捨て去って独り道を求めよ、と勧める。まるで、西行《さいぎょう》が妻子を蹴飛《けと》ばして出家したように——本当かどうかは知らないが——出家を推奨しているようなフレーズである。初期仏教は独り社会を離れてサイの角のごとく生きていく道を間違っているとは考えていない。これも、人間の一つの幸福の姿かもしれない。

異なる幸福にも共通性はあるか

一方、幸福がすべて相対的で全く同質性がないと切り捨ててしまうのも極端である。ある種の一般性が幸福理解には備わってもいる。

親の立場に立って子供の幸福を考えてみよう。親は、子供に幸福であってほしいと思う。

もちろん、子供の望みに応じて、どんな職業を選ぶか、どんな伴侶を選ぶか、あるいは選ばないか、幸福な生活はいろいろである。それを親が認めた上で、なお、ある種の共通性が親の望む子供の幸福にはある。我が子が、周りの人々から尊重され、愛されること、子供自身も他者を尊重し、またよい関係を保つこと。人生に対して誠実でよく働くこと、独立して自らの道を歩む力をもって人生をおくれること、などである。決して、人から嫌われる人生や、怠けてよい生活を送る人生を――それが幸福感をもたらすとしても――親は子供に望みはしないだろう。私たちはあるタイプの生を一般的に共通して、人間にとっての幸福と考えている節もあるのだ。

とは言え、個人の個別性、文化や社会の相対性を除いても、幸福には問題点があると、現代の徳倫理思想のうちでも指摘されている。たとえば、ゴッホは幸福だったか。ゴッホのような人生を歩むことを子に望む親はいないにちがいないが、それでは、ゴッホの人生は避けるべき人生なのか。これは厄介な問題だ。

したがって、現代の徳倫理にあっても、幸福理解を中心として徳倫理を展開することはまずない。その代わりにしばしば登場するのは「生の充実」である。ゴッホが幸福であったかどうかは疑問でも、絵描きとして充実した生を生きたことは、確かに納得できるかもしれない。

第五節　人間本性と徳

現代ではあらゆる「人間本性」が相対化される

二番目の困難は人間本性である。古代ギリシャのユウダイモニズムは、そのもののもつ本来のあり方、本質が実現されている生、本性的あり方が遺憾なく発揮されている生を考えていた。だが、人間の本性の存在についても疑わしいと、多くの社会科学や人文科学の専門家たちは言う。

生物学的なヒトのレベルでは、本性と呼べるような特徴があるにちがいないが、人間は様々な社会的な理解、前提、影響によっても成立しているから、そのレベルで共通性を考えると途端におぼつかなくなる。わかりやすいのは、衣食住の生活習慣のちがいだろう。生の魚を食べるか、挨拶《あいさつ》でお辞儀をするか、社会と時代によって異なり共通とはいえない。

しかし、人間本性に対する疑問の根は深く、その射程は広い。古代ギリシャ人は、人間本性は理性にあると言い、啓蒙《けいもう》の思想家たちは、無邪気に理性を信じたが、共通する理性などあるのか。私たちが考える理性自体が、近世以降の西欧社会で構成され、信じられてきたものではないか、理性の名による横暴、これはフーコーが投げかけた問いだ。

フーコーはさらに、『性の歴史』で、人間の性的あり方もゆさぶる。たとえば同性愛は古代ギリシャでは問題にならない。同性愛に対する敵視は、キリスト教とともに始まる。同性愛は長い間、異常と受け止められてきたが、同性愛も、もし異性愛が「本性的」であるなら、同じように人間に「本性的」といえるかもしれない。「本性」からの逸脱の基準も、宗教的、社会的規範による。こうして、幸福概念と同様、人間本性の諸特徴も相対化される。

相対主義が行き着く無批判の世界

だが幸福概念と同様、人間本性などまったくないと断ずるのも、これまた極端な見解である。この困難、社会相対性、文化相対性の問題を考えるには専門的な議論をしなければならないが、倫理的な内容からずれていくので、ここでは一つだけ、現代の徳倫理を担う才媛、ヌスバウムの反論を指摘するにとどめたい(2)。

フーコーは、古代ギリシャ人は現代とは異なる性の理解をもっていたと単に歴史的な事実を伝えたのではない。キリスト教的な思考から解放して、新たな可能性を考えることに『性の歴史』の目的はある。そして、文化的差異の分析と強調は、それが既存の社会的配置と権力の批判に結びつき、人間的幸福の新たな規範の精製に結びつくようになっている。こうした規範の精製は、単なる相対主義に終わりはしないのであって、キリスト教的な性の理解より「よい」あるいは人間的な性の理解を考えている。ヌスバウムはこう主張する。ヌスバウムが指摘するごとく、フーコーのテーゼは単なる文化的、歴史的相対主義にとどまるものではないだろう。

性についていかなる規範も理解も、社会相対的であるとするならば、どのような性理解が来ても批判するいわれはない。異なっている、それだけに過ぎないからだ。たとえば、未来の社会を想像してみよう。二二世紀には肌の触れあいを忌み嫌い、どのような接触する性的関係も中止し、性は試験管内の製造とヴァーチャルな空間に閉じ込められる、新たな性の「信仰」と「進歩」の時代が来るかもしれない。それを批判する基準は何もないだろう。

相対主義の問題はおくとして、人間本性について、そう素朴に信じられないし、また語れないことは確かだ。この点を反映して、徳倫理の洗練された現代版は、幸福概念に依拠しないのと同様、人間本性に安易に依拠することもない。人間本性ではなく、ヌスバウムの言葉を借りるなら、人間の生活の「基本的な経験」から徳倫理を構想する。その舞台裏に、何らか人間本性の姿が見え隠れするにしても、である。

第六節　徳の相対性

ずる賢さも古代では徳だった

すこし話を急ぎすぎたかもしれない。現代版徳倫理について触れる前に、もう一つの困難を見ておかねばならない。徳理解そのものの相対性である。

人間の本性以上に、徳は社会相対的、文化相対的である。江戸時代の忠孝の徳が現在の日本で通用すると思う人間はいまい。言葉は同じであっても、そもそも忠孝の徳が戦国時代以前に、江戸時代と同様に理解されていたか、そこからすでに極めてあやしい。何らかの心の特性を、どの時代のどの文化の人間にとっても共通した必要不可欠な徳であると主張することは、人間の本性以上に困難であり疑問符がつく。

徳倫理の現代における重要な復興者の一人であるマッキンタイアは『美徳なき時代』の中で、西欧における徳の変遷を歴史的に丁寧に辿《たど》っている(3)。まず、以前には存在していなかった、その時代と社会に固有の徳がある。例を挙げよう。中世社会ではキリスト教を背景として、古代世界が与《あずか》り知らなかった徳が現れる。愛と赦《ゆる》し、あるいは謙遜《けんそん》と忍耐がそうである。徳目が異なっていたばかりではない。徳とは何か、徳理解自体も共通とはいえない。紀元前およそ七世紀に活躍したホメロスの描く『イリアス』や『オデュッセイア』では、「狡猾《こうかつ》さ」も女性の魅力も時に、徳として言及される。女性の魅力が徳に挙げられると私たちは戸惑いを覚えるし、狡猾さは非難の対象になっても、褒められたものではない。ところが、マッキンタイアによれば、彼が英雄社会と呼ぶ『イリアス』の英雄たちが活躍する世界のうちでは、徳は社会や物語が求めている役割を見事に果たす性質や特徴とみなされている。この徳理解に基づけば、狡猾さや女性の魅力も徳になる。

有名なトロイの木馬の策略を編み出すのは知将オデッセウスだが、彼の「狡猾さ」が、木馬の奸計《かんけい》を生み、トロイの陥落を決定した。オデッセウスの「狡猾さ」が徳として褒め称《たた》えられるのも、トロヤ戦争の物語における役割の文脈で解釈しなければならない。

さらに、同じ名称をもつ徳であっても理解はさまざまだった。たとえば正義の徳。正義は、現在では公平や公正を意味する社会における分配の問題として考えられている。この理解はアリストテレスに始まる。プラトンでは、正義は魂のそれぞれの機能が調和をもって魂全体のうちではたらくことを意味していた(4)。社会的な制度の問題ではなかったのである。正義は古代の四つの「枢要徳」の一つで、一貫しているようにみえるが、すでに古代世界においても全く異なる理解があった。

マッキンタイアが展開してみせたように、歴史的変遷のなかで徳の多様性をあらためて確認してみると、その多様さ自身の多様なあり方に驚く。無邪気に人間に共通する徳について語ることなど到底できない。西欧とは全く異なる文化伝統、社会伝統を生きる、仏教やイスラム世界まで視野を広げるならば、翻訳による言葉の適切さの問題まで含めて、相違はさらにややこしくなる。(5)

個人と社会の倫理が調和していた古代

最後に、もう一つ徳倫理が抱える問題を挙げておきたい。徳は、心のあり方、性格に関わるが、倫理的な問題は心の姿勢ばかりではない。心の内実からは導けない問題群がある。他者の福祉、社会的な公平などがそうだ。社会的公平を取り上げてみよう。少ない医療資源――たとえばワクチンやコロナウィルスによる医療崩壊にさらされた病院での人工呼吸器の割り当て――をどのように配分すれば社会の成員にとって公正で公平か考えるとき、それぞれの心のあり方や性格は問題ではない。

確かに、公正で公平を心がけるような、えこひいきをしない目を注ぐ性格や態度は、徳として扱えるだろう。だが、それは事柄の中心ではなく、公平さを実現する基準にはならない。この点で、徳倫理は本人のあり方のみを問題にした狭い倫理観であると批判されてきた。(6)社会的な倫理的問題と、もっぱら個人の心情によって解決できる節制などの倫理的問いとは質的に異なる問題群なのだ。

ここにはさらに、古代ギリシャの倫理思想と、現代の倫理観のもう一つのちがいが反映していると指摘してもいいかもしれない。古代ギリシャの倫理思想、少なくともアリストテレス倫理学は、個人的な倫理的態度と社会倫理的問題の間に大きな間隙《かんげき》をみていない。個人の幸福を実現する生活が、なめらかに政治的共同体の構想へと連続すると考えていたからである。アリストテレスにとって、個人の徳について語る『ニコマコス倫理学』の終わりは、政治的な共同体の構想を論じる『政治学』の始まりでもあった。しかし、現代の私たちは、個人の倫理的あり方と、社会的、政治的あり方をはっきり区別する。個人の性格と社会的な制度とを共通の次元で語れるとは考えていない。

おおらかな倫理観の探求

こうして幾多の困難と問題点をみてくると、倫理思想の原点への回帰は歴史的な確認にしかならないのではないか、そういう思いがふつふつとわいてくるかもしれない。なぜ今、徳倫理のアプローチが必要なのか。

この答えは本書全体で語っていくしかないが、とりあえず一点指摘しておきたい。「しなければならない」強迫に駆られる窮屈な倫理、神経症的な倫理の視点を脱して、本当に私たちは何をしたいのか、徳倫理のアプローチは広く問う可能性を開いているから。これがその答えである。

カントのように、何があっても嘘をついてはならない、と語るのは厳格ではあっても、どうにもやりきれない。例えば、窮地にあってなんとか自らの心を保っている友人に、正しいとはいえ、残酷な批判を矢のように突き刺すだろうか。私たちは友人に対して誠実であろうと思うが、必ずしも真実を告げればいいわけではない。もしそう表現できるならば、カント的な窮屈な誠実さとは異なる「おおらかな」誠実な態度を考えたい。

悪いことをしてはならないのか。不平等であってはいけないのか。悪い行いしかできない窮地に陥ったとき、どうすればいいのか。残念ながらそういう状況は、人生に存在している。不平等はどうだろう。私たちは宗教者や聖人のように、誰に対しても平等でなければならないのか。家族を大切にし、友人を大切にし、つまりは、他人よりも身内を大切にする選択が不平等であると言われると生活は成り立たない。悪い行いに非倫理的と刻印を押され、不平等を実践すると人間失格であるならば、生きてはいけない。こうした狭い倫理思想ではなく、おおらかな倫理観が、人間の生活にふさわしい。そのとき、徳倫理は大きなヒントを与えてくれる。

徳倫理は、一つ一つの行為の善し悪《あ》しを語るのではなく、私たちが、問題に直面したときにどのような心構え、心のあり方で問題に対峙《たいじ》するか、そこに焦点を当てる。徳倫理のアプローチでは、誠実さは、事実を告げる一つの行為の問題ではなく、友人に対する誠実な姿勢の問題となる。悪い行いしかできない状況にあっては、悪い行為、それだけを取り出して問題にするのではなく、行為を決断する態度がどのように形成されるべきか、が問われる。平等は、誰に対しても、どこでも同じ行為をすることではない。状況によって異なるとき、何が必要とされる公正さか、判断する熟慮の眼が問題になる。今挙げたどのテーマも、これから章を改めて取り上げよう。

付け加えてもう一つ。ユーモアを徳と考える倫理観、一緒にいて楽しいユーモアのある友人を大切と認めてくれるような広さも、捨てがたいのではないだろうか。

第七節　現代の徳倫理——マッキンタイアの場合

優れた「実践」のうちに共通の特徴を見つけ出す

現代の徳倫理といっても、一つの明確な形があるわけではなく、解釈者の数だけ、様々な試みがある。徳倫理に対する多くの誤解や思いこみや偏見を、正確な文献の解釈からただそうとする地道な研究がある一方、徳倫理の発想はアリストテレスに学びながら、徳の内実を現代化し衣替えするものもある。人間の本性を驚くほど素直に信じている論者がいるかと思うと、他方で、不変の人間本性など信じているのは、現代ではヴァチカンの狭い部屋の中だけ、と嘲《あざけ》る論者もいるといった具合だ。

そのなかから、洗練された徳倫理の現代版を取り出してみよう。洗練された、と形容するのは、幸福の多様性、人間本性の疑わしさ、徳の相対性に対して、何らかの答えを用意し、現代の要求に応《こた》えようとする試みを指している。まず、現代の要求に耐えうる徳倫理的アプローチは、幸福を基盤とするのではなく、それに代わって、生の充実を強調する。次に、人間本性を、少なくとも前面に出すことはなく、代わって人間の生活に共通する何らかの特徴を挙げる。最後に、徳の相対性に対して、相対性を乗り越えて一般性を獲得できる共通のあり方を探る。

こうした試みを二つ挙げておきたい。一つは、マッキンタイアの「実践」に基づく徳理解であり、もう一つは、ヌスバウムの潜在力アプローチ（capability approach）である。

マッキンタイアは、スコットランド出身のアメリカの思想家で、徳倫理の担い手であるとともに、マイケル・サンデルやチャールズ・テイラーとともに、コミュニタリアニズムの代表的論者として有名である。コミュニタリアニズムは、名前が表わすように私たちの倫理観や人生観のうちには、歴史的社会的共同体が育《はぐく》んだ価値観や世界観が深く根を張っており、埋め込まれていることを強調する。その点で価値観の社会相対性に対する感覚を強くもった倫理学の潮流である。

コミュニタリアニズムは、カントのように普遍的道徳原理が確立できると信じていないから、共同体の中で育まれてきた手持ちの価値観から出発して、判断し行為するしかほかに手がない。しかし、固有のコミュニティーのうちで育まれた倫理観、価値観から、どのように他のコミュニティーにも通じる一般性をもつ倫理へと超えていくのか。それが、コミュニタリアニズムの抱える大きな問いであり、マッキンタイアが徳を考える原点である。

マッキンタイアは、古代ギリシャから近代アメリカに至る西欧の長い歴史の中で、徳理解の変遷を辿り、その多様なあり方、時代と文化相対性を具体的に示した後に、なお共通した徳理解の可能性を探っている。その鍵となるのが、「実践」である。

「実践」を、彼は「首尾一貫した複雑な形態の、社会的に確立された協力的な人間活動」(7)と定義する。正確さを期する学者、研究者に特有の堅い表現だが、要は一人ではなく、複数の人間が関わる社会的活動を意味する。大学の講義、病院の治療、サッカーや野球の試合もその一つである。政治活動もそうだし、家庭生活、チェス、農業経営、藝術活動もマッキンタイアはその例に挙げている。どれも、一つの行為や運動、活動ではなく様々な行為、活動の複合体であり単独でできるものではない。その点で社会的な活動である。(8)

サッカーの試合を例にとってみよう。サッカーボールを蹴ること、ドリブル、シュート、このどれもサッカーに不可欠な要素であるが、試合が成り立つには、さらに、監督やコーチの指示や助言、審判の判断などが必要となる。こうした一つ一つは個別的な行為に分解される幾多の行為の複合体として、サッカーは一つの「実践」となる。(9)

サッカーではなく、野球をする社会もあるように、実践は、社会によって様々であり、また時代によって様々である。それでも、実践が失敗することなく充分な活動として展開し、卓越したものとなるためにいくつかの共通した性質がある。誠実さ、信頼、勇気などをこうした資質、すなわち共通の徳としてマッキンタイアは挙げる。

たとえば「誠実さ」。サッカーの試合も家庭生活もあるいは政治でも、充実した活動として成立し、活動の本領を発揮し展開していくうえで、その活動への誠実な参加が不可欠である。サッカー選手が隙を突いて手を使ったり、相手をなぐったりしたら、立派なサッカーの試合にはならない。政治において、ヒトラーのように国際条約を覆すならば、もはや政治活動ではなく、テロあるいは単なる暴力行為、その延長線上にある戦争でしかない。

たとえば「勇気」。サッカーでドリブルして敵陣を突破していく気構えがなく、ボールを取られるのを恐れてパスを後ろにばかり出しているようでは、到底人を魅了するサッカーにはならない。政治で、社会の雰囲気に右顧左眄《うこさべん》してポピュリズムに流されるのではなく、信念をもって国民に訴え決断すること、また同じくその決断に対して冷静かつ沈着に恐れず批判を展開すること、これが民主的な政治活動の本領だろう。

「実践」は様々であり、社会によって時代によって異なっているが、それにもかかわらず共通の特徴が要請される。徳を人間本性のうちに求めるのではなく、卓越した「実践」に必要な諸特徴として描き出す。これが共通の徳を剔出《てきしゅつ》するマッキンタイアの戦略である。

拷問するための「勇気」は徳か？

マッキンタイアの試みは、私たちが徳を必要と考える素直な理由を挙げていて、好感をもてるのではないだろうか。もちろん、実践の実現に依拠した徳理解は、一見していくつかの問題点ももっている。

大きな欠点は、実践の内容を捨象し、言わば実践を中立的に捉《とら》え、徳の対象をあらゆる実践にまで広げたことに由来する。「首尾一貫した複雑な形態の、社会的に確立された協力的な人間活動」として拷問も考えられる。借金の取り立ても想像できる。果敢に勇気をもって拷問を行う。誠実にためらうことなく借金を取り立てる。卓越した異端審問とか、ヤクザによる見事な借金の取り立てなど、さすがに徳に基づく「実践」とは言いがたい。

マッキンタイアもこの点に言及し、端的に悪である実践の可能性を認める(10)。ときに、勇気は不正を支持するし、寛大さは善をなす能力を弱めてしまう。これは、古くから「悪党の勇気」の問題として知られていた批判だ。徳を行為の遂行の仕方に限定して、行為の目的に言及しないとき生じる欠点である。執行上の徳（executive virtues）と呼ばれる、何らかの目的を実現する際に補助となるタイプの徳は、誤用される可能性が常にあるのだ[11]。

徳の概念は、実践に基づくだけでは充分ではない。より大きな文脈で実践の位置について語る必要をマッキンタイアはよく理解していて、徳が依拠する次の段階として、人生の統一の次元に言及する。端的に悪である実践を排除するには、行為の目的を問題としなければばならない。またそれぞれの行為は行為者の人生観のうちで有機的連関をもつから、行為者の人生の統一のうちで、行為がどのように位置づけられているか、その連関と目的が問題になる。拷問を行う異端審問官の世界観や宗教観が拷問行為を正当化し、ヤクザの人生観が過酷な取り立てや他者への仕打ちを正当化しているわけだ。

さらに異端審問官の宗教観、ヤクザの人生観は、彼らが生活する共同体、中世社会の一側面である原理主義的宗教者の一群がなす共同体の宗教観や、現代社会の一側面である反社会的組織の共同体のもつ人生観を反映している。マッキンタイアは、人生の統一はコミュニティーのうちに「はめ込まれている」と表現して、コミュニティーの次元に遡及《そきゅう》する。人生の統一においても、コミュニティーにあっても、そのよさを考えなければならない、こうして、マッキンタイアは探求の最初の地点に戻ってきてしまう。

残念ながら、人生やコミュニティーのよさを判断する説得力をもった基準を、マッキンタイアは示していない。マッキンタイアが逡巡《しゅんじゅん》するのは、もちろん、よい人生やよいコミュニティーの基準の提示が、容易にその都度の歴史的社会の一面的な価値観に陥るおそれがあるからだ。優れた実践を可能にする基準として、社会相対的でない徳を提示できたのは、どのような実践にも適応できる強みがあったからである。この利点、強みがよい人生の統一やコミュニティーのよさを判断する基準の場合ない。

同時に、利点、強みは欠点でもあった。優れた実践を可能にする基準が、どのような実践にも適応できるからこそ、拷問にも借金の取り立てにも応用できてしまう。行為や実践の遂行の仕方を問題とする「執行上の徳」は徳の一面にすぎない。実践それ自身の善悪の判断を避けて通るわけにはいかない以上、行為や実践の目的に密接に関連し、言及する徳の性質を捨象はできない(12)。

行為や実践の目的を、アリストテレスは幸福や人間の本性の実現と考えていた。しかし、幸福の多様性、人間本性のあやしさに気づいてしまった私たちにはこの道を辿ることはもはやできない。どうすればいいのだろうか。その可能性をヌスバウムの試みに探ろう。

第八節　現代の徳倫理——ヌスバウムの場合

アリストテレス倫理学を読み替える

マーサ・ヌスバウムは、現代の徳倫理の復興に大きく貢献する、生産的な倫理思想家の一人である。マッキンタイアと異なり、彼女は勇気や誠実さなどの徳概念を、直接取り上げてはいない。焦点は徳概念を支える人間本性にある。マッキンタイアが古代ギリシャの倫理思想の徳倫理に重心をおいた試みを展開したのに対して、ヌスバウムの試みは、むしろ古代ギリシャの倫理思想のユウダイモニズムに重心があり、人間に共通した特徴を考える方向を向いている。

もっとも、極めて鋭敏なヌスバウムは、幸福の多様性も人間本性の怪しさも充分わかっているのであって、人間本性を素朴に持ち出しはしないし、前提もしない。また幸福を目的として設定もしない。彼女が依拠するのは、人間の生活に欠かせない経験、活動のあり方である。ヌスバウムは、人間本性や本質について議論するのではなく、その本質が何であれ、現象として否定しがたい人間の生活の基本的な構成要素から出発する。その限りで、複数の核となる経験について語る。彼女は経験をリストにして列挙しているが、当初、このリストの項目に対応した必要な徳の導出を考えていたようである。

1　死すべき運命
2　肉体（文化的特徴はあるが、飢えと食糧不足や悲惨さが問題になるとき文化的相違は比較的少ない）
3　快と苦（いかなる文化でも苦痛の概念は存在する）
4　認知能力あるいは理解する能力
5　実践理性（如何《いか》に生き、如何に行為するかを問い、生活を計画し管理する能力）
6　初期幼児発達（フロイトの幼児の欲求の研究、クラインの情緒的態度の研究は特定の社会に限定することが難しい）
7　友好（人間は社会のうちで生きている）
8　ユーモア（ユーモアと娯楽のための余裕はいかなる人間生活にとっても必要）
＊（括弧内はヌスバウムの説明(13)）

項目を概観するとアリストテレスの影響は明白で、アリストテレスの人間本性を、経験と読み替えたとも解釈できる。ヌスバウム自身、リストを「共通の人間性の一定の特徴」とも表現しているし、アリストテレスが挙げていた人間の経験のリストをかき集めてできたものに過ぎないと自嘲《じちょう》気味に認めている。確かに、ヌスバウムはアリストテレス的だが、彼女の着想のおもしろさは人間の生活の核となる経験を、潜在力（capability）概念と結びつけた点にある。

人生を形作る「潜在力」のリスト

潜在力（capability）は、経済学者のアマルティア・センが提唱した概念である。財や所得の公平や公正に着目していた従来の社会政策、公共政策に対して、センは人間の生活にとってより基本的な要素に着目して、公平、公正、あるいは社会援助を考える視点を提示する。人間の生活は、様々な状態と営みからなっているが、センはこれを「機能」（functioning）とよぶ。機能は「栄養をとる」、「社会参加する」など、生きる上での活動と状態を包括している。人間の福祉（well-being）はこうした機能の達成によって計られる。その機能を元《げん》としてもつ集合が潜在力である。

センは発展途上国などの援助に際して、単に経済的な物資の援助ではなく、より基本的な生活を支える潜在力へと目を向ける必要性を訴えた。たとえば教育によって文盲を根絶することは、その社会の成員のその後の人生のあり方、可能性を大きく変え、開く。潜在力にはいくつかの側面があるが、中心にあるのは、人間が生を充実するに際して必要とする能力と機会の総体とは何か、そう問う視点である。

ヌスバウムは、人間にとって基本となる経験、活動を充分に発揮するために、潜在力の観点を導入する。人間が人間らしい生活をするうえで欠くことができない能力の観点から、どのような資質が、それを取り去った時に我々を人間ではない存在にしてしまうほど必要不可欠か、と問う(14)。

この観点は『正義のフロンティア』では鮮明になっていて、右に挙げたリストも、人間の経験のリストではなく、尊厳ある人生を形成するために中心的な要求事項として考え直されて、潜在力のリストへと改変されていく。ヌスバウムが挙げている潜在力のリストを参考までに挙げておく(15)。

①　生命
②　身体の健康
③　身体の不可侵性
④　感覚・想像力・思考力
⑤　感情
⑥　実践理性

⑦　連帯
⑧　ほかの種との共存
⑨　遊び
⑩　自分の環境の管理

徳倫理の旗手として登場したヌスバウムが掲げていた当初の経験の項目とは異なる項目もあるし、また表現が変化しているもの、詳しく分類されたものもあって、内容に変更がある。ヌスバウムは気にしていないようだ。初めからリストが完成されたものとも、変更不能なものとも考えてはいないからで、必要に応じて、吟味、批判、精錬していけばよいと捉えていたからにちがいない。様々な観点を考慮すれば、潜在力の項目には修正したい点もあるかもしれないが、おおよそ正しいのではないか。

一点付け加えておきたい。「連帯」についてである。連帯は「相対的ではない徳」のリストの「友好」の衣替えだが、意図されているのは人間の社会性である。アリストテレスが語っていた友愛（フィリア）としての連帯を念頭においていたものにちがいない。しかし、私たちの社会性には、同様の環境にある似たもの同士の連帯ばかりではなく、様々な人を支え、様々な人に支えられている関係が属している。子供時代は養育を、歳をとれば介護を、誰もが必要とする。健康でも、自分自身いつ障碍《しょうがい》を負うかは誰もわからない。また、子供を養育し年寄りを労《いたわ》り支える時期も人生にはめぐってくる。支え、支えられる関係を連帯のうちで強調しておく必要はあるだろう。

一言で言えば、私たちは純粋に自律などしていない。自律は、他者への様々な依存に支えられている一つの人生のフェーズである。この点を連帯に加えて、依存を包含すると注釈を加えてもよい(16)。

だが現代の徳倫理を考えるうえでもっとも肝心なのは、個々の項目の成否ではない。人間の生の充実に必要なものは何か、潜在力の視点から問う、そのアプローチである。

マッキンタイアを補う「潜在力アプローチ」

マッキンタイアは、「執行上の徳」を文化や時代を超えて一般性をもつ徳として取り上げていた。行為や実践を首尾よく遂行するために必要な徳の観点が、徳理解の重要な側面であるのは間違いない。他方、生の充実を考慮せずには、どのような実践が必要で、どのような実践が悪なのかわからない。勇気や誠実の徳があっても、どこへ向かって勇気をもって行為し、何に対して誠実であろうとしているかを知らなければ、生を萎縮《いしゅく》させる秘密警察の勇気にもなるし、生を堕落させるヤクザの誠実さにもなる。方向なき実践は、羅針盤のない航海のようなものだ。

徳を考察する基盤として、実践の次元に加えて、充実した生の次元を考える必要がある、これがマッキンタイアの立っていた地点である。

充実した生の実現を徳の基盤に据えても、充実した生が何であるか答えられているわけではない。そうなると再び、生の充実の解釈はすべて個人に委《ゆだ》ねられる。個人に委ねられると言えば聞こえはいいが、麻薬売買人の充実した生、独裁者の充実した生、総じて悪党の充実した生も可能となってしまう。個人の解釈によって、様々な生の充実をもたらす多様性を認めながら、同時に生の充実の倒錯した理解を排して、一定の規範を示さなければならない。生の充実をどこへ向かって問うべきか、その方向性を示す必要がある。

潜在力は、その方向性である。生の充実を、人間らしい生活をするために不可欠な能力の観点、潜在力から取り上げる方向性なのである。言葉を換えて言えば、マッキンタイアに欠けていた側面、徳の目的理解をもたらしているのであり、この点こそ、潜在力アプローチがもたらす重要な貢献なのだ。

独断論にも相対主義にも陥らない倫理

マッキンタイアやヌスバウムの試みは、普遍的な倫理的原則をもたらすだろうか、本当に社会や、共同体、歴史的文化的制約を乗り越えられているだろうか。この問いは常に倫理について考えるとき私たちが負う宿命であって、マッキンタイアもヌスバウムも、そしてその他のどのような思想家も、今まで明確かつ納得できる答えを与えてはいない。その点を確認した上で、次のように答えることはできるだろう。

実践に基づく徳理解や、潜在力アプローチによる生の充実理解は、少なくとも、ある種の文化と一定の共同体に固有な理解を独断的に主張しているものではない。文化的ちがい、社会的ちがいを乗り越える一定の一般性はもっているのではないか。カントが夢想した普遍性をもった倫理原則など、マッキンタイアもヌスバウムも主張しない[17]。当然だろう。確かに、私たちは、ある歴史的社会にしか当てはまらない徳や、一定の人間にしか妥当しない生の充実理解を乗り越え、一般的な妥当性をもちうると想定した徳や、倫理的原則を考える努力をしなければならない。それも、自らの生きている生活世界の中からしか問えないから、その限り今考えられる一般性、せいぜい近現代の時代精神に育まれたいくつかの共同体、社会のうちで共有できるものでしかないかもしれない。

私は、倫理的原則の普遍性を、それがなんであれ信じていない。同じ程度に、倫理的原則をすべて相対化し、人間のあり方を個々別々と放り投げる相対主義にも与《くみ》しない。私たちがめざすべきは、倫理的原則の普遍性を夢見る独断論でもなければ、すべてを相対化してしまう相対主義でもない。独断論と相対主義の合間をぬって、困難な隘路《あいろ》を辿ること、それが倫理の課題である。おそらく、精神の課題はいつもここにあり、そしてそこに倫理的誠実さの核があるのではないだろうか。

第九節　思慮と実践

倫理的判断の中心にある思慮の重要性

本書は徳倫理のアプローチに基づいて、倫理的問いを取り上げていこうと思っている。とはいえ、徳にどのようなものがあるか、マッキンタイアのごとく吟味するわけではない。また、ヌスバウムが示した潜在力のリストの項目を吟味して、よりよいものを作り上げる作業に貢献しようとするわけではないし、潜在力のリストに基づいて、倫理的問題を解決しようと体系的な試みを企てようと思っているわけでもない。私はもっとささやかな試みを行いたい。

その試みとは、実践に際して、行為を前にして、必要な判断をもたらす思慮がどのようなものか、取り扱うことである。悪い選択肢しかない状況で、どのような行為を考えればいいのか。真実の吐露に躊躇《ちゅうちょ》する場面で、誠実さを通そうとすれば、どの行為を選べばいいのか。

私たちはしばしば思い悩み、考えあぐねる。思慮は、行為への道筋をつける私たちの思い悩む知性を言う。

いささか思慮について説明しなければならない。倫理思想の中でも、もっとも思慮を主題化し焦点を当てたのは、徳倫理だった。同時に、徳倫理は行為の基準とする思慮の明確化に成功してはいない。思慮の重要性を強調したのも、明確化に失敗したのも、アリストテレスだった。

徳をアリストテレスは実践を前にした心構えとして描き出す。だが徳だけでは行為へと結びつかない。勇気とは、勇気ある行為を行うような心構えができている心の態勢だが、なにが勇気ある行為なのか。節制の徳とは、むやみと食べたり飲んだりしない傾向をもつ心のあり方だが、どのように欲望と付き合えば節制に基づく行為なのか。行為の基準を示さなければ、心構えだけでは実践にはならない。徳倫理は、行為ではなく、行為主体のあり方を問題にするが、どのように行為すればいいのか、その基準を示していないとしばしば批判されてきた。批判は、アリストテレスが説明に「中庸」の概念を持ち出したことで、増大してしまっている。

思慮を表わす中庸概念とその失敗

アリストテレスは、徳も、徳に基づいた行為の基準も、中庸と特徴づける。勇気は無鉄砲で無謀な行為と、恐れて萎縮してしまっている行為、二つの極端をさけた姿勢を指していて、節制は飲食への放埒《ほうらつ》と、不足や無関心の極端を避ける中庸である。アリストテレスには、幾何学的比や線分で説明する傾向があり、中庸もその例にもれず、極端な悪徳のどちらにも偏らない線分の真ん中として説明する。おそらく、アカデミアで弟子を前にして石板に線を引きながら説明したのだろう。

中庸には別の形容もある。勇気ある人とは、しかるべき事柄をしかるべき目的のために、しかるべき仕方で、しかるべき時に、耐えかつ恐れる、と述べる。(18)同様に、節制は飲食についてしかるべき仕方において欲求することとも述べている。ひどく図式化された真ん中としての説明があるかと思えば、まったく曖昧《あいまい》で何がしかるべきなのか、空疎に響く形容があるといった具合である。そのため「中庸」はアリストテレス倫理学の中でもとりわけ評判が悪い。

現代イギリスの極めて思慮に富む倫理思想家であるバーナード・ウィリアムズは、古代ギリシャのユウダイモニズムに対してむしろ好意的なのだが、その彼も中庸について「無益な分析モデルと、なにごともほどほどに薦めるお説教の間を行ったり来たりしているから、棚上げにしてしまったほうがいい」と酷評しているほどである。(19)

確かに中庸の説明はウィリアムズが呆《あき》れるように、説明になっていないが、話はそこで終わらない。中庸を考えるに際して、つまり「しかるべき」行為を考えるに際して、行為と徳を結びつける要石である実践知をアリストテレスは「思慮（フロネーシス）」として言及しているからだ。説明の仕方のまずさとちがって、中庸を考えるときに必要な思慮に注目するならば、アリストテレスが示していた思慮の重要性、そのあり方が浮び上がってくる。

一つの具体例、「穏和」の徳について考えてみたい。過度に興奮せず、激烈な感情を爆発させることがない心のあり方は、徳と名づけてもいいものだろう。それでは、その穏和の徳はどのような行為へと結びつくのか。穏和とは全く怒らない心と、激怒する心の中間をとって、中程度怒る心を意味しているだろうか。線分の真ん中の説明を鵜呑《うの》みにして、その硬直した図式を当てはめるとそうなるだろう。

親が子供を叱るときを考えてみれば、これが如何にナンセンスかわかる。時には、親は決して子供を叱ってはいけないし、時には、子供が生涯忘れないほど激怒してみせる必要がある。肝心なのはその時と場合のしっかりとした判断であり、自らの感情に引きずられて怒ったり、叱ったりしてはならないことだろう。こうしてみると、アリストテレスの説明はまずいとは言え、しかるべき時に、しかるべき仕方で、と述べなければならなかった理由もわかってくる。中庸は一般化できる事柄ではないのだ。

まさにこの点、何がしかるべき時なのか、何がしかるべき仕方なのかを、アリストテレスは思慮（フロネーシス）の概念のもと主題化し、倫理的な選択を行う知性の重要性を指摘していた。『ニコマコス倫理学』を読んでいると、焦点が思慮（フロネーシス）に絞られてくるのが徐々に明らかになってくる。行為は決して一般的な規則のうちで収まるものではない。個別の状況下で一つの行為を選択するに際して、その判断を単純な規定へと言語化できない。徳倫理はよくこの点を理解し、原理の一般化の限界を示そうとした。しかし個別的な行為の特異性に気づいたが故に、一般的な説明として「しかるべき」としかいえず、失敗した。

私は、行為への実践知のあり方、思慮（フロネーシス）を考えたい。いつ、いかなる時がしかるべき時で、いついかなる事がしかるべき事で、しかるべき仕方は何か。それを、誠実や、悪、平等と不平等などで考えていきたいと思っている。

第十節　自愛

自分を信頼する心が失われている

序章を締めくくるに当たって、出発点に戻りたい。倫理思想の出発点は、「しなければならない」行為や「してはならない」行いの吟味ではなく、本当に私たちが「したい」行いは何か、それを考えるところにあった。アリストテレスにとって「したい」行いを支えているのは、私たちの人間としての本性の開花であり、それが幸福にほかならなかった。こうした古代ギリシャの倫理思想の根底には、人間に対する信頼と肯定がある。この肯定こそ、近現代の倫理思想が失ったものであり、かろうじて功利主義がこの喪失に反対した。

カントは、倫理は、私たちの心に備わる傾向性と反対にあると固く信じて疑わない。傾向性は自愛に基づいており、そして自愛こそはすべて私たちを倫理的なものから遠ざけると考えていた。カントの倫理思想には倫理思想上不朽の洞察がある[20]。一方で、その影響が大きかっただけに、人間の行為を導く原理が最終的に自愛の原理と倫理的原理の二者択一と見なす理解は、大きな禍根を次の時代に残した。倫理的な態度は自愛と両立しないとする倫理観、これはプロテスタント的な倫理観だが、カントが宗教的な装いを取り除き、理性化した形で集大成したといえるだろう。

それ以来、倫理と言えば自愛に背を向ける印象が定着してしまった。本来、倫理思想は、自己の大切さを教える中核をなしていた。その倫理思想が自愛に背を向けたのだから、私たちは自愛をどのように考えていいのか、わからなくなったのではないか。

もう大分前になるが「夜回り先生」と呼ばれた友人の水谷修氏の自宅を訪れたときのことである。飲みに行ったのだが、一〇分とおかず彼の携帯電話が鳴った。多くの悩みをかかえる子供たちからの電話だった。夜更けまで飲んだところで、彼のメイルチェックにつきあった。彼は就寝前にメイルのチェックをする。何気なくのぞき込んだ。膨大な数のメイルが飛び込んでいた。そのほとんどが子供たちからのもので、自らのリストカットの写真を本文に貼り付けてある。

彼は数百に及ぶメイルを「これは問題なし」「これも問題なし」と言いながら、上から下へかなりの早さでスクロールダウンしていく。すると突然手が止まり、「これはだめだ」とつぶやくと即座にメイルに書かれていた電話番号に電話する。子供たちは彼にすがるようにメイルを書き、助けを求めて電話番号を記していた。

問題のあり、なしはどこで判別するのだろうと思って尋ねると、彼は答えた。「簡単さ、なでる程度に傷をつけているものもある。それは自分に振り向いてほしい子供たち。深くカットしてあるもの、こっちはすぐに電話しないと危ない」。

中学から高校の不安定な思春期、人間が自分の存在理由に悩み、自殺を考えるのは古今東西ほとんど共通しているだろう。だが、これほど多くの子供たちが自分の否定に悩み、そしてその悩みをぶつける相手のいない状況に唖然《あぜん》とした。私たちは自らを大切にする姿勢、自分を信頼する心を子供たちに教えていないのではないか。それどころか、私たち自身も自己への信頼がわからなくなっていないか。

自己を信頼する難しさ

カントの指摘するエゴイズムとしての自愛は自明だが、自愛はエゴイズムのみではない。自愛には、自らの存在を受け止め、それを認めて自己への信頼を醸成する自愛もある。この意味での自愛を育むことは決して簡単ではないし、当たり前に備わるものでもない。

自分への信頼は、人間の活動の大事な原動力である。学業の上での向上心を考えてみてほしい。自らを信頼していない子供たち、いわゆる落ちこぼれと言われる子供たちは、一所懸命勉強などしない。怠けたいからと考えがちだが、そうであれば人間皆怠けたいのだから、彼らに固有な理由ではない。勉強しても自分ができるようになると信じていないからである。できる子供たちは、今苦しくてもいつかできるようになると信頼を自らに対してもっている。そう感じているから一所懸命勉強もする。自己への信頼をもっていない子供たちは、頑張ればできるようになると信じていない。そんなことは今まで一度もなかったからだ。

そうなると、行うことはただ一つだろう。わからない苦しい時間をなんとかじっと耐えて、台風が通り過ぎるように待つことだ。向上心は、自己信頼に裏打ちされなければ生じない。落ちこぼれと言われる子供たちが乗り越えなければならないもっとも高い壁は、自己への信頼の壁なのだ。

エゴイズムとしての自愛はそれが生物種の保存から来るのか、あるいは利己的遺伝子なのか、個体のレベルのエゴイズムか、解釈はいろいろとできるだろう。いずれにせよ、エゴイズムはわかりやすいし、またたやすく、人生の様々なシーンで顔をだす。自己への信頼となるとそうはいかない。

私たち人間は、好き嫌いや感覚については滅多に譲らないし、なかなか他者の意見も聴こうとはしない。たとえ聞いても適当につまんで自らの形に、英語で言う「私の靴に合わせて」("in my shoes") 自分なりの形に変えてしまう。ところが一方、自らを信頼することは少なく、外からの意見、世の風潮、流行に合わせていないと不安である。これはハイデガーがすでに一〇〇年ほど前に『存在と時間』のなかで、「誰でもないひと」として存在している人間のあり方として指摘している。

自らの存在のもつ様々な足りなさを受け止め、それを認めてなお自己への信頼を醸成するのはたやすくない。まず、自分を受け止めるのが難しい。たいていの場合、他者と比べてひどく落ち込むか、あるいは優越感に浸る。どちらも正しくないだろう。おそらく真実はその中間だ。外から自分を評定し、測るのをやめるべきなのだが、なかなかできない。どこに基準を求めていいか、わからなくなるからである。自己への信頼とは、自らに与えられた体、環境をうけとめて、なお、自らのあり方の無形の可能性を信じることにある。

これは容易ではない。どこにも、無形の可能性を肯定してくれる保証などないからだ。若いときは、まさに無形の可能性しかない。こうした保証のない裸の可能性を前にして、若者は不安におののく。歳をとるとずるくなって後ろを向く。人生を振り返ってその軌跡を眺め、なにやら保証を手にした気になる。

エゴイズムとしての自愛は簡単である。頑固な自分への固執を日々私たちは行っている。自分を正しく愛することは難しい。柔軟に物事に対処し、他者を受け入れ、なお自らを大切にし、失わない姿勢を保つのは至難の業である。言わば、心の正中線をしっかりと据えていることの難しさがここにある。しばしば外に気をとられて、私たちは自らのあり方を考えるのを忘れる。人に気に入られたくて、自らを供してしまう場合もある。自らを大切にするには、勇気も必要としている。

正当に認めてもらえない自愛は爆発する

古代ギリシャの倫理思想は、この難しさを理解していた。きみは、自らの求めているものを知っているか。自分が何をしたいか、知っているか。そう語るとき、自己のあり方を受け止め、理解する難しさを語ってくれているのだ。私たちに、自分を大切にする重要性を気づかせてくれるとともに、その難しさを見つめる重要性を教えている。

自愛をどのように受け止めるべきか、その考察を見渡すとき、近現代の倫理思想は、ほとんど荒野である。カントは言うまでもなく、反対の立場に立つ功利主義も、最大多数の最大幸福を唱えてはいるが、その根底にある自愛の難しさについて考えるヒントすら与えていない。現代のゲーム理論は、自己利益を考えた複雑な計算が利他主義も生み出すことを丹念に調べあげているし、生物の進化論的な生き残り戦略は、助け合いの必然性を語ってくれる。だが、肝心の自己の大切さをどのように理解すべきかについては、生物としての自己愛を超えるどのような洞察もない。

近現代思想は、エゴイズムの暴露に汲々《きゆうきゆう》としてきたと言うべきかもしれない。ニーチェは、一九世紀の市民社会のなかで、小市民化する生活のなかで、生のいきいきとした躍動から遠ざかっていく人間に危機感をもち、キリスト教倫理のうちにあるルサンチマンを暴露した。しかし、彼が最も主張したかった、自らを肯定する躍動する生はどうにも陳腐で独善的なものにしか映らない。

正当に認めてもらえない自愛は、どこかで爆発する。こうした自愛の荒野の風景の中に現れるのは、肥大化したエゴイズムであり、すべてのものを制御したい欲望としての自己である。外的自然ばかりではなく、内的自然、つまり遺伝子も自らの思い通りにしたいと考える途方もない欲望の姿勢、サンデルの言葉を借りるならば、「プロメテウス的熱望」が跳梁跋扈《ちようりようばつこ》

扈《こ》する。(21)

私たちに必要なのは、自己を受け止め、正しく愛する難しさを知り、それを実践することではないか。自らを深く愛せないものに、他者を深く愛することもできないのだから。

【序章　註】

(1)　もっとも、アリストテレスのユウダイモニア理解のうちでも、個々人の異なる幸福は充分認められる余地がある。なぜなら、理性的な生、共生などのユウダイモニアの共通の性質をもちながら、船大工が達成したい幸福と、教師が達成したい幸福が異なることはできるからだ。どのような形で共生が達成されているか、どのように理性的な生が実現されているか、その形態のちがいをみとめればいい。そしてアリストテレスは理性や共生を実現する形態のちがいをみとめているように充分解釈できる。

ただし、アリストテレスにはこうした理解とともに、別のユウダイモニア理解があると指摘されてきた。ニコマコス倫理学第X巻の後半で、初めてそして突如「観照的な生」が幸福であると語る場面にそれは現れる。このテキストの箇所を読む限り、アリストテレスは哲学者の観照的な生活こそが幸福であると考えていたようにみえる。アリストテレスには、こうした異なる理解の可能性もあり、おそらくこの可能性は新プラトン主義などの伝統につながっていくのだろう。

『ニコマコス倫理学』は各種の訳本（岩波版、光文社版、京都大学学術出版会版）があるが、本書では引用する際には岩波版に準拠する。

(2) ヌスバウムの見解については、加藤尚武他編・監訳『徳倫理学基本論文集』、勁草書房、二〇一五年に収録されているマーサ・ヌスバウム「相対的ではない徳」、一三五頁以下を参照。

(3) アラスデア・マッキンタイア、篠﨑榮訳『美徳なき時代』、みすず書房、一九九三年、十章から十三章にかけて、マッキンタイアは西欧社会の徳理解の変遷を分析している。

(4) プラトンは『国家』で国と一人の人間の状態を類比的に捉えているから、魂の機能の調和と並行して社会の調和を理解もできるだろう。ここから、公正な配分を意味する社会的配分としての正義概念への移行も考えられるかもしれない。いずれにせよ、プラトンでは、まず個人の魂のうちでの調和が問題になっていた。

(5) 同じ概念や表現を使っていたとしても、ちがう時代、ちがう文化伝統のもとでの理解は、現代の私たちの理解とは異なることがしばしばある。このずれは、単に知的な理解の問題ではなく、その言葉にまつわる雰囲気、イメージなどにも及んでいる。この点は、チャールズ・テイラーが、「社会的想像」の概念によって見事に指摘している。チャールズ・テイラー、上野成利訳『近代　想像された社会の系譜』、岩波書店、二〇一一年、三一頁以下を参照。

(6) この問題について指摘しているものとして、バーナード・ウィリアムズ、森際康友他訳『生き方について哲学は何が言えるか』、産業図書、一九九三年、第三章「幸福」を参照。とりわけ、古代ギリシャ倫理学がエゴイズムに基づく倫理であるとの批判を検討している八五頁以下。

(7)　アラスデア・マッキンタイア、篠﨑榮訳『美徳なき時代』、みすず書房、一九九三年、二三〇頁。

(8)　ルネッサンスの工房はいざ知らず、絵を描くのも、彫刻を彫るのも個人的な営みと私たちは考えるから、藝術活動が社会的な営みの例に挙げられると困惑を感じるだろう。藝術活動のもとで、マッキンタイアは一人の孤独な制作を理解してはいない。絵描きの仕事は、絵の依頼と契約、絵の具の仕入れなど数々の行為を含む複合体として把握されている。マッキンタイアの挙げる風景画家ターナーの例は、この点を示唆している。

(9)　実践と実践の一部となる個別的な行為のちがいは、全体的で複合的な営みと、部分的個別的な行為であるようにみえる。『美徳なき時代』の本文中ではそれ以上の本質的な特徴は判然としないが、第二版の後書きでハウアーワスとワデルへの疑問に答える形で両者のちがいはより明瞭になっている。

後書きで、マッキンタイアは、実践の一部となる個別的な行為を、目的に対し、目的を実現する、一定の技術を背景とした手段として説明している。たとえば煉瓦《れんが》積みの活動は家の建築を目的とした一定の手段である。一方、実践は活動のうちでその目的が変化し、また目的追求のための手段も新たに造られるタイプの活動である。たとえば、相撲は実践にあたるだろう。相撲は、古代、神々への奉納の役目を果たす目的をもっていた。現代、相撲はスポーツとして人々を楽しませる娯楽を目的としている。

マッキンタイアは、実践と、固定した目的に対する一定の手段の関係にあたる活動とのちがいを強調する。その理由は、実践を完成へと導く徳が、確定した目的を実現する手段としての技術的陶冶の問題ではないと明確化したいからだろう。実践を完成する徳は、一定の目的に仕える一定の技術的完璧《かんぺき》さをもたらす性質ではないのである。

アラスデア・マッキンタイア、篠﨑榮訳『美徳なき時代』、みすず書房、一九九三年、三三三頁を参照。

(10) 拷問やサディスティックな行為について言及し、実践に基づく徳の一面性を認めている。アラスデア・マッキンタイア、篠﨑榮訳『美徳なき時代』、みすず書房、一九九三年、二四四頁以下を参照。

(11) 「執行上の徳」については、バーナード・ウィリアムズが言及している。バーナード・ウィリアムズ、森際康友他訳『生き方について哲学は何が言えるか』、産業図書、一九九三年、一五頁。

(12) マッキンタイアは「執行上の徳」をそもそも人生の統一の次元に、そしてさらに人生の統一の次元はコミュニティーの次元のうちに組み込まれるものとして最初から構想している。その結果、本文中に記したように、社会相対的、あるいは文化相対的な価値を超えた、執行上の徳がもつ魅力が消えていく。この点から、私はマッキンタイアの実践の次元の徳を、人生の統一とコミュニティーの統一の次元からあえて切り離して理解し、その不充分さを補完する可能性をヌスバウムの潜在力理解に求めている。マッキンタイアの実践の次元の徳を比較的独立して理解する解釈に対するマッキンタイア自身のコメントは、第二版の後書きに記されたシェフラーとワッハブロイトの批判に対する答えを参照。アラスデア・マッキンタイア、篠﨑榮訳『美徳なき時代』、みすず書房、一九九三年、三三三頁以下を参照。

(13) 加藤尚武他編・監訳、『徳倫理学基本論文集』、勁草書房、二〇一五年所収の論文、マーサ・ヌスバウム「相対的ではない徳」、一三七頁以下を参照。

(14) ただし、ヌスバウムとセンの潜在力の理解には、いくつかのちがいがある。両者の潜在力アプローチのちがいについては、附論で詳しく取り上げている。

(15)　ヌスバウム、神島裕子訳『正義のフロンティア』、法政大学出版局、二〇一二年、九〇頁以下参照。

(16)　ヌスバウムは、「連帯」が依存を含むと主張するだろう。『正義のフロンティア』の主題の一つが障碍をもつ人々だから、私たち相互の依存が「連帯」に含まれていると考えるのは自然である。マッキンタイアは『美徳なき時代』の後、『依存的な理性的動物』のうちで、実践の充実に必要な徳に加え、他者に対する依存関係に本質的な「依存の諸徳」について語っている。

『美徳なき時代』で、マッキンタイアは「人生の物語（narrative）」における他者の重要性に言及しているが、掘り下げた考察を行ってはいなかった。『依存的な理性的動物』でも実践の完成に必要な徳理解は保持されているが、自律の徳に対して、新たに「承認された依存の諸徳」について考察している。中心にあるのは人間のもつ「傷つきやすさ（vulnerability）」に対する眼差しである。

その際、「与えることと受け取ること」と表現する社会性の次元に焦点があてられ、極めて多様な観点から考察されている。たとえば「与えることと受け取ること」の関係は共感と愛情の源泉となるのみならず、搾取にもなることをマッキンタイアは見抜いている。一つの例を挙げれば、親子関係で、親は愛情ある関係を築く可能性ももつが、他方、子を虐待し、搾取もできる。その点から必要な徳の考察が織り込まれる。具体的には、「与えること」に関わる諸徳として、慈愛や誠実さを、「受け取ること」に関わる諸徳として、感謝、礼節、忍耐などを挙げている。

実践が埋め込まれている共同体、社会性レベルの分析で徳理解を展開している点が『美徳なき時代』との大きなちがい、あるいは『美徳なき時代』からの発展である。いずれにせよ、ヌスバウムの潜在力アプローチに、マッキンタイアが新たに加えた徳理解の依存の視点を取り込む必要はあるだろう。アラスデア・マッキンタイア、高島和哉訳『依存的な理性的動物』、法政大学出版局、二〇一八年。諸徳に関しては、一六九頁以下、とりわけ一七八頁以下を参照。

(17) もっとも、ヌスバウムは『正義のフロンティア』で独断的な傾向を強めているようにみえる。むしろ「相対的ではない徳」で保持していた慎重な姿勢、独断論を回避する態度、総じて躊躇のみえるヌスバウムを私は高く評価している。

(18) 『ニコマコス倫理学』、第Ⅲ巻第七章を参照。

(19) バーナード・ウィリアムズ、森際康友他訳『生き方について哲学は何が言えるか』、産業図書、一九九三年、六一頁。

(20) たとえば、カントの自由と自律についての洞察は、現代においても依然として自由と自律理解を反省し熟考するとき、常に現代思想が立ち返るよすがとなっている。残念ながらこのテーマは本書では扱えない。

(21) サンデルの表現「プロメテウス的熱望」については以下を参照。
マイケル・J・サンデル、林芳紀他訳『完全な人間を目指さなくてもよい理由　遺伝子操作とエンハンスメントの倫理』、ナカニシヤ出版、二〇一〇年、三〇頁。

第一章　適当にしよう——徳倫理と思慮

第一節　三つの倫理観と思慮の問題

安楽死を行為・行為の結果・行為主体から考える

大雑把に分類するならば、倫理思想には三つの立場がある。カントに代表される義務論、アリストテレスに代表される徳倫理、そしてベンサムとミルに代表される功利主義である。その大きな相違は、行為を取り扱う観点にある。

安楽死問題で取り上げられる消極的安楽死を考えてみよう。消極的安楽死とは、治療を中断あるいは差し控え、患者に死が訪れることを妨げない医療処置と一般的に特徴づけられる。筋弛緩剤などを投与して、積極的に死をもたらす積極的安楽死と区別してこう呼ばれている。

末期癌で痛みに耐えかねている患者が、もうこれ以上の苦痛に耐えられず、安楽死をのぞんでいるとしよう。義務論であれば、治療を中止するあるいは中断する行為の妥当性を問う。医療者にそれが許される決定だろうか、と問う。もし生命を救う義務が医療者の最大の義務であると考えれば、中断する行為は許されない。逆に、患者の自己決定を重視すれば、医療者は、自己決定権を尊重する義務にあたる行為を選ぶから、治療中止は正当化される。

どの義務を行為のうちにみるかによって、見解は義務論者でも当然異なってくる。義務となる行為の解釈はいろいろあっても、義務論的アプローチは、どのような行為が義務か考える点で行為自身に焦点を当てる。この点で義務論者は共通したアプローチをとる。

一方、功利主義は行為の結果に焦点を当てる。治療を中止して患者に死が訪れるなら、その結果の効用（utility）に思いを巡らす。治療の中止は、患者の苦痛が取り除かれる点で大きなプラスの効用をもたらす。おそらく患者の家族にとっても苦痛に苦しむ患者を見る苦悩から解放される。これもプラスの効用である。一方、命の喪失は大きなマイナスの効用にちがいないし、治療できなかった慚愧《ざんき》の念を医療者にもたらす点もマイナスである。

効用は全く異なる観点からも考えられる。たとえば経済的な点を考慮して、実際に治る見込みのない患者に対して貴重な医療資源を投与し続ける医療はマイナスの効用をもたらすと判断するかもしれない。こうした様々な結果の総合から、「最大多数の最大幸福」を考える。治療中止の是非は効用の計算の仕方によって異なってくるから、かならずしも意見が一致するとは限らない。

徳倫理は行為者に注目する。安楽死を望む患者を前にして、医療者はどうあるべきか、その姿勢を問題にする。患者に対して、思いやりをもって接しているか。誠実に向き合っているか。患者本位で治療に当たっているか。患者の生の充実を考え、誠実に対応する姿勢、心構え、心の姿勢に焦点がある。これが医療者のもつべき典型的な徳である。

義務論が行為自体を問題にするのに対して、功利主義はその行為の結果、帰結を問題にする。徳倫理は行為する主体をとりあげて、徳について論じる。三者のアプローチをまとめるならば、こう特徴づけられるだろう。

倫理学に一義的な基準を求めてはいけない

さて、三つのアプローチを比べたとき、徳倫理は徳理解からどのように正しい行為を導くのか、その基準が曖昧《あいまい》である、としばしば批判されてきた。安楽死の例を見ても明らかなように、患者に対して誠実に向き合い生の充実を考えるとはどのような行為か、判然としない。結局、消極的安楽死を認め治療を差し控える医師が、患者の生の充実を考える誠実な医療者なのか。あるいは、患者の生の大切さに向き合ってあくまで治療を行う医師が、医療者として誠実なのか。行為主体の態勢から、行為を導き出す明確な基準を示さなければ、この曖昧さは払拭《ふっしょく》できない。

前章で指摘したように、徳だけでは行為へと結びつかない。そのために、誠実さの徳を行為へと結びつける思慮がテーマとして浮び上がってきていた。そして、徳倫理的アプローチは思慮の明確化に成功していない。これも既に指摘していたように、アリストテレスの「中庸」の問題点だった。

批判の指摘は正しい。しかし、義務倫理や功利主義は明確な基準をもつから行為が一義的に決まり、対して徳倫理は行為をもたらす基準を呈示できないと考えるならば、正しいとは言えない。批判の指摘はすべての倫理的アプローチに当てはまる。

功利主義の場合を考えてみよう。治療の差し控えが、最大多数の最大幸福をもたらすのか、あるいは治療の続行が最大多数の最大幸福をもたらすのか、一義的な基準を功利主義ももってはいない。功利主義者の間でしばしば何が重要な効用か見解が分かれるのであり、そのちがいによって結論も異なってくる。患者の痛みを他の様々なプラスの効用とは比較にならないほど大きなマイナスの効用と考えるならば、治療の差し控えは正当化される。一方、死を容認する行為によって、生を軽んじる風潮、あるいは医療者への悪影響など大きなマイナスの効用があると考えれば、逆の結論へと導かれる。

義務論の場合も大同小異である。治療の中止や差し控えを、生命を救う義務に反する行為として捉《とら》えるか、あるいは、患者の自己決定の権利を尊重する義務に従う行為として捉えるか、義務論が一義的な解答をもっているわけではない。徳倫理で二つの徳がときに相反する行為を命じるように、義務論で競合する義務の相克が問題になるケースはよくあり、どの義務を重要とみなすか見解が分かれる。

どの倫理的アプローチの原則を採用しても、実際に原則から行為を導きだすとき、判断はしばしば異なり、一義的な解答を手に入れられる手順があるわけではない。その点で、原理・原則の行為への応用の困難は徳倫理に固有の問題ではない(1)。

認められぬ安楽死を選んだ実直な医師

もっとも、義務論や功利主義にはない徳倫理独特の性質によって、問題が増幅することは争えない。徳倫理の大きな特徴として、主体のあり方に焦点があると述べたが、行為主体の倫理的性格と行為の倫理的性格は同じではないと徳倫理に対してしばしば指摘されてきた。誠実で優しい医師が、倫理的に正しい行為を行うとは限らない。逆にとんでもなく嫌らしい性格の人間が、正しい行いをする可能性もある。

筆者が見聞した例から一つ。川崎で一九九八年に、脳損傷を受け意識不明に陥った患者の気管内チューブを医師が抜管、その後筋弛緩剤を投与して患者を死亡させ、殺人罪に問われた事件があった。患者の家族からの願いもあり、見るに忍びず気管内チューブを抜管したところ、苦しみだした患者をみて筋弛緩剤を投与したようだ。患者本人の意思は確認していない。治療も限界にあったかどうか、他の医療者とともに確かめていないから、認められる安楽死のケースには当たらない(2)。

ある会合で、医師本人と話す機会があった。事件後、医師免許を停止されたため、同情した医療者の好意で都内のある診療所で事務の仕事をしていると語っていた。明るい、嘘偽りのない、実直な方だった。おそらく患者の苦しみに同情し、医師としてなんとか助けたいと考えたのだろう。

逆に、倫理的に正しいかどうかではなく、こうした面倒なケースを回避する自己保身から治療を続ける医師もいるにちがいない。人間としてどちらが信用できるだろうか。とは言え、倫理的行為は人間としての信用と同一ではない。それだけに、主体の姿勢に重心をもつ徳倫理は義務倫理や功利主義にもまして、どのような行為をもたらすのか、応答する必要が出てくる。

行為への応用の困難を再度繰り返しておこう。義務倫理のアプローチで言えば、どのような義務を行為のうちにみるべきか、その根拠は何か。功利主義で言えば、最大多数の最大幸福をもたらす効用の計算をどのように行うのか。徳倫理に関しては、徳を反映する行為とはどのようなものか。誠実さの徳を行為に反映するとき、どのような基準を満たす必要があるのか。思いやりの徳を発揮するのはなにを考慮した行為か。あるいは公正であろうとするとき、様々な不公平な行為をどう考え、対処したらよいのか。こうした問いに、徳倫理は応《こた》えていかなければならない。

本書は、徳倫理のアプローチを採用して、様々な状況のうちで行為主体が正しくあろうと悩むとき、正しい、あるいはふさわしい行為の実現とは何かを考えていきたい。これが「思慮」、実践知の問いである。

第二節　徳のない人と徳倫理

正しい決定と正しい行為は異なる

「思慮」、実践知へと進む前に、もう一つ、徳倫理へ向けられる基本的な問いを取り上げておきたい。徳に基づいた行為に徳倫理の焦点があるならば、行為する主体は徳を備えていなければならない。一方、私たちは聖人君子ではないし、自分が徳を備えた立派な人間であるとは、通常思っていないだろう。すると徳倫理の観点からみれば、私たちは行為者として不適切で、門前払いを食うことにならないか。

徳倫理が徳の体現者を想定してはいないと仮定してみよう。この場合、立派に徳を備えていなくても、徳の多少のかけらでもあれば、徳倫理の行為主体として認められる。徳のかけらくらいであれば誰も皆もっているかもしれず、少し安心できるから倫理の行為のアリーナに入場は許されそうだ。そう想定しても、とんでもない状況を自ら招いてしまったとき、徳に基づく「思慮」や実践知の主体に当たるのか、はなはだ怪しい。

ところが、どうもそういう場合にこそ、つまり徳から遠く離れていて間違った行為を行うから、どうすべきか私たちは考えるのではないか。仏教風に言うなら、火宅に住み、迷っている衆生だから思慮の問いを抱えるのではないか。一言で言えば、徳倫理は倫理的悩みを抱える行為主体にとって立派すぎて使いものにならないのではないか。

この問いに対して、現代の徳倫理は二つの異なる答えを用意している。一つは、ハーストハウスが示しているもので、徳など全くない行為主体にも、徳倫理は実践の指針を提供すると答える。もう一つは、マクダウェルが示すもので、徳ある行為と抑制された行為の区別によって答える。それぞれ、その答えを追ってみよう。

まずハーストハウス。ハーストハウスは、結婚詐欺師を例に挙げる。[3] 一夫一婦制の社会で、詐欺師は二人の女性、AとBに同時に結婚を約束し、また二人とも妊娠しているとハーストハウスは想定する。当然ながら結婚詐欺師は徳など備えた人物ではない。この状況下で、徳に従う行為は望みがないようにみえるが、ハーストハウスによれば、それでも行うべき行為について正しい決定がある。

正しい決定を考える上で、彼女はAを裏切ることが相対的にBを裏切ることよりも悪く、冷酷非情な仕打ちになる状況を設定する。AとBそれぞれの経済状態のちがいや性格、独立心や逆境に対する強さなどを想像すればよいかもしれない。有徳な行為者であれば、この状況で果たして何をするだろうか。

Aと結婚する選択が正しい決定である、とハーストハウスは答える。その際、正しい行為と行為の正しい決定を区別する。

結婚詐欺師の行為はどのみち正しくはない。それでも依然として行為選択の正しい決定は存在する。とんでもない状況下でも、よりましな選択があるわけだ。Aとの結婚は、正しい行為ではないが、正しい決定である。正しい行為は、行為の正しい決定から導かれるが、行為の正しい決定が、常に正しい行為をもたらすわけではない。

ハーストハウスは正しい行為と行為の正しい決定の区別を、行為の評価と行為指針の区別としても語っている。Aとの結婚は、より冷酷な仕打ちを避ける行為指針からみて正しい。それでも、Aとの結婚はそもそも詐欺に基づいているから、正しい行為と評価されるわけではない。

ハーストハウスの挙げる結婚詐欺師のケースは、徳倫理の典型的な答えの一つである。徳ある人であれば回避した状況や直面しない場面でも、有徳な行為者であればこの状況で果して何をするか、と問いを立てられる。正しい行為選択があり、そのための行為指針を考えられる。しかし、行為は褒められたものではないし、正しいわけでもない。

結婚詐欺師のケースほどではないにせよ、こうした状況に私たちが出会うことはまれではないだろう。お決まりの文言で言えば自らの不徳のいたすところ、有り体に言えば自分のとんでもない過ちに、後始末をつけねばならないときがある。その場合でも行為の正しい選択はあるし、それを考えるのも実践知である。

しばしばこうした状況下では、行為を正しく選択しても後味の悪さ、ハーストハウスの言葉で言えば「割り切れなさ」が残る。正しい行為をしたと自負できるようなものではないし、よい行為と評価され、認められる行為でもないからだ。正しい行為と正しくない行為の区別しか知らないと、「割り切れなさ」を伴う行為の倫理的陰影を理解できない、とハーストハウスは指摘する。後味の悪さ、「割り切れなさ」は、彼女の言うごとく、行為の正しい選択と、褒められるような正しい行為の差を反映しているのかもしれない。

節制と抑制は異なる

徳倫理は倫理的悩みを抱える行為主体に応えられるのか。この問いに対する徳倫理のもう一つの典型的な応答は、徳による行為と抑制された行為の区別に基づく。この区別はアリストテレス解釈を通じて、現代の徳倫理論者の多くが共有する論点でもある。ラディカルなまでに両者を峻別《しゅんべつ》するマクダウェルに沿って徳の行為と抑制された行為を対比しよう。

アリストテレス以来、枢要な徳として挙げられているものに、節制の徳がある。節制の徳は食と性に関する徳として知られている。暴飲暴食を避け、適切な飲食を行うのが、その一つである。マクダウェルによれば、節制の徳をもつ人は、食べ過ぎたり飲み過ぎたりしないばかりではなく、そもそもそうした誘惑に陥らない。節制の徳を備えていても人間である限り、食べたい、飲みたいと感じるのは人情であり、それに打ち勝つ人が節制の徳を備えている人なのだろう、と私たちは考えたくなる。

マクダウェルは、それは節制の徳を備えているのではなく、抑制であると答える。飲みたいが我慢、我慢と一杯のビールで自らを止め、食べたいアイスクリームを誘惑に打ち勝って食べないのは抑制のケースになる。逆に、ついつい食べ過ぎ、飲み過ぎてしまうのが無抑制のケースである。

マクダウェルの言葉によれば、徳に基づく行為では、徳が要請するとき、あるいは徳が命令するとき、他の行為をすべき理由は乗り越えられるのではなく、完全に沈黙する。(4) なにせ節制の要請以外の理由は心のなかで沈黙してしまうから、節制の徳を備えている限り、もうあと一杯飲みたいとか、「もう少しこのアイスクリーム！」とはならないそうである。

孔子はいざ知らず、こんな「心の欲するところに従えども矩《のり》を踰《こ》えず」と嘯《うそぶ》く超人的な境地など到底信じられないし、私たちの現実には関係がない。もちろんマクダウェルもその点はよく理解していて、徳のケースは理想化されたもので、実際の私たちが出くわすのは「抑制と混じり合ったものでしかない」。だが、現実にはまれであっても徳を考えるに際して理想像を避ける必要はない、とマクダウェルは臆《おく》する様子もない。

徳の理想化と抑制の区別をマクダウェルはアリストテレスの解釈から導き出しているが、どうやら、徳倫理は徳を備えた状態を理想として立てている。現実に私たちの思い悩む状況は、徳の不完全な状態、徳の断片をいささか心のうちにもっていて悩んで打ち勝つ抑制のケースと、負けてしまう無抑制のケースに反映しているのだろう。

近世以降忘れられた「習慣」の重要性

付け足しておけば、徳の理想化はおいておくとして、アリストテレスの徳を備えた状態についての考察は私たちに示唆することが多い。

その一つが習慣である。

徳ある状態が他の理由を沈黙させるほどの力をもつかどうかは議論の余地があるとは言え、確かに、徳は心を一定の方向へと向け準備する点で、他の理由を凌駕《りょうが》する力をもつ。それは理性の次元に限らない。徳をもつと、気持ちの上でも、徳の示す実践や生活を心地よく感じるようになる、とアリストテレスは指摘している。アリストテレスにとって、徳を充分備えながら嫌々それにしたがう事態は考えられない。節制の徳をもつならば、節制ある行為を喜んで行うようになる。

私たちの生活を振り返っても思い当たる節はあるにちがいない。節制によって腹八分目の食事に精進したとしよう。腹八分目の食に慣れてくると、気持ちよさを感じるようになり、食べ過ぎに対して身体の重い感じに不快感をもつようになる。こうした経験を私たちは日常よくしているのではないか。日々運動していると運動に慣れ、運動しない日々が続くと身体が運動を欲するようになる。人間は優れて習慣の動物である。[5] もちろん逆も真で、悪徳も習慣化する。

さらに付け足しておけば、習慣化は、実践の場面ばかりではなく知性にも及ぶ。古代の徳理解は、倫理的徳ばかりではなく、知的徳についても言及していた。つまり知的な心の姿勢を一定の方向へと準備することも考えている。知的徳は様々ある。

たとえば、かけ算も一つの知的な徳である。私たちはかけ算を小学校で習うが、繰り返し学ぶうちにかけ算は習慣化していく。かけ算の体得、習慣化は、状況を把握する知覚にそのまま反映される。5列に並んだ8つのおはじきを見るとき、私たちはもはや、一つずつはしから順番に数えなどしない。瞬時に一列を眼で追った後、5×8と認識するだろう。これも習慣、しかも認識に張り付いた慣れなのだ。

古代思想を受けて、中世の思想は習性（habitus）の概念のもと、習慣の重要性を考えていた。近世になると、認識の根拠をヒュームは繰り返す経験から生じる習慣にあると考えるが、この有名なヒュームの認識論をのぞけば、近世以降、習慣はまったく主題とならなくなる。とりわけ近現代の倫理思想からは消えていく。むしろアリストテレスの影響は、繰り返し行って身につける教育方法として定着してしまった。

その結果、自主的に考えず、同じ行いを繰り返す態度を養成する悪しき教育の方法論としてレッテルを貼られるに至った。これがアリストテレスの習慣理解の解釈の現状であろう。確かに『ニコマコス倫理学』には、そう解釈できる箇所もある。残念ながら、こちらの影響が大きかった。

第三節　徳と知覚と認識

「せり出した事実」がおしよせる

それにしても、徳ある人は必ず徳ある行為へと導かれ、他の行為へと向かう動機や理由が沈黙するとは、法外な話である。こんな理想的な超人的な場面は私たちにほとんど関係がないと繰り返しておこう。それにもかかわらず徳は心を一定の方向へ向ける。この点に、徳を備えた状態についての考察がもたらすもう一つの洞察、徳と行為の関係を理解するヒントとなる洞察がある。

徳が心を一定の方向へ向けるのはどんな場合か。

思いやりの徳を考えてみよう。他者に対して思いやりの心をもつ者は、思いやりのない態度に、ほとんど忌避反応といってよい感じを示す。目の前で友人や知人が身体の調子を崩してうずくまっている姿を前にして、放っておくつれない態度と手を差し伸べる選択肢の間で、思いやりのある人が悩むと想像するのは現実的ではない。直截《ちょくせつ》に援助するだろう。困っている人を援助するかどうか選択肢を前に悩むのは、むしろ事態が錯綜《さくそう》している場合、借金で困っている友人を援助するケースなど、状況への適切な判断や複雑な背景の理解を必要とする場合ではないか。

眼前の友人を助ける行為へと、思いやりの心をもつ人の背中を押すものは何か。それは現状の知覚あるいは認識である、とマクダウェルは答える。身体の調子が悪い友人の姿が、目の前で言わば画面いっぱいに映し出される。徳ある人は助ける行い以外、思いつきもしない。これを、マクダウェルは「せり出した事実（salient fact）」あるいは「せり出したことがらの知覚（perception of saliences）」と呼ぶ[6]。「せり出したことがらの知覚」とは、私たちに訴えかけてくる強い際立った知覚を指す。

有名な孟子《もうし》の井戸に落ちた子供を例にとるなら、私たちは「井戸に子供が落ちた！　叫んでいる！」と咄嗟《とっさ》に知覚する。思わず走り寄る。私たちの眼前に押し寄せる知覚の現実、それが「せり出した事実」である。

マクダウェルは「せり出した事実」を徳ある状態の認識についてしか言及していないが、悪徳についても同じように解釈できる。目の前で身体の調子を崩してうずくまっている人がいる。ズボンの後ろから携帯電話と財布が落ちた。スリである私の眼には、携帯電話と財布が際立ち飛び込んでくる。あとはそれを拾うだけだ。

徳であれ悪徳であれ、私たちを行為へと導く心の方向性をきめる要素として「せり出した事実」がある、これが行為と徳を繋《つな》ぐ重要な洞察の一つである。「せり出した事実」の観点は、徳ある人を徳ある行為へと導く理想的な状態を想定しないでも、現実に生じる場面を想像できる。

「井戸に子供が落ちた！」と知覚して、駆け寄りながら、寒いから助けるのをやめておこうと思うかもしれない。目の前で友人や知人が身体の調子を崩してうずくまっている姿を前にして、咄嗟に手を出すつもりが、ふと何やら偽善的な気持ちがして手を引っ込めるかもしれない。それでも「せり出したことがらの知覚」が私たちに押し寄せて、心をある一定の方向へと向けたのは事実だ。もっともマクダウェルは行為に結びつかなければ徳ある人ではなく、「せり出したことがらの知覚」ではなく、中途半端な知覚だったと形容するにちがいないが。

なぜ「せり出した事実」、「せり出したことがらの知覚」の指摘が重要なのか。

徳が行為へとどのように結びつくのか、徳は行為の基準として曖昧であると批判されていたことを思い出していただきたい。「せり出した事実」は、充分な答えではないにせよ、この批判への応答の一つである。マクダウェルは徳のもたらす心のあり方、心の傾きを知覚や認識に結びつけて描き出し、行為へと踏み出す倫理の現場を浮き彫りにする。言わば「事象そのものへ」眼を向け、知覚に生じている意識の事実をあるがままに考察にもたらした点は彼の大きな功績だろう。(7)

価値中立的な認識・知覚と言う幻想

マクダウェルの「せり出した事実」の理解は、熟考に値するいくつかの論点を含んでいるのだが、その一つ、行為の動機と認識の関係に関する論点を、専門的な議論になるが、確認しておきたい(8)。

認識あるいは知覚と行為は、普通切り離して考えられている。私たちは事実を知覚し、判断を下し、実践へと移る。「今日は雨が降っている」と認識して、「傘をもっていこう」と判断する。雨が降っている事実は、私たちの行為に差しあたり中立な事実にすぎない。降雨の認識に、濡れたくない欲求が加わって、傘を差す行為へと繫がる判断を下す。雨は、濡れるのを嫌うのでなければ、行為に影響を及ぼさない。これが中立と言う所以《ゆえん》だ。

中立な事実の知覚や認識といっても、客観的な認識である必要はなく、今そう思っている程度の思い込みでもよい。砂漠を歩いていて、オアシスが見える（蜃気楼でも構わない）、水を飲みたい欲求をもっている旅行者は駆け寄る。欲求とは独立したオアシスの知覚や認識があり、知覚とは別の欲求が存在する。そして知覚を契機として欲求が動因となり、行為へと導かれる。

以上のような私たちの常識的な理解を背景に、行為の分析に際してヒューム以来「信念」に「欲求」が加わらなければ行為へと到達しないと指摘されてきた。「信念」と「欲求」は、通俗心理学あるいは素朴心理学と訳されるフォーク・サイコロジー（Folk Psychology）の概念モデルで、現代の英米系哲学がよく使う。信念と欲求のモデルで表わすとオアシスの例は次のようになるだろう。

「オアシスが存在する」と私は思う／信じている
(I think/believe that there is an oasis.)
「オアシスの水で喉の渇きは癒《い》やされる」と思う／信じている
(I think/believe that I can satisfy my thirst at the oasis.)
「水を飲む」ことを私は欲している／欲求している
(I want/desire to drink water.)

思ったり信じたりすること、つまり信念(belief)をもっていて、さらに欲すること、つまり欲求(desire)があるとき、初めて水を飲む行為へと導かれるのであって、信念があっても欲求がなければ、ただオアシスを見ているだけに終わり、行為へと導く理由にはならない。信念と欲求のモデルに従うと、知覚や認識を意味する信念に対して、欲求の形で示される行為の動機は独立している。

動機に中立な事実を知覚あるいは認識し、その上で様々な欲求に基づいて判断を行って、行為へと踏み出す。この図式は常に正しいだろうか。私たちの知覚や認識の現実を正確に捉えているのか。井戸に落ちた子供の場合、ああ、ボッチャンと音がした、子供が井戸に落ちた。子供の声がする。さて「どうする？」と知覚から判断への順序を通常踏んでいるだろうか。確かに「どうする？」と考える。それは、井戸に駆け寄り子供を救う方法を巡ってであろう。井戸は深い、ロープを下ろすか、あるいは連絡して救助を頼むか、その間子供は溺《おぼ》れないか、いろいろと悩むにちがいないが、救助する欲求を確認しているわけではないだろう。「せり出したことがらの知覚」が示しているのは、行為の動機と認識の不即不離のあり方である。知覚や認識は行為に対して中立ではない。少なくとも行為の方向性を描き出す。

心が目の前の事実を「せり出させる」

マクダウェルは「せり出したことがらの知覚」を徳ある人の知覚としてのみ語っているため、一見、知覚や認識による行為の動機づけは、徳のない凡人の知覚とは関係がないかのような外見をもっている。だが実際はそうではない。徳ある場合に知覚や認識が行為を動機づけるとするならば、悪徳でも他の場合でも、認識は動機づける可能性が、少なくとも出てくる。とりわけ私たちにとって問題となる場面は、徳の断片を含んだ「抑制とまじりあったもの」であるから、行為へと導く動因をそれなりに含むだろう。

マクダウェルが理想的モデルとして想定する徳ある人も、また徳の断片しかもたない私たちも、状況を認識する最初の時点から行為に中立な立場にいない。状況は行為者に「せり出した事実」をつきつけ、行為者の欲求を引き起こし、あるいは動機づける。そういう言い方ができるならば、状況は行為へのベクトルを含んで目の前に広がる。井戸に落ちた子供の泣き叫ぶ声が、際だって知覚されるとともに、心に「救助」の方向指示として飛び込んでくる。私たちは状況認識のうちで、既に行為へと一歩も二歩も歩み出している。

もちろん様々ある事実のうちから、特定の事実をせり出し、際立たせ、つきつけるのは、私たちの心の傾きによる。正確に言えば、それは事実からの影響と心の反映の両者の相互作用である。事実がせり出してくると共に、心が事実のせり出しを後押しする。(9) 知覚や認識に心の姿勢が反映する事態は、心理学では常識に属するにちがいない。「せり出したことがらの知覚」も例外ではない。心理学的に一種の注意作用として理解できるものだろう。そして、心の傾きが倫理的な性格をおびるとき、徳や悪徳になる。

繰り返しておこう。知覚や認識から切り離された行為の動機の解釈は、倫理的な現場を捉えていない。「せり出したことがらの知覚」はそう批判する。事実の知覚や認識は、行為に対して中立的な現状把握ではない。井戸に落ちた子供の知覚は、救助を求める子供に応える行いを迫ってくる事実の知覚である。

倫理的な規範を含んだ事実の知覚がありながら、その規範に多かれ少なかれ、心動かされない状況はありえない。心の方向付けは知覚や認識と分離できない強い関係のうちにある。

この理解は、徳倫理全体に流れる通奏低音とも呼べるものだろう。(10)

「せり出した事実」の限界

しかし「せり出した事実」もその知覚も万能薬ではなく、倫理的問題を解決する打ち出の小槌《こづち》ではない。マクダウェルは、心を一定の方向に向ける徳の働きを「せり出したことがらの知覚」のうちで具体的に示すことで、確かに実践と徳の関係の一端を明確化している。それはあくまで一端にすぎない。最後に「せり出した事実」の問題点に触れておきたい。「せり出したことがらの知覚」が心を一定の方向へと向ける力をもつとしても、それは行為へと動機づける決定的な要素にはならない場合がある。少なくとも三つの異なるタイプを指摘できるだろう。

第一のタイプは、マクダウェルであれば「せり出したことがらの知覚」ではなく、中途半端な知覚、あるいは徳の一端が混じり合った知覚として、抑制や無抑制のケースの知覚と考えるもの。井戸に落ちた子供の救助へと心が向きながら、躊躇《ちゅうちょ》するケースがそれに当たる。

第二のタイプは、事態が錯綜する場合。既に簡単に言及したように、友人が借金で困っているケースがそれにあたる。友人が経済事情を説明し、その困惑と苦痛の表情が際立ち、迫ってくるとしても、私たちの行為を即座に引き出すわけではない。「わかった」と言って友人と別れ、熟考する。複雑で錯綜した事態の次元では、個々の知覚や認識に対して行為の動機は独立している。少なくとも、行為を直接導き出すとは限らない。

　テロリストに飛行機がハイジャックされたとしよう。飛行場に駆けつけた交渉担当官の眼には、人質となった人たちの家族の悲しむ姿、懇願する姿が飛び込んでくる。悲しむ姿が事実としてせり出し、担当官の心を揺さぶる。それでも、どのような対策を取るべきか、それは悲しみ懇願する姿から直接動機づけられるものではない。様々な要素が錯綜しているケースでは、規範に訴える事実を突きつけられても、動機は知覚から乖離《かいり》する。あるいは、乖離しなければならない事態がいくらでも生じる。

　第三のタイプとして、複数のお互いに相反する事実がせり出して、私たちを襲ってくる場合がある。苦痛を訴える患者から安楽死を懇願される場面を想像していただきたい。患者の訴えは、医療者に本人の思い、気持ちを強く印象づけるだろう。一方、家族は患者の苦しみを取り除きつつ、できるだけ生きてほしいと語っている。患者の家族の望みは、生の重さや絆《きずな》によって心を打つだろうし、患者にとっての最善の利益を考えるべき医療者の務めが胸に迫ってくるにちがいない。それでも、迫りくるどちらの事実も、直接行為を動機づける決定打になるとは限らない。それどころか、直接決定してはならないのである。

複数の「せり出した事実」が拮抗する場合

どの三つのタイプの場合でも私たちは熟考をせまられるが、問題はとりわけ第二と第三のタイプにある。

まず第二のタイプ。これまで「せり出したことがらの知覚」を、井戸に落ちた子供のように、もっぱら切迫した倫理的現場に焦点を絞って理解していた。そのため、錯綜した事態では「せり出した事実」は行為へと訴える力が弱くみえた。これが第二のタイプの差しあたっての問題提起だったが、知覚する現場を離れて、広く総合的な認識に対しても「せり出した事実」を解釈できる[11]。具体的に総合的な認識でせり出す事実を想定してみよう。

友人の借金の例で「せり出した事実」として知覚された友人の困った顔を目の前にした現場を離れて考えるとき、借金の経過、家族の状況など様々な要素から一つの全体像としての認識が成立する。多くの認識から総合的な全体像が形成される際に、一つの事実が他の事実を圧倒する光景は想像できる。

たとえば、友人の幼い子供たちの進学の問題が他の全ての事実を押しのけてせまってくる事実になりうるし、その認識は友人の援助へと後押しする。複合的な認識においても突出してせり出してくる事実を認められるから、錯綜する事態にもなお、「せり出した事実」が行為を決定する要因になると主張できるようにみえる。

だが、複合的な全体の認識で想定される事態はそればかりではない。ある事実と他の事実が、同時に大きな重みをもってせり出してくることはいくらでもある。友人の援助に悩みながら、友人の幼い子供たちの進学問題と同じくらい、自分の妻や夫の入院の事実あるいは両親の介護の事実が迫ってくる。そのせり出す重みにおいてどちらかの事実に甲乙つけがたい。狭い知覚の枠組みを押し広げ、全体の認識において「せり出した事実」を認めても、依然として行為への動機づけを自動的に決定的に後押しするとは言えない。そしてこの状況は、即座に第三のタイプの抱える問題へと接続する。

第三のタイプは相反する事実がせり出す場合だったが、第二のタイプと異なって、原則の対立がある。安楽死の現場で、苦痛を訴える患者から安楽死を懇願され、同時に、家族は患者の苦しみを取り除きつつ、できるだけ生きてほしいと語っていた。どちらも強く訴える事実であって、せり出してくる度合いにおいて甲乙つけがたい。

徳の原則が衝突する

それぞれの事実にはそれを支える原則が存在している。患者の安楽死を懇願する事実を患者の自己決定権が支えている。一方、患者の家族の訴えの背後には、生命の尊重や仁恵《じんけい》の原則が控えている。

仁恵の原則とは、困っている人を助ける、あるいは善をなす原則で、患者の最善の利益を考えた医療を意味し、医療者にとって柱となる原則である。事実を比較してその軽重を問うとき、原則のどちらを重んじるか、あるいは両者を越える何らかの原理があるか、熟考しなければならない。ここでは他者や自己決定権を尊重する徳が、生命尊重の徳や困っている人を援助する徳と競合している。

典型的な倫理的ディレンマの一つがここにある。

徳の競合する事態は、第一のタイプとして挙げた抑制や無抑制のケースとは異なる。抑制や無抑制のケースでは、徳の断片しかもたないために、つまり徳が充分な動機づけにならないために、徳の支持する事実が充分せり出していない。結果、他の動機や欲求に負けてしまう。第三のタイプで徳と拮抗《きっこう》するのは、徳に対立して誘惑するような動機や欲求ではないし、欲望を刺激する事実でもない。それぞれの徳が力をもち、それに対応する事実が充分強く私たちに訴えている。したがって、マクダウェルが理想的なモデルで想定していたような、徳が力をもつ場合、徳以外の行為への動機が沈黙するケースではない。むしろ、ある徳が力をもっても、他の徳が沈黙していないのである。

古典的な徳倫理は、一つの徳が他の徳と真剣に競合し折り合いがつかない状況を想定していない。アリストテレスはどうやら、一つの徳は他の徳とうまく調和し、全ての徳がハーモニーを奏でる予定調和のような平和な徳の支配する風景を夢みている。

マクダウェルはこの点でアリストテレスの忠実な弟子である。「せり出した事実」の観点には、倫理的ディレンマは存在していない。認識を総合して、ちょうど大きなジグソーパズルを完成させるように一つの認識の絵が完成するならば、それぞれの徳の間で競合や反発はなく、全ての徳が全体として求める重要な事実がせり出し、浮び上がってくると考えているらしい(12)。そうであれば、その事実が徳ある人を動機づけ、行為の方向性は決まるだろう。残念ながら、現実はちがう。

この点は古典的な徳倫理の大きな難点である。安楽死では、自己決定権と生命尊重の原則がぶつかる。どちらの原則も大切であり、同じように尊重が求められる徳にちがいない。うまい具合に調和してくれれば、それに越したことはないが、現実は、調和に至る所で穴が開き、徳同士がぶつかる。お互いを調停する平易な方法などない。安楽死と同様、妊娠中絶問題でも自己決定権と生命尊重の原則は対峙《たいじ》する。

原則が対峙する問題に、いくつも私たちは出会う。患者に対して誠実でありたいと思い、癌の告知を考えながら、同時に患者への配慮、優しさを考えたとき、真実を言うべきか医療者は悩む。誠実さと他者への思いやりの徳がぶつかる。

本書でも取り上げるテロリストの爆弾のケースでは、テロリストを拷問し、テロ計画を聞き出し、未然に防ぐならば、犠牲になるだろう多くの人の生命を保護できるかもしれない。しかしテロリストにも人権がある。人命と人権が拮抗するだろう。
こうした問題を考える、それが思慮の課題なのである。

複雑な現実によりそう徳倫理へ

徳倫理に対する疑問を想定しながら、この章では徳倫理の特徴をいくつか明らかにしてきた。簡単にまとめておこう。徳を備えていない人間にとって、徳は指針になるのか。これが問いだった。

答えは二つある。自ら招いてしまった不徳の状況下でも、徳ある人であれば、どのように応えるか、問うことができる。行為の正しい選択について依然として考えられる。それは行為の正しさを意味しているわけではない。この点で、徳ある行為の典型的な場合とは異なる。これがハーストハウスの答えだった。

マクダウエルは、アリストテレスの徳から発する行為と、抑制された行為のちがいに注意を喚起していた。徳から発する行為は、他の動機に惑わされない。対照的に、私たちの大部分の行為は、抑制と不完全な徳の混じりあった行為だから、そこでは実践知の悩める状態も視野に入ってくる。

両者いずれにせよ、悩む私たちに無関係ではない徳のあり方と行為への実践知を考える余地があるだろう。

さらに、徳と行為の関係を考える手がかりの一つが「せり出した事実」あるいは「せり出したことがらの知覚」にあった。徳は心を一定の方向に向ける力をもつ。徳は知覚や認識のうちで、事実をせり出させ、心を一定の方向へと向け、行為へと動機づける。倫理的問題が生じる現場の狭い範囲に限るならば、「せり出したことがらの知覚」は充分、行為へと繋がっていく。一方、錯綜した事態や、倫理的原則が競合し、複数の徳がお互いぶつかり倫理的ディレンマを引き起こす場合には残念ながら、「せり出した事実」は充分ではなかった。

第二章では、様々な錯綜した事態にあって実践知、思慮の働きを考えていこう。まず、現代の徳倫理の旗手である二人の思想家、フットとハーストハウスの論点を取り上げたい。フットもハーストハウスも極めて伝統的な古典的な徳倫理の思想家である。

序章で、幸福の多様性、人間本性の疑わしさ、徳の相対性に対して、何らかの答えを用意し、現代の要求に応えようとしている試みを、洗練された現代版の徳倫理と呼んだ。フットやハーストハウスの論点は、現代の徳倫理が抱えるこうした大きな問題に洗練された答えを用意しているわけではない。その点では、ヌスバウムやマッキンタイアのように、徳倫理を改編していく試みを呈示してはいない。

しかし、フットとハーストハウスには、徳倫理の視点がもつ大きな美徳がある。それは原理主義に走らない柔軟な姿勢、たおやかな感性であり、応用の難しさを知る人間知である。それぞれ応用倫理の主題について、一つずつ語ってもらおう。フットによる安楽死とハーストハウスによる妊娠中絶の議論である。

【第一章　註】

(1)　この点はハーストハウスがしばしば指摘している。R・ハーストハウス、土橋茂樹訳『徳倫理学について』、知泉書館、二〇一四年、三八頁以下。

(2)　抜管で治療中止の是非が問題になり、筋弛緩剤の投与で積極的安楽死が問題となった事件であるが、患者の意思のみならず、治療中止と治療の差し控えの異同の有無など、錯綜した論点が問題となっている。論点を手際よくまとめたものとして以下の論文を参照。田中美穂／児玉聡「川崎協同病院事件判決・決定に関する評釈の論点整理」、『生命倫理』、VOL・26、No・1、二〇一六年九月、一〇七頁以下。

(3)　R・ハーストハウス、土橋茂樹訳『徳倫理学について』、知泉書館、二〇一四年、七〇頁以下。

(4)　J・マクダウエル、大庭健編・監訳、双書現代倫理学2『徳と理性　マクダウェル倫理学論文集』、勁草書房、二〇一六年所収の論文「道徳の要請は仮言命法なのか」、六五頁以下。

(5) 習慣の動物と表現したが、すべて生物は習慣を優先するかもしれない。動物は、慣れ親しんだ通路、領域、環境世界を好むだろう。さらに、慣性の法則に従っている物体まで含めて考えるならば、存在しているものすべてにとって慣性、習性が決定的な要素かもしれない。

(6) J・マクダウェル、大庭健編・監訳、双書現代倫理学2『徳と理性　マクダウェル倫理学論文集』、勁草書房、二〇一六年所収の論文「徳と理性」、二九頁以下。

(7) 「事象そのものへ」は、もちろん現象学の決め台詞《ぜりふ》であるが、知覚の現実についてのマクダウェルの考察は現象学的とすら評価できると思う。ちなみに「せり出した事実」の視点を、マクダウェルはウィギンズに負っているから、マクダウェルのみならず、ウィギンズもその功労者に加えるべきかもしれない。

(8) いわゆる動機の内在主義対外在主義論争を指している。厄介なことにこの論争は専門家でもてこずるほど複雑で錯綜している。本文では、概念理解で混乱や誤解を引き起こす可能性を考えて、できるだけ「内在」、「外在」の概念を使わないように努めた。多少説明しておきたい。

内在主義対外在主義論争は、大きく二つの主題をもつ。一つは、「倫理・理由の内在主義と外在主義」である。この論争で内在と外在は、倫理的な行為を行う理由が倫理的要求に内在するか、それともそれ以外のものを必要とするかを指す。この点ではカント的な定言命法などで想定されている倫理的な要求が私たちの心に拘束力をもって迫ってくる力をもつかどうかに焦点がある。一方、「理由・動機の内在主義と外在主義」の論争は、本文で記しているように、行為する動機づけをもたらす位相が争点になっている。両者には重なる問題があるとは言え、テーマが異なる。

その上、「理由・動機の内在主義と外在主義」でも、一体どこに内在と外在を見いだしているのか、論者によって異なり一義的ではない。この論争の一翼を担っているウィリアムズの主張では、動機の内在は「主観的な動機群」を意味し、それによって行為への「内的理由言明」が形成される。一方で、本文で記したように、マクダウェルの理解では認識に動機づけが内在する。そのため、ウィリアムズには外在と見られる「外的理由言明」は、マクダウェルにとって、行為主体を動機づける充分な状況把握になる。この点で、マクダウェルは、心理主義的な内在か、冷血無情に外から働く外在か、二者択一でしかウィリアムズは考えていないと批判する。

内在論を主張しているとされるウィリアムズとマクダウェルでも内在、外在の指すものは異なるわけで、混乱の基になりかねない。したがって、多義的な概念である内在、外在はできるだけ避けた。

ダーウォールは外在主義対内在主義論の錯綜した議論を、手際よくまとめているが、その中でマクダウエルを「知覚の内在主義」に分類している。「倫理・理由の内在主義と外在主義」、「理由・動機の内在主義と外在主義」の表現もダーウォールに依っている。なお、マクダウェルの立場については邦訳の『徳と理性マクダウェル倫理学論文集』に優れた解説があるので参照されたい。ダーウォールについては以下を参照。Stephen Darwall, "Reasons, Motives and the Demands of Morality: An Introduction", in :*Moral Discourse and Practice: Some Philosophical Approaches*, Oxford/New York, 1997, p.308.

(9) マクダウェルは事実と心の相関関係を、ブラックバーンの投射説に対する反論の形で、事実の性質が先行するのでも、主観的な感性（sentiments）が先行するのでもない、非先行説（no-priority view）として説明している。たとえば、可笑しさの現象は、可笑しい性質を備えた事実と、可笑しいと感じ、可笑しさを理解する心のあり方、双方の相互作用によって複合的に捉えられる。

J・マクダウェル、大庭健編・監訳、双書現代倫理学2『徳と理性　マクダウェル倫理学論文集』、勁草書房、二〇一六年所収の論文「倫理学における投射と真理」、一五〇頁以下。

(10)「せり出したことがらの知覚」の議論は、知覚に障碍をもつ人々をはじき出してしまうのではないか。マクダウェルはこの問いを扱ってはいないが、かならずしもそうはならないと解釈できるだろう。たとえば、視覚障害がある人々は、音に対して、また、触覚に対して健常者よりずっと鋭敏な感覚が働くと言われる。その場合、知覚は、音や触覚においてせり出してくる事実を伝えるのではないか。

(11) マクダウェルは「せり出したことがらの知覚」を、直接の知覚のケースを例に挙げて説明している。しかし、一つの知覚に限らず、全体の認識が成立したとき、そこで何が際立って認識されるかによって、「せり出した事実」を広い認識と関連して解釈できると考えてもいるだろう。

(12) ソクラテスの語る「徳の単一性」の文脈でこの点に言及している。J・マクダウェル、大庭健編・監訳、双書現代倫理学2『徳と理性　マクダウェル倫理学論文集』、勁草書房、二〇一六年所収の論文「徳と理性」、四頁以下。

第二章　適当にしよう――安楽死・妊娠中絶・格差

第一節　安楽死と徳倫理――フットの場合

フットの安楽死論

フットはアリストテレスに忠実過ぎるほど忠実なアリストテレス主義者だが、現代の徳倫理を代表する論者として応用倫理学の分野で数多くの貢献を行っている。サンデルが『これからの「正義」の話をしよう』の冒頭で触れて、一躍有名になった暴走する路面電車のケースを最初に考案したのも彼女である。彼女は一九七七年に、その後安楽死問題の必須文献の一つと考えられるようになる論文「安楽死」を発表する。(1)

一九七〇年代当時、まだ安楽死問題は現在ほど人口に膾炙《かいしゃ》した社会問題ではなかった。

もちろん、遡《さかのぼ》れば慈悲殺として森鷗外の「高瀬舟」などにも描かれているように、安楽死に関わる問題提起は古くからあったが、私たちが直面する身近な問題となったのは、現代医療の発達の影響が大きい。

その転回点が、ちょうど一九七〇年代に当たる。当時、新聞に「安楽死」の言葉が大きな見出しで登場したのを覚えている。記事はカレン・アン・クインラン事件についてだった。精神安定剤を常用摂取していたカレンさんが、パーティーで飲酒の後、昏睡状態に陥る。植物状態から回復しない娘の状態を、見るに忍びない両親は生命維持装置の撤去を求めたが、医師が拒否したため一九七五年法廷闘争に発展した。今でも、安楽死問題を取り上げる際に必ず触れられる有名な事件である。クインラン事件を皮切りに、いくつかの事件がその後法廷闘争として取り上げられるようになっていく。

フットは、安楽死問題を取り上げるにあたって論点の整理から着手する。

安楽死といえば、毒物や筋弛緩剤を投与して死に至らしめる、いわゆる積極的安楽死を考えがちだが、そればかりでなく、安楽死の行い(act)は「しないこと」、つまり不作為も含む点に注意を促す。もちろん、これは治療の中止や治療の差し控えであり、消極的安楽死を指している。

次に、フットは安楽死の目的を本人のためと明示し、かつ堅持している。当然のように思われるかもしれないが、生命倫理が徐々に広がりをみせるようになる一九七〇年代、この確認は重要だった。ちなみに、英語圏で生命を意味するバイオとエシックスからの合成語として造語された「生命倫理」が、医療との関係で初めて使われるのが一九七〇年である。生命倫理を確立する機縁の一つは、Ｔ４計画と呼ばれるナチス・ドイツの行った精神疾患をもつ患者の毒殺、ガス殺による「安楽死計画」に対する反省だった。ヒトラーは「安楽死計画」を、ドイツ人の優良な「血」を守り、家族や社会の負担を減らすためと考え実行した。当然、本人のためではない。ナチス・ドイツの「安楽死計画」と一線を画することは安楽死問題を考える上で必要不可欠だったわけである。もっとも、安楽死問題に家族の要望が強く影響してしまう実態を考えれば、安楽死が容認される条件として本人の意図や利益を強調する必要は今日でもあるだろう。

さらにフットは、考察の対象を倫理的原理の問題に限り、法制度化などの社会問題から切り離す。生命倫理の主題は、妊娠中絶であれ、遺伝子操作であれ、倫理的原理の問題のみならず、文化的問題、社会制度の問題など多くの要素を含み、問題群と呼ぶのがふさわしい問題の複合体である。

安楽死も例外ではない。保険制度の有無、生死に対する宗教的理解、家族の関わり、文化的な自律の理解のちがいなど、様々な問題がある。安楽死を制度化した場合、その社会的影響、たとえば生命を軽んじる風潮をもたらし、現代の姥《うば》捨て山を作り出す可能性もある。これは「滑りやすい坂の議論」としてよく知られている。誰もが容認できる安楽死のケースでも、一旦《いったん》認めると、滑りやすい坂を転げ落ちるように、到底容認できないケースに繋《つな》がる危険性を言う。

安楽死問題は、もちろんこうした様々な観点から取り上げなければならないのだが、フットは原理的な問題に限って考察を進めている。

正義と慈愛に照らして考える

倫理的原理の問題のみを取り上げ、本人のために限定した安楽死の目的を堅持し、不作為を含めて広い意味での行いを、安楽死問題の対象として確定したうえで、フットは二つの徳を安楽死の是非を考える基準として呈示している。一つは正義の徳であり、もう一つが慈愛(charity)の徳である。

「正義」には様々な意味がある。「正義」で、通常私たちは正しい行い、正しい姿勢など、広く倫理的「正しさ」全般を意味し理解しているだろう。一方、後に触れるが、とりわけ社会哲学では、正義は配分の公正や公平に関わる、より狭義の概念として使用される。フットは前者、つまり広い意味で正義を理解していて、「他者への不干渉と、他者への積極的なサービス(原語もservice)の二つの点で、人々がお互いに負っているものに関係する」と述べている。[2] わかりにくい表現だが、社会生活を営んでいくうえでお互い干渉してはいけない状況や事態がある。また助け合いや社会活動としてお互いに関わるサービスを要求する状況や事態もある。その全体を正義の対象として解釈しているのだろう。

フットは干渉する例として殺人を挙げ、助け合いや社会活動であるサービスを行わない例として、不正直、契約の不当な不履行、法廷でのごまかしなどに言及している。つまり、お互いの生を尊重し、助け合う社会的な行いの遵守が正義の徳と考えられている。

一方、慈愛（charity）の徳は、伝統的に徳理解のなかで挙げられているもので、他者のためになる事態や行いを望み、その実現を手伝う。正義の徳と比べて、こちらは簡明でわかりやすいだろう。

安楽死を四つに分類する

正義と慈愛の徳、二つの徳理解を携えて、フットは安楽死問題の是非を検討するが、積極的安楽死と消極的安楽死をわけ、さらにそのどちらについても本人の意思の有無を軸に分類する。

まず、積極的安楽死について、本人が安楽死を望んでいる場合。フットは身体をその人自身の所有物と捉《とら》え、安楽死を望む場合、自らの所有する身体の破壊を求めていると解釈している。(3) 本人から身体に対する干渉や介入を求められているから、正義の徳が命じるような不干渉や不介入の問題は生じてこない。

注意すべきは、フットが神に与えられた命を奪ってはならないと考える宗教的な理由を考慮しないと明言している点だ。徳理解を宗教的な背景から考える伝統は中世以来脈々としてあるが、彼女は徳理解を宗教的理解から明瞭《めいりょう》に分けている。

さてしかし、本人が望んでいる場合でも、積極的安楽死に対する異論はありうる。なぜなら、慈愛の観点から、身体と命の存続が本人にとって価値がありうるから、とフットは慎重な姿勢で臨む。(4) そうしたケースでは、積極的安楽死へと踏み込まない判断は充分意味があると指摘する。これは、医療者が患者の「最善の利益」を考えることを意味しているだろう。

次に、積極的安楽死で、本人の意思が明瞭ではなく、意思が確認できない場合。実際の多くの安楽死のケースがこれに当たる。そもそも安楽死が問題になるとき、意識がない、あるいは明瞭でない状態が多い。前もってリヴィング・ウィルを書き残しておく、あるいは自らの希望をCDやPCに録画しておくケースがないとは言えないにせよ、少数である。(5) 本人の意思が確認できない場合、安楽死を望んでいるとは仮定できない。意思の確認なく、生命を奪うことは正義の徳に反する、とフットは安楽死を斥《しりぞ》ける。(6)

慈愛の徳はどうか。慈愛の徳は必ずしも生命の延長を命じるとは限らないと簡単にフットは、触れている。とは言え、慈愛の徳が生命の延長を命じるにせよ、命じないにせよ、本人の同意がなければ安楽死は正当化されない。

消極的安楽死についても、本人が望んでいる場合と本人の意思が明瞭でない場合に区別される。本人が望んでいる場合、正義の徳に抵触しない。本人の意思が明瞭でない場合はどうか。意思が表明されていなければ、積極的なサービスを行う義務は生じない。また、消極的安楽死は積極的安楽死とは異なって、医療の中止や差し控えであるから、干渉にはあたらない。そのため他者の身体や生への不干渉に反してはいない。以上二つの観点から、フットによれば、消極的安楽死は正義の徳と両立する。

そして、本人が安楽死を希望する場合と本人の意思が明瞭でない場合、どちらの消極的安楽死も、慈愛の徳とも両立しうると言う。慈愛の徳は、必ずしも生命の延長を命じるとは限らず、本人の苦痛を取り除くための安楽死を認める可能性がある。

フットの主張するように、意思の表明がなければ医療は積極的なサービスを行う義務を含まないかどうか、疑問が浮ぶところだろう。少なくとも、新生児などの消極的安楽死問題を考えるならば、大きな疑問符がつくが、この点はすぐ後で取り上げたい。とりあえず、フットは成人を想定して、意思が示されていないとき、延命のための積極的な医療を医療者が求められるとは考えていない。(7)

フットの分析を中間的にまとめておこう。分類した四つの安楽死のどれについても、正義の徳と慈愛の徳が両立しなければ安楽死は認められない。その点が明瞭に現れているのが、本人が積極的安楽死を望んでいる場合であった。正義の徳には沿っているが、それでもなお、本人のためになっているのか、慈愛の徳の観点から問題となりうる。これが、フットの議論の大きな特徴の一つである。

次に、慈愛の徳は、一般的には生の保護や延長を意味するが、本人のためを考慮するとき、必ずしも生の延長を命じるわけではない。伝統的に、慈悲殺とみなされてきた安楽死理解がここに反映しているといってよいだろう。

障碍児の安楽死をどう考えるか

それでは、フットは生の保護と生の延長を求める基準をどこに置くのか。生を保持する困難をもって、生を断念する基準と考えてはいない。たいてい私たちの生は、それが精神的であれ、肉体的であれ、いろいろな困難を抱えているのが普通であると指摘する。

フットは「通常の人間の生は、たとえそれが困難なものであっても、基本的なよさを最小限そなえている」と表現し、そこに基準を見いだそうとする。(8) しかし、最小限備えているものとして、生に求められるものがなにか、明確にしてはいない。とは言え、示唆はある。よき生の概念は、生の選別になる危険も孕《はら》んでいるから、フットの基準を、障碍児《しょうがいじ》の安楽死の是非について語る文脈で明らかにしておこう。

フットは、二分脊椎症《にぶんせきつい》と、ダウン症の障碍児の安楽死を例に挙げて、安楽死が実際に行われている状況に注意を促す。ダウン症児が腸閉塞《へいそく》を伴っているとき、比較的簡単な手術にもかかわらず、手術が行われていない実態がある。手術をしなければ生存できない状態での治療の差し控えであるから、消極的安楽死が実践されているわけだ。そこで、こうした安楽死は子供自身のために行われているのか、フットは問う。

本人のために障碍児の安楽死を容認できるとフットが考えるのは、二つの場合である。一つは、生存の見込みがないにもかかわらず、極端な痛みを感じている場合。もう一つは、重度の障害によって意識をもてない状態、ちょうど極度の老衰の患者の状態と比較して同等レベルにある場合である。二分脊椎症のケースではそうしたケースの存在をフットは認めている。

だがダウン症児では全く異なる。(9)よく知られているように、ダウン症児は成長して、充分生活を営んでいけるからである。上述した二つの基準から考えて、ダウン症について、安楽死は全く受け入れがたいとフットは言う。障碍児を養ってはいけないと主張するならば、ユダヤ人を養ってはいけないと言い放ったSS（ナチスの親衛隊）となにもかわらない、とまで非難している。充分なものかどうかは別として、フットの示した二つの基準が、英米圏において、障碍児の安楽死問題を考える上での出発点の一つとなったことは間違いないだろう。

「あるかもしれない」(might) の倫理学

フットの安楽死理解が示している特徴をまとめておきたい。正義の徳と慈愛の徳二つの徳の観点から、彼女は安楽死の是非を判断していた。もっとも、フットの理解する正義は、義務論的アプローチでも充分取り扱える。あえて徳理解のうちで正義を主題化する必然性は感じられない。実際、フットの説明に、義務や権利の用語が使われているところからみても、取り立てて徳を主張するうまみがあるとはいえないだろう。

一方、慈愛の徳では、徳倫理の本領が発揮される。慈愛は、基準を決めて規則的に個別ケースを分類すれば足りる話ではない。表現すれば陳腐に響くのをあえて承知で言えば、どれほど患者に寄り添えるか、患者の生に対して敬意と共感をもつことができるか、それが慈愛の中核にある。数日、あるいは数週間しか延命できない極端な痛みをもつ患者や、意識をもつ可能性がない重度の障碍児に対してどのように向き合うのか、それは単に、規則的にこのケースはまだ治療範囲、これはそうではないと合法則的に振り分けて片がつく問題ではない。

フットはこの点を明確に意識し、表現にもたらそうと努めている。具体的なケースの様々な含みをもつ可能性について「あるかもしれない」を表わす英語、〈may〉〈might〉を彼女が多用している点に、それは表われている。簡潔明瞭をよしとするのが論文であるとすれば、彼女の文章は多くの曖昧《あいまい》さを包含している。言及した例で言えば、本人が安楽死を望んでいるケースで、なお命の存続が充分本人にとって価値があるかもしれない（might）ケースが、それにあたる。重度の意識障害をもつ障碍児についても、時として彼ら自身のために消極的安楽死が正しい状況も「あるかもしれない（might）」。しかし、それは重度の意識障害であれば、自動的に安楽死の対象としてスコープに入ることを意味するわけではないと、フットは慎重に付け足す。

繰り返しておきたい。基準を決めた機械的な分類は慈愛ではない。

フットは、慈愛の基準を呈示はしている。わずかな延命しか望みがないにもかかわらず、極端な痛みを感じている場合、そして重度障害によって、意識がもてない状態がそうであった。その場合、患者のために生の断念が視野に入ってくる。それは機械的に安楽死の是非を分類するためではなく、他者の生に向き合う姿勢のよりどころ、姿勢の正中線を確認するためである。個別のケースにあって、医療者や家族が患者に向き合うとき、その現実のうちからマクダウェルが語っていた「せり出した事実」をみいだすとき、事実をせり出し、押し出す鋳型が慈愛なのだ。慈愛は、現実への眼差《まなざ》しにほかならない。規則ではないのである。

安楽死問題は数多くの難点を抱えており、現在も一定の定まった理解があるとは到底言えない。フットの考察は、安楽死問題への初期の考察であって、十全な形で問題を取り扱っているわけではない。それにもかかわらず、徳理解に基づく柔軟さ、規則に落とし込むことのできない現実理解を示している点で、フットの安楽死論は、依然として重要な考察である。

第二節　妊娠中絶と徳倫理——ハーストハウスの場合

妊娠中絶は政治問題になる

生命倫理の講義で、日本の学生に生命倫理のテーマとして思い浮ぶものはなにか尋ねると、たいてい「安楽死」、「脳死と臓器移植」が答えとして返ってくる。熱心な学生からは、続けて「遺伝子操作」や「デザイナーベビー」などが挙がる。欧米では同じ問いかけに「妊娠中絶」が真っ先に挙がる。日本の学生の反応は、人工妊娠中絶に関する関心の低さを示しているわけではないだろう。むしろ関心はあっても、日本では生命倫理の問題としてほとんど議論されず、社会問題として取り上げられるのもまれな事実を反映しているのではないか。

欧米、とりわけアメリカでは妊娠中絶問題は、社会問題であり政治的問題である。二〇一八年、一五週を過ぎた妊娠に対するミシシッピ州の原則禁止令にはじまり、テキサス州が二〇二一年、妊娠中絶をほぼ全面禁止する州法を発効、州法による妊娠中絶の禁止もしくは制限強化を実施する州は二六州にのぼる。アメリカは連邦制のため、それぞれの州で法律を制定する。

州法に疑問があれば、連邦最高裁に訴える方法があり、州法がアメリカ合衆国憲法に抵触するかどうかを最高裁が判断する仕組みになっている。もし抵触すれば、該当する州法は撤廃しなければならない。最高裁は、大統領に任命される九名の判事によりなるが、一度任命されると終身制なので、欠員が出なければ大統領も任命できないため、必ずしも時の政権や大統領の意向に沿うとは限らない。

一九七三年、最高裁は妊娠中絶を憲法上保障された権利として認めた。これが有名な「ロー対ウェイド判決」と呼ばれるもので、これにより多くの州法で規定されていた妊娠中絶規制が違憲となり、撤回を求められた。長い間この状態が続いていたのだが、近年になって事態が変化する。最高裁の判決は九人の判事によって決まるが、その構成によって判決が変わるからで、二〇二二年、最高裁は妊娠中絶禁止へと舵を切る[10]。

以上のようなアメリカ社会の動向は記憶に新しいところではないかと思う。銃規制と並んで、妊娠中絶問題はずっとアメリカ社会を二分する問題であり続けてきた。政治家にとっても頭の痛い問題である。大統領候補は、立候補の段階でプロ・チョイスとプロ・ライフについての見解を必ずと言ってよいほど求められる。

プロは、賛成と反対を表わすpros and consのpro、賛成を意味する。プロ・チョイスは選択に賛成で、当事者である女性の選択の権利を支持、妊娠中絶の容認派である。逆にプロ・ライフは、胎児の生命に賛成であるから、胎児の生存権を主張し妊娠中絶反対派を表わす。アメリカ社会はプロ・チョイスとプロ・ライフで二つに割れていて、ほとんど両者の間で理性的な議論が成立しない状況にある。

政党で簡単に分けられないプロ・ライフとプロ・チョイス

ちなみに、共和党は保守派でプロ・ライフ、民主党はプロ・チョイスであると日本ではよく言われる。民主党の支持者として大都市に住む比較的裕福なリベラリストを私たちは想像するため、民主党はプロ・チョイスと考えがちである。実際には、話はそう簡単ではない。アメリカの民主党の支持層には伝統的に、貧しいカトリックの白人たちがいる。彼らの多くは、神から与えられた命を大切にすべきと考えるから、プロ・ライフである。つまり、民主党もきれいにプロ・チョイスでまとまっているわけではない。

象徴する出来事が二〇〇四年にあった。当時民主党の大統領候補であったジョン・ケリーはカトリックであったが、妊娠中絶の容認に積極的な姿勢を明らかにしていた。これにアメリカ、カトリック教会の枢機卿《すうききょう》が怒り、プロ・チョイスを掲げる限り、ケリーとその支持者を聖体拝受に与《あずか》らせないと言明した。

聖体拝受とは、ミサの最後にパンとワインを信者が神父から口に含ませてもらう儀式である。最後の晩餐《ばんさん》に際して、イエスが十二使徒たちに「このパンは我が肉」「このワインは我が血」と言われた聖書の記述に由来する。ミサでもっとも大切な儀式である。

カトリック教会のミサの場に行くと、最後に信者の皆さんは「どうぞ前にきてください」と聖体拝受へと誘われるが、信者でない私などはこの聖体拝受に与ることはない。ミサの場にいても聖体拝受しないならば信者ではないし、ミサへの参加にはならない。聖体拝受させないとは、ミサへの参加を拒絶しているわけで、カトリック信徒と認めないと等しい。アメリカ社会における問題の深刻さがわかるであろう。

プロ・チョイスとプロ・ライフはいずれも〝正しい〟

困ったことに、プロ・チョイスとプロ・ライフ、どちらも正しい原理を背景としている。プロ・チョイスは、妊娠の当事者の自己決定権、自律尊重原理に基づいている。一方、プロ・ライフは、胎児の生命の保護、人に危害を加えてはならないとする無危害の原理に基礎をおく。自律尊重原理も、無危害の原理も、善行原理（他者の助けとなること）と、正義の原則（配分の公平）とともにいわゆる生命倫理の四原則として、知られているもので、広く認められている原理、原則である。プロ・チョイスもプロ・ライフもその限りで、正しい主張なのだ。

それぞれ正しい原理が、お互い相容《あいい》れない結果をもたらす。安楽死でも、生命の尊重と当事者の自己決定権がときにぶつかるように、二つの義務、二つの権利、あるいは二つの徳がぶつかる典型的なモラルディレンマが生じている。

原則が対立しているだけではない。プロ・ライフの人々から妊娠中絶などもってのほか、生まなければならないと批判されるならば、身ごもる女性が「私のお腹よ、私が決める」と叫びたくなるのは、当然だろう。暴行による妊娠や母胎の危険が伴うケースなどを考えればさらにその思いは強くなる。一方、胎児こそが物言えぬ最も弱き命であると感じるのもそのとおりにちがいない。原理的対立のみならず、実感、感情、信仰を伴った現実があるために、アメリカ社会は妊娠中絶問題を巡って二つに割れていて、妥協の余地のないほどの状態にある。

アメリカ社会は極端であるが、プロ・チョイスとプロ・ライフがぶつかる状況は、多かれ少なかれ欧米社会の構図である。その関心の高さから、妊娠中絶は、生命倫理の中心的テーマの一つであり、とりわけ胎児の地位を巡って盛んに専門家によって議論されてきた。

議論の初期、一九六〇年代まではヒトとしての胎児の地位を巡って論争が行われて、胎児がいつから生物学的なヒトになるのか問題にしていた。一九七〇年代に入ると、胎児が非常に早い段階から生物としてのヒトとなる事実がわかってきたため、専門家の論争の焦点は胎児が生存権をもつ人間（person）かどうかへ移っていく。いわゆるパーソン論と呼ばれる議論である。

二者択一でないハーストハウスの道

ハーストハウスは、欧米の分裂する社会状況も、胎児の地位を巡る英米圏の議論も熟知している。そのうえで、徳倫理の視点から議論の構図を変える試みに着手する。

問題の中心は権利にはない、とハーストハウスは言う。

まず女性の選択権に対して。女性に選択の権利があっても、権利は正しく行使されることも、間違って行使されることもある、と彼女は指摘する。残酷で冷淡、誠実さに欠ける権利行使もあるし、用心深く慎重、誠実な行使もある。したがって問題は当事者の権利ではなく、権利を行使する仕方にある。「こうした状況で中絶する場合、その行為者の行為は有徳なのか、悪徳なのか、それともそのどちらでもないのだろうか[11]」。これがハーストハウスの投げかける問いである。

次に、胎児の生存権に対して。生物学的事実を踏まえた胎児の地位についての議論に対しても、批判の矛先は向けられる。妊娠中絶問題を巡り、専門家は胎児がいつから生存権をもつ人間（person）となるのか、議論を行ってきた。そこには、生きる権利をもつものとそれ以外の存在に線引きする一般規則によって中絶問題を解決したい欲求がある。

しかし、こうした議論はひどく人為的であって、妊娠の抱える事実を読み取ることができず、事実から遊離している、とハーストハウスは指摘する。本質的に重要な点は、生殖に関する事実とその事実に関わる私たちの感情に関する事実であり、親子の関係、家族の関係に関する様々な事実にある。

中間的なまとめを行っておきたい。権利基底的（right-based）なアプローチを斥け、女性の選択権と胎児の生存権に問題の中心がないと語るとき、ハーストハウスが妊娠中絶問題をプロ・チョイスとプロ・ライフから切り離そうと努めていることは明らかだろう。また、フットと同様に、宗教的観点をもちだしていない点は注意に値する。胎児の生存権を考える際に神から授かった胎児の命の神聖さをもちだすならば、そこで議論は終わってしまう。妊娠中絶問題に悩む女性に何も答えてはいない。女性ゆえに実感としてわかるのではないかと筆者は思わず感じるのだが、この点をハーストハウスはよく理解している。

当事者の選択権についての指摘も、問題に答えていない点で同じである。妊娠した女性が、中絶するかどうか、自分が決める、あるいは決めなければならないと感じているのは当然にちがいない。そこで、あなたに選択権があるのです、と言われても、中絶をするかしないか悩む状況への解決に資するものではない。オーストラリアの生命倫理学者、ジャスティン・オークリーはハーストハウスの議論の特徴を次の様に評価している。[12]

権利基底的アプローチの欠点に対するハーストハウスの分析は心に響くものがあり、現代の中絶論争に徳と悪徳の用語を導入したことは、中絶すべきか否かを検討している多くの女性（と男性）の関心や経験にいっそう即しているように見えた。というのも、自分には妊娠を終える権利があり、しかもその権利は何よりも優先されると思っていても、自分の置かれた状況で中絶することは道徳的に正当化できるのかどうかを考えているときに、多くの女性はハーストハウスが指摘するような考慮事項についてあれこれ悩むものだからである。

オークリーの指摘のとおりだろう。

それでは、ハーストハウスが指摘する考慮事項とはどのようなものか。ハーストハウスは、妊娠中絶の基本にある問いを当事者の生の開花の問題と捉えている。当事者の生の開花にとって、親子の関係、家族の関係に関する様々な事実が本質的に重要であり、人間の生と死、親であること、家族関係に対してどのような態度をとるかが問われる。母であることと子育ては生にとって価値をもつ事柄であり、それを真剣に受け止めているかどうか、そこにハーストハウスの妊娠中絶の是非を考える視点がある。

こう語るのを聞くと、ハーストハウスはアメリカのドラマに出てくるような典型的な幸せそうなアメリカン・ファミリーの生活を思い描きながら生の開花を考えているのではないか、そういう思いを拭《ぬぐ》えない。こうして生を一定の形に固定するならば、妊娠中絶を認められないのではないか。言わば、衣の裾からプロ・ライフの鎧《よろい》が見えているのではないか、そういう疑いも浮んでくる。

他方で、一人の人間の生のうちで、生の開花に価値あるものがすべて調和するわけではないこともハーストハウスは認識している[13]。生の開花には様々な要素があるが、それを同時に実現するのは、しばしば難しい。母であることと同じほどの価値をもつ他の活動を中心として人生を送るとき、それは人生の価値について理解し損なっているわけではないと彼女は語っている。子供をもつことによる生の開花が、働くことによる生の開花と同時にはうまく行かない可能性がある。この文脈からは、充分生の開花を考えて中絶が認められるだろう。ハーストハウスの本音は、どちらにあるのだろうか。私はどちらもハーストハウスの本音だと思う。生の開花にとって、家族も親子関係も大切であると彼女は堅く信じて疑っていない。同時に、一人の人間の生の様々な局面にあって、生のあらゆる重要な要素を同時に満足はできない。残念ながら人生はときにそういうものであると認識している。ハーストハウスは、妊娠中絶を是か非かで考えてはいない。

無原則な状況主義でも原則にこだわる義務論でもない柔軟さ

ハーストハウスの徳倫理の視点に基づく妊娠中絶の議論は私たちに何を語りかけてくれるのか、彼女の議論の特徴を剔出《てきしゅつ》しよう。

まず、彼女の徳倫理のアプローチは、人間の生の開花を幸福と等値している。幸福を基準とする徳倫理に対して異議を唱えるのは、序章で指摘したように、いつでも可能だ。幸福は個人により、社会により、時代により様々で、さらに生の開花が必ず幸せと結びつくかどうかは疑問である[14]。その点でハーストハウスの徳理論は古典的な徳倫理であって、洗練された徳倫理の現代的試みとはいえない。

一方、幸福、ユウダイモニアと結びつく弱点をもちながらも、彼女の徳倫理のアプローチは、妊娠中絶の問いを考える際、プロ・ライフとプロ・チョイスの硬直した二項対立から離れる視点を提供しているところに大きな魅力がある。その魅力は、妊娠中絶問題を「全てか無か（all or nothing）」で決めない柔軟さにある。彼女の取りくみの柔軟さは、こうした論文にあってはめずらしいほど、実際に悩む具体的な問題へと触れ、実践に寄り添う木目の細かい分析のうちに現れてくる。

ハーストハウスは、妊娠中絶を認める例として、出産による母体の危険や暴行などにも触れているが、さらに、若い恋人二人が経験するごくありふれた問題の状況を想像もしている。二人は、仕事をして経済的に安定してから結婚をして子供をもちたいと考える。まだ親になる準備はできていないと二人は感じている。これが、想定された状況だ。

ハーストハウスは、これを「夢」と表現する。こうした夢にとらわれていると、夢の実現は不可能になるかもしれないし、幸せな結婚、完璧《かんぺき》な状態で子供をもとうとする計画など簡単に壊れる可能性があると指摘する。一見分別のありそうな大人であれば、仕事をして経済的に安定してから、結婚をして子供をもとうと言いそうな状況だ。ハーストハウスは「人生出たとこ勝負」、子供をもってから考えようと、全く逆を薦めているようにもみえる。

他方で、こうして「母親になる準備ができていない」と感じる女性は「適度なつつましさ、謙虚さ、臆病《おくびょう》とはべつの用心深さ」を示しているかもしれない、と彼女は付け加えている。ハーストハウスはどちらもあると答えているのだ。こうした姿勢のうちに、しなやかな人間知、それぞれのケースへの柔軟な眼差しが反映しているだろう。

原理的に妊娠中絶を認めるのか、認めないのか、是非の明確化を迫る姿勢は、是非いずれにせよ、異端審問官のように、おまえはキリスト者か異端か、どちらかであると断罪する姿勢と同じではないか。私にはそうみえて仕方がない。ハーストハウスの姿勢はそこから、限りなく遠い。

それぞれの状況に即して、柔軟に現実へ対応する点で、ハーストハウスもフット同様、杓《しゃく》子《し》定規に規則を当てはめることなど考えていない。具体的なケースの様々な含みをもつ可能性を考えて、フット同様「あるかもしれない」を表わす英語、〈may〉〈might〉を多用もできたであろう。

柔軟な現実への対応は、またフットと同様、ハーストハウスを原則なき状況主義に導かない。ハーストハウスの言葉で言えば、人間の生と死、親となることについて、生の一部として真剣に捉えているか、言葉を換えれば、他者との共生に、自らの生の一部として向き合っているのか、その原則となる姿勢が問われている。明らかに非難に値するケースもあるだろうし、生の開花にとって極めてその判断が難しいケースもあるだろう。生命を絶つ決断には、常に深刻さが伴う。その限り、生の全体をどのように考えるかを問わざるをえない。

原理原則にこだわる義務論的な姿勢と、個々の状況の効用から考えがちな功利主義とは異なって、正中線として原則をもちながら、諦めも含めてしなやかに対応する人間への眼差し。

これがフットとハーストハウスに共通する徳倫理のアプローチの魅力ではないか。

妊娠中絶を「個人の問題」で済ませる日本社会

もう一点、妊娠中絶の社会問題としての論点に触れておこう。フットの場合もそうだったが、ハーストハウスも、社会的な問題としての側面の大きさを充分承知している。病弱、子育てに疲れ果てている、過酷な肉体労働などがあるとすれば、女性が妊娠中絶を求めても、わがまま、冷淡、無責任と非難される謂《いわ》れはない、むしろ生活状況に問題があるとハーストハウスは指摘し、状況が非難に値すると考えている。妊娠中絶は決して当事者一人の問題ではない。どのような経済状況、家庭状況、社会状況に置かれているかによって、その判断は大きく左右されてしまう。

ハーストハウスは過酷な肉体労働など、今で言えば労働基準法に違反する可能性のある極端なケースを挙げているが、それればかりではないだろう。現代の日本で言えば、仕事と子供の養育が両立できないのであれば、どうしても二者択一を迫られる。妊娠中絶は個人に還元して済む問題ではない。ここは彼女が強調している点だ。

ハーストハウスの解釈を終えるにあたって、私たち日本人の姿勢を振り返っておきたい。柔軟さに関しては、私たちは日本の精神風土のよい点を認識してもよいだろう。日本人は、よく原理原則で考え、決定し、そして行動に移すのが苦手であると指摘される。海外で生活するとそれはいたるところで実感し、そのとおりだろうと思う。だが、アメリカのように原則にこだわるあまり、プロ・ライフとプロ・チョイスの硬直した二項対立のうちで身動きとれない状況を見ると、日本的曖昧さ、いい加減さも、短所ばかりではない。ある種の柔軟さを表わしてもいる。

他方で、原則を考えず、曖昧にする社会は大きな問題点ももっている。原則なき社会ゆえに、プロ・ライフともプロ・チョイスとも声高に言わないが、同時にそれは胎児や妊婦に対する無関心でもある。妊娠中絶、それ個人の問題でしょう、と済ませてしまう。当事者である女性は、一人で自ら妊娠中絶問題に悩む。しかし、ハーストハウスの指摘するとおり、妊娠中絶は決して当事者一人の問題ではなく、社会的状況の問題でもある。

たとえば、日本の中絶件数の統計をみると、アメリカなどでローティーンの中絶が問題になる状況とは大きなちがいがある。もちろん、二〇代の中絶件数がもっとも多いのは言うまでもないのだが、日本では三〇代における中絶件数が多い。これは子供を抱えた生活に対する不安を反映しているだろう。生まれ来る子供と言う名の新たな他者を受け入れていくことに対して、この社会は充分な姿勢をもっているだろうか。ここでは、原則の問いをなおざりにしてはいけないはずである。

第三節　再び　思慮と実践

倫理的問いに答えはないのか

安楽死にせよ、妊娠中絶にせよ、社会的状況や制度が大きく影響するのはわかるが、どのように行為するかについて、フットやハーストハウスの考察は結論が曖昧で釈然としない。そうした疑念、あるいは不満感を読者はもたれるかもしれない。しなやかに、柔軟に対処して、結局、私たちはどうすればいいのか。依然として徳からどのように行為を導出するのか、不明確かもしれない。

その不満に応《こた》えるために、今まで何度か触れてきた思慮と実践の関係について、再度取り上げておきたい。それが疑問に対するなにがしかの返答になればいいと思う。

もし私たちが徳から行為を導き出す際に求めている結果が、一般化できる一義的な答えであるとすれば、フットやハーストハウスばかりではなく、多くの倫理的な問いに答えは期待できない。どのような行為が正しいのか、どのような倫理的アプローチをとるにせよ、一義的に導出できる場面は多くない。

そう聞くと「倫理的問題に答えはない」と人口に膾炙した表現を思い浮べるだろう。倫理的問題に答えがないわけではない。答えがあるかないか、それは、私たちが答えに何を求めているか、によっている。「三角形の内角の和は１８０度である」のような精確さや厳密さで答えを期待しているとすれば、私たちが直面する多くの倫理的問題に答えはない。こうした答えが倫理にあれば、倫理的問題で私たちは悩む必要などないだろう。小学校から中学校程度で、定理や公理となる道徳の公式を教えて、そこから正確に「証明」される実例を示せばいい。

倫理的問題とその解答は、算数のような問題でも解でもない。倫理的な問いの解は、私たちが人生を生きるときに求められる解である。もちろん、人生に解はある。ただし、それが一つとは限らない、というだけだ。私たちは人生に対してわかっている常識を、なぜか、倫理に対してはそれが学と名付けられるために、忘れる。

「厳密さ」が代償とするもの

『ニコマコス倫理学』の冒頭近くに、学の厳密さについてアリストテレスの有名な指摘がある。扱う対象に即して、その対象や事柄の本性に応じて、それ相応の正確な解明が求められるのであって、全ての対象に対して同じ精確さを求めるべきではない。人々を説得する弁論（レトリック）のように幾何学の証明を行ってはいけないし、幾何学の厳密な論証を弁論に期待するのも適切ではない。正しい行為には、多くの差異と変動があるから、その性質に応じた解明に満足しよう、アリストテレスは倫理学を講じるにあたって、聴講者にそう語りかけている(15)。

一義的に決定する厳密な答えを求めるならば、問題となる対象を絞ればよい。絞れば絞るほど、厳密な答えが可能になる。現実の問題のうちで、多くの条件を周辺条件として固定して、仮定する。そうすれば一義的な解がえられる。

科学は、周辺条件を明示し、そのうちで結果が再現可能かどうかによって、実験の成否を問う。経済でも条件を一定にして分析する点で同じである。経済の分析は「合理的な人(reasonable person)」を想定しているだろう。合理的な人とは、合理的に考えて、その合理性にしたがって行為する人を意味する。

もちろん人間は合理的にのみ動きはしない。その都度の感情や心理によって動かされる。状況によってはパニックに陥るから、市場の動きは合理的な経済の市場分析の結果と同じにはならない可能性がある。経済の専門家の予想どおりに市場が動くのであれば、ノーベル経済学賞の受賞者は、だれも株取引で大金持ちになっているだろう。

厳密さは、現実を構成する様々な変数や条件を固定して、つまり、現実を抽象化してえられる。代償は、全体としての現実である。実践では、常に全体としての現実が立ちはだかる。

フットは安楽死の、ハーストハウスは妊娠中絶の、複合的で多くの変数を抱える現実に眼差しを向けて応えようとしていた。それが、現実へのしなやかで柔軟、また人間知ある分析につながっていたのである。

倫理の問いでは、徳倫理の徳であれ、義務論の原則であれ、常に複雑で様々な要素、変数が交錯する現実への応用となるために、原則と応用の厳密な連関を期待はできない。

複雑な現実全体に直面する同様な問題を抱えている例としておそらく挙げられるのは、法だろう。法を現実に応用するとき、現実の全体を見て判断する難しさに法の専門家は直面しているのではないか。法学が判例を重視するのも、立ちはだかる錯綜した現実に対する判断を法律のうちに書き込めないからにちがいない。

倫理を実践するための「思慮」

序章で述べたように、徳の適切な応用を行う能力をアリストテレスは「思慮（フロネーシス）」としてテーマとしていた。思慮は数学のように物事に共通する本質――たとえば三角形の性質――を対象とするのではなく、個別の実践にかかわる。様々な答えがありうる実践に関わる柔軟な判断の知である。思慮とは、適切な判断を行う知、そして徳は適切な判断への姿勢と特徴づけられるだろう。[16]

倫理の問題を巡っては、原則に囚《とら》われるあまり、しばしば適切な応用、適切な状況判断、均衡のとれた判断の問題をなおざりにしてしまう。「命の神聖性」「当事者の自己決定」などの原則が前面に立つと、その応用の難しさが忘れられがちなのだ。

徳倫理は、アリストテレス以来、原則の応用が倫理の核心の問いの一つであることをよく理解していた。アリストテレスは、勇気や節制など様々な徳を原則として提示しながら、同時にその徳がどのように実際に発揮されるのか、決してそれぞれの徳理解の一般的性質からのみ考えてはいない。

「中庸」と呼ばれる不思議な概念は、それをよく示している。確かに「しかるべき事柄をしかるべき目的のために、しかるべき仕方」と言われても、何がしかるべきなのか、わからない。それでも、この奇妙な表現は、複数の変数が交錯する複合的な現実に対する適切な判断を示唆している。マッキンタイアはアリストテレスの「思慮」の徳こそ中心的な徳であると喝破しているが、指摘のごとく、思慮は徳のうちでも最も大切な徳と解釈できるだろう(17)。

行為の置かれた現実の状況の複雑さに応じた正確さを求めて、しかるべき仕方で、しかるべく行うとはどういうことか、これから、いくつかのテーマを取り上げて、思慮に思いを馳《は》せていこう。どのように考えればしかるべく思慮を遂行できるのか、その方向性を示し、行為の羅針盤となるような思慮の支柱を探してみたい。

第四節　配分の問題と思慮——格差原理とその応用

この章の最後では正義論の分野で思慮の多様な問いがどのようなものとなるか、明らかにしていきたい。

劃期的だったロールズの正義論

アリストテレス以来、正義には大きく分けて二つの意味がある。

広い意味では、正義は倫理的な正しさ全体を指している。アリストテレスはこれを「それを身につける時、人々が正しいことを行う性質の人となる性向」と表現し、正義は全ての徳を含むと述べている。この意味での正義は、日常私たちが正義のもとで思い浮べるイメージと同じである。「鉄腕アトムは正義の味方」と言うとき考えているものだ。既に指摘したように、フットの正義の理解も、フット流の表現になっているが広い意味での正義を念頭においている。

一方、正義は倫理的問題の一部である配分の公正、公平も意味する。(18) こちらが、言わば狭い意味での正義で、現代の社会哲学や政治哲学の正義論は、多くの場合この狭義の正義を指す。税金をどのように取るのが公正、公平な取り方か、年金はどのように分配するのが公平公正か。あるいは、少ない医療資源、少ないワクチンのどのような配分が公平か、こうした問題を取り扱う。

ここで取り上げるのは、配分の公平と公正に関わる狭義の正義である。

一九七一年に、公平、公正を意味する配分原理を提唱する劃期《かっき》的な仕事、ロールズの『正義論』が発表された。その後の正義論は、賛成するにせよ、反対するにせよ、ロールズの正義論を巡る議論と言っていいほど、影響は甚大だった。ロールズの正義の原理を簡単に振り返っておこう。

ロールズは大きく二つの正義の原理を主張する。各人は平等な基本的諸自由の最も広範な全システムに対する対等な権利を保持すべきである、これが第一原理である。この第一原理は平等な基本的自由の権利を保障する。その上でロールズは社会的・経済的不平等を認める第二原理を採用する。その中心となるのが有名な格差原理と呼ばれるもので、社会的・経済的不平等は、最も不遇な人々の最大の利益になるように編成されなければならない、と主張する。

簡単な例を挙げるなら、社会福祉へ投入する公的資金の配分が考えられる。貧しい人たちが最も恩恵をうけるべく、できるだけ手厚く配分する。格差原理によれば、その配分が貧しくない人たちとくらべて多い、つまり不平等でも構わない。

社会が発展するとき、全体としての社会の豊かさが目標になる。全体が豊かになれば、その成員もまた皆少しずつ豊かになっていく。功利主義の「最大多数の最大幸福」がこれに近い。発展が一段落し社会が成熟すると、むしろ全体のなかで忘れられていた様々な貧困や格差に気づくようになる。豊かさのなかで取り残された貧困と格差に目が向けられている点で、基本的自由に基づく対等な権利と格差原理からなる正義論は、多くの成熟した民主主義社会で受け入れられた[19]。ロールズの『正義論』が難しい哲学書であるにもかかわらず、広範な影響を与え続けている理由は、そこにあるだろう。

格差原理の応用に必要な知——ワンパノーグ訴訟

さて格差原理を前にして、思慮がどのような役割を演じるのか。

マッキンタイアはロールズの格差原理を取り上げて、原理の応用の問題を印象深く鮮やかに提起している[20]。格差原理によれば、配分によってもっとも不遇な人々の利益が確保されるとき、不平等な配分も認められる。

マッキンタイアは一つの実例を提示する。

一九七六年アメリカ、マサチューセッツ州マシュピーで、町の土地がその昔アメリカ開拓時代に横領された自分たち祖先の土地であるとして、ワンパノーグ・インディアンが返還を求めて訴訟を起こした。もちろんその土地にはすでに多くの人たちが自宅を所有している。ワンパノーグの人々は一九七六年当時貧しい生活を余儀なくされていた。一般にアメリカ先住民は土地の私有の概念をもたなかったため、ワンパノーグの人々も、後から来た開拓者にいいように丸め込まれて土地を収奪された、これが本当のところだろう。

この訴訟事件にマッキンタイアはロールズの格差原理の応用を試みる。このケースでもっとも恵まれない集団はだれか。一見してワンパノーグの人々であることは明らかである。そうであれば町の土地をワンパノーグの人々に返還すれば問題は解決する。ところが、そこには他の人々、数百年前の開拓団の行いなど何も知らず、何も関係がない市民が家を建てて住んでいる。もし返還するとなれば、その市民たちは自宅から追い出されるため、家を新たに購入しなければならない。すでに訴訟によって不動産の価値は急激に下落していた。返還の時点で、彼らはワンパノーグの人々より貧しくなる。訴訟の結果次第でもっとも恵まれない集団が、ワンパノーグの人々か、あるいはそこに自宅を所有している人々か決まる。

格差原理が正義の原理として妥当と仮定しても、正義の実現には格差原理だけでは足りない。誰が最も不遇な人に該当するか、その答えは訴訟の行方と、どのような形で土地を返還するか、どの程度土地を返還するかにかかっている。

マッキンタイアは徳論を考察し、アリストテレス的な思慮こそが中心的な徳になると主張する文脈で、過不足なく判断する思慮の一例として、ワンパノーグ訴訟のケースを取り上げている。ワンパノーグ訴訟の原告は、一エーカー以下の所有者の訴訟からの免除を提案した。小規模な所有者を別にして、大規模な土地所有者のみ――その中には町などの公有地も含まれていた――に限る案を提示した。この提案をマッキンタイアは妥当な解決法と考えている。原告の提案にしたがえば、持ち家を失う人たちの転落はなく、同時に、ワンパノーグの人々の状況を改善できる。最も恵まれない集団が、ワンパノーグから土地を失う人たちへと移行することもない(21)。

マッキンタイアが呈示したワンパノーグ訴訟は、格差原理を行為に適用する際の思慮の例にちがいないが、もっとも恵まれない人々を考察する基準が富や所得の一点に絞られている。条件が複雑化し、最も恵まれない人々が富や所得のみではなく、複数の変数をもつ場合、話はより難しくなる。

第五節　配分の問題と思慮――格差原理と潜在力（capability）

ロールズは所得と富の配分だけを採用した

潜在力アプローチは、現在、正義論の分野で大きく評価されているが、その最大の理由は複数の変数へと眼を向けたからだった。

最も恵まれない人々とは、誰だろうか。富や所得の最も低い人と私たちは考えがちである。そのとおりではあるが、それだけが最も恵まれない人々を決定しているわけではない。所得は高いとはいえないとしても最貧層ではない一群の人たちを想定してみよう。さらに、この人たちの平均寿命は極めて短いと想定しよう。一方、所得はこれと比べるとずっと低いのだが、医療の状態や衛生状態がよく、健康を保ち平均寿命はずっと長い人々の集団がいる。どちらがより恵まれない人々であろうか。最も恵まれない人々であると考えて援助の手を差し伸べるとすればどちらなのか。

富や所得は、確かに貧困を考える一つの基準であるが、すべてではないし、決定的な要素でもない。富と所得を使いどのような生活を送れるか、あるいは送っているか、そこに注目する必要があると考えた正義論が、センやヌスバウムの潜在力(capability)アプローチだった[22]。

配分を考える基準としてセンは潜在力、「機能」から考察する。富と健康の比較は、実際にセンが示しているインドの例である。インド、ケララ州はインドの他の州と比較して、所得は相対的に低いが長寿である。生活をかたちづくる基本的な「機能」である長命を達成している点で、むしろ他の諸州より生活の質は高い。センによれば、その生活の質は、乳児死亡率の低さ、基礎教育、識字率の高さ、医療介護、保険サービスなどによってもたらされている。

もう一つ、障碍者の例を挙げておこう。多少の蓄えはあるが、器質的障害をもつために、多くの仕事を断念しなければならない人がいる。目が見えないために、PCを使えず事務仕事ができない。これに対して、蓄えはないがさまざまな仕事の可能性をもっている健常者がいる。どちらがより恵まれない人か。

この状況は、人間の生活を開花させ、充実させるために何が必要なのか、それを問いかけている。PCに音声認識のプログラムがあれば、目が見えなくても充分多様な仕事の可能性が開かれる。現実にはPCの環境のためにできない、つまり、潜在力が限定され遮られて、仕事、センの概念で言えば「機能」が達成できない[23]。

生活のよきあり方（well-being）をなしている様々な「機能」たとえば健康で長命、仕事などは、単に富に基づくものではなく、富を資源にしてなにができるか、どのような人生の過ごし方の多様な可能性をもっているかにある[24]。当然こうなると、ケララ州の例の健康や衛生や、視覚障害をもつ人々の仕事の可能性が示しているように、誰がもっとも恵まれない人であるか、格差原理を応用する基準は複数存在し、複雑化する。

配分の正義は、まず配分で問題とすべき重要で基本的な事柄はなにか、特定しなければならない。現代の正義論の出発点となるロールズは、社会的に問題とすべき基本的な事柄を「社会的基本財」と呼び、権利、自由、機会、所得と富、自分自身の価値の感覚を挙げている。[25]

ここからみれば、センやヌスバウムの潜在力アプローチに近い理解も可能であるようにみえる。富のみならず、多くの他の可能性についても、同様に所持しているかどうか、それが生きていく上で個人が必要とする基本的な財の基準になるようにみえる。

実際には、そうならなかった。ロールズが格差原理で考える配分は、所得と富である。ヌスバウムによれば、ロールズはセンの潜在力アプローチに共感してはいるが、最終的に受け入れていない。ヌスバウムはその理由を、ロールズにとって公平や公正な配分を考える際の基準は明確でかつ単一、同質なものでなければならなかったから、と解釈している。なぜか。彼女の解釈によれば、「直観主義的」比較をロールズが嫌ったからである。[26]

収入と健康の比較は直観的にならざるをえない

「直観主義的」比較については多少説明が必要だろう。

五〇〇万の年収と三〇〇万の年収であれば、どちらが恵まれない人か、明確だ。あるいは、五〇〇万の年収で借家住まいの人と、三〇〇万の年収で土地を所有する人と、どちらが恵まれないか、これはちょうどワンパノーグ訴訟のケースと同様、簡単に比較はできないが、土地の価値を金銭化できる点では、同質なものの比較が可能である。

しかし、同質でないものの間では、比較を行うための一元的、明確な基準がない。インドのケララ州の例のように、収入は少ないが全体的に長命な人々と、収入はそこそこあるが健康状態はケララ州と比べて悪いインドの他の州の人々と、どちらが貧しい人か。なにを重要な基準と選ぶかによって、回答は異なってくる。比較のための同質の基準がないため、どちらを選ぶか、直観的にならざるをえない。そしてこの点をロールズは回避したかった、これがヌスバウムの解釈である。

付け加えると、直観主義的な比較の問題は功利主義でも顕著に現れる。最大多数の最大幸福を考えるには直観的に、多くの基準を比べざるをえない。すでに言及した安楽死の例を思い出していただきたい。治療の差し控えが、最大多数の最大幸福をもたらすのか、あるいは治療の続行が最大多数の最大幸福をもたらすのか、患者の痛み、それを見ている家族の苦しみ、金銭的な負担、医師の苦悩、社会的影響など様々な効用のプラスとマイナスを考えなければならない。

患者の痛みを他の様々なプラスの効用とは比較にならないほど大きなマイナスの効用と判断するならば、消極的安楽死を肯定するだろう。一方、患者の痛みなどと比べて、生を軽んじる風潮、あるいは医療者への悪影響などをずっと大きな要素と解釈して、命の重さをもっとも大きい効用と考えるのであれば、消極的安楽死は認められない。痛みの程度や金銭的負担の重さと命を比較する単一の基準はないから、直観的にならざるをえない。結局、比較し判断する人間が何を大切と考えているか、つまるところ本人の感性や人間理解に依存している。

自尊の感覚の重要性

話を潜在力に戻そう。

潜在力アプローチをとるならば、所得と富ばかりではなく、多くの潜在力を比較しながら、どのような生活を生活のよきあり方と考えるか、判断しなければならない。非同質的な多様な潜在力によって、生活を比較するから、比較は直観的になる。

配分の公正を考えるとき、誰もが納得できる、簡明で一義的な基準に基づいて配分を決定できれば、理想的にちがいない。だが現実は多様であり、一つの基準に収斂《しゅうれん》できるほど事態は単純ではないから、様々な基準に基づいて配分に対して思慮を巡らすことを回避できない。

ヌスバウムは多様な基準に基づいた配分の文脈で、簡明だが重要な指摘を、ロールズの「基本財」の一つ、自尊、自分自身の価値の感覚へ言及しながら行っている。ロールズは、配分の対象となる基本的な事柄「社会的基本財」として、権利、自由、機会、所得と富、自分自身の価値の感覚を挙げていた。それでも配分の対象として考察の対象になるのはもっぱら所得と富である。

ヌスバウムによれば、権利、自由、機会に関してロールズは対処しているが、自分自身の価値の感覚、自尊の感覚について、もっとも重要と考えながら対処できず困難に直面している。つまり、富と所得の配分ではいかんともし難い問題にロールズ自身が困難を感じているという[27]。

ヌスバウムが挙げている自尊の感覚の例の一つは、同性愛者の待遇である。アメリカでは私的な同性愛の性行為は二〇〇三年まで法的に処罰されていたようで、こうなると同性愛者は自らの性的指向によって法を犯す犯罪者となってしまう。当然、自尊心をひどく傷つけられる。

ヌスバウムが挙げているものではないが、自尊の感覚の大切さを示す例をもう一つ、すでに言及した視覚障害の人々の例で示しておきたい。所得に関しては衣食住に充分であると仮定しよう。ところが目が見えないため、ＰＣを使えず就業できない。社会保障などによって充分生活できる所得がえられるならば、問題はないだろうか。話はそう簡単ではないだろう。

人間は、自らの存在の意義、何かをなして役に立っている実感、人々にとっての大切さ、こうした自分の価値の感覚、自尊の感覚をもたずには生きていけない。人間は猫ではない。

衣食住足りていれば満足するわけではない。裕福であっても仕事に就かず、まったく社会での自らの存在の意味を感じられない生活より、むしろ、多くの人は多少窮屈であっても、充実した仕事のある生活を選ぶのではないだろうか。視覚障害によって仕事の道が閉ざされている状況では、自分の人生の意味を実感できる重要な要素が抜け落ちている。人生を開花するための可能性を遮られている。(28)

潜在力アプローチの道を拓く実践知としての「思慮」

ロールズが基本財に自分自身の価値の感覚をかぞえているのは当然と言えよう。しかし、複数の基準をどのように調停していくのか。思慮のテーマに即して、問題を言い換えれば、私たちは、複数の基準、複数の変数を前に、どのようにして妥当な行為、今の文脈では配分する行為の選択を考えていくのか。厄介な思慮の問題に直面する。

潜在力アプローチは、どのように複数の潜在力を比較して、もっとも恵まれない人を考えるのだろうか。比較ではなく、どの潜在力に関しても一定の閾値《いきち》を満たす必要がある、とヌスバウムは答える。潜在力自身は、どれもみな、人間の生活のよきあり方（well-being）の条件をなしているから、一定の値以下である状態は容認できない。(29) この点でヌスバウムの正義論は、同じ事柄やものが同等に配分される平等説ではなく、必要なものの充足を配分の原理とする。[30]

センの挙げたケララ州の例をとって考えてみよう。すでに述べたように『正義のフロンティア』の潜在力のリスト（四三頁以下参照）に、ヌスバウムは生命と身体の健康を挙げているから、もしケララ州以外のインド諸州がケララ州と比べて極端に短い寿命や高い乳児死亡率を示しているか、劣悪な健康、衛生状態にあるとすれば、潜在力の閾値に達していない。また逆に、ケララ州の住民が貧困のため、自らの余暇を全く欠いている（潜在力リストの⑨）、あるいは自らの環境（潜在力リストの⑩）、たとえば住環境を全くいかんともし難いとすれば、これも閾値に達していないと判断できるかもしれない。もしどちらも当てはまるなら、最も恵まれないものはケララ州の住民、その他の州の住民双方となるだろう。

ヌスバウムの観点からすると、格差原理の応用に際して、多様な基準の間での比較は避けられる。直観的な比較は回避しているが、とはいえ直観的でなくなったわけではない。ヌスバウム自身、潜在力の特定の内容が尊厳にみあった生活へのつながりをもつものとして、直観的に把握されざるをえないと認めている。[31]

格差原理であれ、基本的潜在力であれ、原理を導入すれば現実に対して、明確で一義的な解釈ができるわけではない。また、複数の基準を考慮するならば、直観的な把握も必要になる。思慮は、こうした問題を巡る実践知なのである。

【第二章　註】

（1）この論文は残念ながら邦訳がない。Philippa Foot, "Euthanasia", in: *Philosophy & Public Affairs*, Vol.6, No.2 1977, p.85 以下。

（2）Philippa Foot, "Euthanasia", in: *Philosophy & Public Affairs*, Vol.6, No.2 1977, p.97.

（3）身体は本人の所有物か、この点は議論の俎上《そじょう》に載せる必要がある。所有物の特徴の一つとして、交換可能性があるだろう。私たちは自らを侵害せずに、所有物を交換できる。身体に関しては、全体としての身体、そして心臓や脳などは自らの存在を破壊せずに交換可能ではない。したがって「身体をもつ」のではなく、私たちは「身体である」と解釈するべきではないかと私は考えている。この点は生殖細胞に対する遺伝子操作やトランスヒューマニズムなどの議論へとつながる問題だがここではとりあえずフットの論述に沿った。

（4）フットは自殺を例に考えてもいて、メンタルな状態の変化に対して「改善」がありうると指摘している。現実にこの点で意思の確認は難しい問題を含んでいる。なぜなら、癌などの重病にかかり、悩んでいる患者の多くが鬱《うつ》状態にあることが知られているからで、そうなると、患者が安楽死の問題に直面して、本当に死を望んでいると言えるかどうか、怪しい。診療内科の医師が患者の相談の際に同席する理由がこここにある。

(5) 二〇〇九年に成立したドイツの「(患者による) 事前指示法 (リヴィング・ウィル法)」では書面ばかりではなく、CDやPCへの保存も本人の意思の証拠として認められている。

(6) ここでの問題の一つは推定意思の基準である。推定意思とは、本人がどう考えていたか、意識があったときどのような見解をもっていたか、その意向を家族などが様々な証言をもとに推定することである。クインラン事件で争点となった中心的な問題の一つが「推定意思」の解釈にあった点を考えると不思議ではあるが、フットは主題化していない。

(7) 積極的医療サービスとして、患者に行うべきものはなにか、現在でも未解決な問題がここには含まれている。フットは詳細に語っていないため、フットの解釈をはみ出てしまうが、多少触れておきたい。医療を行うべきか、それとも断念して、治療中止、治療の差し控えが許されるか、その基準を明確にしようとして、義務的治療あるいは通常治療と、選択的治療を区別する試みがあった。義務的治療あるいは通常治療とは、誰に対しても行うべき治療で、点滴による栄養補給、呼吸器の装着などがその典型である。選択的治療は、その名のとおり、治療の選択肢にはなるが医療者の義務ではない。患者本人が望むときに行う。手術などが該当する。

ところが、具体化するとこの区別の試みはうまくいかない。例えば、栄養と水分補給をしなければ人間は死ぬから、通常どの患者に対しても行う。栄養補給は義務的あるいは通常の治療にみえるが、義務とは考えられない治療へと容易に繋がっていく。栄養補給が中心静脈への点滴で足りないなら、胃瘻《いろう》になる。胃瘻は直接栄養を胃にチューブを通じて補給することである。さらに、胃が機能しなくなるならば、腸瘻へと進む。腸瘻は、腸に直接チューブを差し込み、水分と栄養を補給する。胃瘻や腸瘻が義務的な、あるいは通常の医療として、自明に医療として求められるサービスかどうか、問題だろう。現在、日本では胃瘻を行うかどうか、必ず医療者は事前に家族に尋ねる。意思が明瞭でないならば、積極的なサービスを行う義務を含まないとフットが語るとき、そこに疑問を感じるのは当然だが、同時にこうした問題が横たわっている。

義務的治療と選択的治療の区別に関する考察は、ビーチャムとチルドレスによって書かれた生命倫理の分野における現代の古典である以下の書を参照。ビーチャム／チルドレス、立木教夫他監訳『生命医学倫理』第五版、麗澤大学出版会、二〇〇九年、一五四頁以下。なお、『生命医学倫理』は成文堂から第三版が訳されているが、版によって内容、章立てが大きく異なっているので注意が必要である。

(8) 「通常の人間の生」についてフットはソヴィエトの強制収容所、ラーゲリの過酷な実態の記録を片手にしながら考え、いくつかの特徴を挙げている。自分の能力をはるかに超えて仕事へと駆り立てられないこと、家族やコミュニティーの支援があること、空腹を満足させられること、自分の未来に希望をもつこと、夜、休みにつけることなどだ。ラーゲリの生活はどの条件も満たしていなかったであろうと容易に想像がつく。またこの状況下で空腹による死を待つより、一発の弾丸による死が慈悲になったと語るラーゲリの体験者の告白も理解できる。しかし、これは成人の一般的な日常生活に必要な条件を描いているに過ぎない。新生児あるいは障碍児や植物状態の患者に際して、仕事の状況や自分の未来への希望などを挙げても意味がない。こうした考察には、安楽死問題の初期の研究の試行錯誤を読み取るべきであろう。
Philippa Foot, "Euthanasia", in: *Philosophy & Public Affairs*, Vol.6, No.2 1977, p.95.

（9）フットは二分脊椎症に関しても手術によって充分生存可能であり、多くの例で安楽死は本人のためではないと考えている。一九七〇年代当時において、障碍に対するこうした理解をもっていたことは驚くべきだろう。

（10）アメリカ社会の世論を二分する問題については、最高裁の穏健なリベラル派と穏健な保守派は慎重な姿勢をとって、穏当な中道の判決を心がけていた。著名な例はレーガン大統領に任命されたサンドラ・オコナー判事で、彼女は保守的な立場に立っていたが、しばしばリベラル派に理解を示す判断を行っている。妊娠中絶問題もその一つで、オコナーは、個人的に反対の立場だが、妊娠中絶禁止を憲法が保障すると認めていない。オコナー判事は、夫の病気のため、二〇〇五年退任する。その際、タイム誌は「影の実力者　サンドラ・オコナー」とのタイトルで特集記事を組んで、敬意を表わしている。記事の冒頭、こう記されている。「彼女はおそらく、合衆国最高裁の最近の歴史のうえでもっとも影響力のあった判事として記憶に残るだろう」。（*The Time*, July 11, 2005, p.43 以下）

キャスティングボートを握る判事が、穏健な保守か穏健なリベラルであった状態が近年変わってしまった。背景には、トランプ大統領のときに任命されたエイミー・バレット氏の存在が大きい。彼女は妊娠中絶に対する強固な反対派である。アメリカの最高裁の数々の判決に関する優れた説明として以下の書を参照されたい。阿川尚之『憲法で読む　アメリカ現代史』、NTT出版、二〇一七年。オコナー判事については四九頁以下、妊娠中絶に関するケーシー事件の判決については一三九頁以下を参照。

（11）江口聡編・監訳『妊娠中絶の生命倫理　哲学者たちは何を議論したか』、勁草書房、二〇一一年所収の以下の論文を参照。ハーストハウス「徳理論と妊娠中絶」、二一五頁以下、引用箇所は二三二頁。

(12)　ダニエル・C・ラッセル編、立花幸司監訳『ケンブリッジ・コンパニオン　徳倫理学』、春秋社、二〇一五年、「第九章　徳倫理学と生命倫理学」、三二四頁以下。「コンパニオン」とは、ある分野やテーマを様々な角度から、一線の研究者が紹介する英米圏の独特な書のジャンルである。ケンブリッジ・コンパニオンは、ケンブリッジ大学から出版されているシリーズで、この書は徳倫理学についての優れた解説、紹介である。

(13)　この点について、ハーストハウスは論文の註（註5）で示唆に満ちた表現をしている。ハーストハウス「徳理論と妊娠中絶」、二二三頁。

(14)　ハーストハウスはこの点十分承知している。彼女は幸福と生の開花に関する自らの見解が、一種のセクト主義であると批判されるかもしれないと語り、一定の価値観を前提としていると認めている。江口聡編・監訳『妊娠中絶の生命倫理　哲学者たちは何を議論したか』、勁草書房、二〇一一年所収、ハーストハウス「徳理論と妊娠中絶」、二四六頁。

(15)　この有名な聴講者への注意は、アリストテレス、高田三郎訳『ニコマコス倫理学　上』、岩波文庫、二〇一二年、第I巻第三章を参照。

(16)　アリストテレスは思慮を「人間にとっての諸般の善と悪に関しての、ことわりを具えて真を失わない実践可能の状態」と定義している。
アリストテレス、高田三郎訳『ニコマコス倫理学　上』、岩波文庫、二〇一二年、第VI巻第五章を参照。

(17)　「それゆえ中心的な徳はフロネーシス（思慮）である。……フロネーシスは知性的な徳であるが、それがなければ、性格的な諸徳はどれ一つとして行使されえない」

アラスデア・マッキンタイア、篠崎榮訳『美徳なき時代』、みすず書房、一九九三年、一八九頁。

(18) アリストテレス『ニコマコス倫理学』の正義論を取り上げている第Ｖ巻の第一章、第二章を参照。現代の正義論では、アリストテレスの配分、矯正、ともに含んだかたちを正義論の問題としている。そのため、アリストテレスの表現からずれているが、アリストテレスの配分の正義と矯正の正義をまとめてここでは配分の正義としている。

(19) ロールズ自身、一九五〇～六〇年代にかけて規則功利主義者だったが、『正義論』で功利主義批判を展開するようになる。こうした背景にはアメリカ社会の成熟があるだろう。

(20) アラスデア・マッキンタイア、篠崎榮訳『美徳なき時代』、みすず書房、一九九三年、一八七頁以下を参照。

(21) 実際の訴訟では、土地が収奪された時点で、その土地をもっていた主体としてワンパノーグの先住民が統一した一部族として存在したかどうか、その点が問題になった。そうした主体と認められなかったため、訴えは却下された。その後、一九八二年にも再度訴訟が起きているが、やはり却下されている。

(22) 富と所得を使って実現される生活の豊かさを考えるもう一つのアプローチとして、功利主義がある。センは功利主義の正義論を批判しているが、この点については附論で触れている。

(23) これは、いわゆるimpairment（身体的器質障害）と、disability（社会的にできなくなっている状態）とのちがいとして認識されている。

(24) 再度言えば、センはこうした生活の多様な可能性を潜在力（capability）として取り上げているので、潜在力を機能の様々な組み合わせとして捉える。センの潜在力については附論でより詳しく取り上げている。

(25) 「社会的基本財」の原語は"primary social goods"。周知のごとく、goodsには、物の意味と、良さや善さをあらわすgoodの意味もある。ロールズはこのどちらの意味も掛けているだろう。"primary social goods"は一方で、基本的なものや事柄を意味しているとともに、他方、善の構想に先立つ正義論に必要な限りでの「善の稀薄理論」の対象として、最低限の形式的な善としても考えられているからである。ここでは、邦訳が採用している「社会的基本財」に従っている。

ロールズ、川本隆史他訳『正義論』、紀伊國屋書店、二〇一〇年、一五節、六〇節、一二二頁以下と五一八頁以下を参照。

(26) ヌスバウムはロールズの「直観主義的」比較に対する問題を『正義のフロンティア』で数回にわたり取り上げている。ヌスバウム『正義のフロンティア』、法政大学出版局、一三四頁以下及び一九〇頁以下、二〇三頁以下。また、潜在力アプローチに対する直観主義的比較の問題については、二〇〇頁以下を参照。

(27) 自尊の問題についてのヌスバウムの解釈については以下を参照。ヌスバウム『正義のフロンティア』、法政大学出版局、一三四頁。

(28) もちろん、人によってどのような生活を選ぶかはちがう。自分は猫でかまわない、衣食住足りていればゴルフでもして遊んで暮らす生活を選ぶ、そう応える声が聞こえてきそうである。その生活で本人が自尊心を傷つけられないのであれば問題はない。まさにそこに潜在力アプローチの強調する点がある。音声入力プログラムをもったPCをすべての視覚障碍者がもち、がんばって働くのが人生の開花、と言うわけではない。問題は、働きたいと思っても、その可能性が閉ざされている点にある。

(29) よき生活（well-being）を保持する閾値をどのように決定するのか。この点についてのヌスバウムの考察は、附論で展開している。また、潜在力間の比較、考量について、センとヌスバウムでは見解が異なる。センの潜在力アプローチによる取り組みとヌスバウムの潜在力アプローチの差についても附論で説明を試みているので参照していただきたい。

(30) 配分において、平等ではなく、必要なものの充足を原理として提唱しているものとしてフランクファートがいる。最低限のものの平等について、平等が重要だからではなく、配分されるものの特徴から結果として平等な配分となっているとフランクファートはセンの正義論に言及しながら指摘している。フランクファート、山形浩生訳『不平等論』、筑摩書房、二〇一六年、七四頁以下を参照。

(31) ヌスバウム『正義のフロンティア』、法政大学出版局、九六頁以下を参照。

第三章　よいことをしようと思うな、悪いことをしよう

この章では悪を問題としたい。悪を取り上げると言っても、悪が何か、その本質を考察するわけではない。悪の本質の考察は、人間の本質的な暗さに焦点をあてるから、倫理的に最も面白い主題の一つにちがいないが、ここではもっと現実に直面する場面を考えたい。つまり、私たちが時に直面するモラルディレンマ、悪い事態から逃れられない状況である。

第一節　モラルディレンマと二つの例

クマの命か人間の命か

一つの例からはじめたい。

近年、クマの住む山林が減少して餌がたりない。クマは山から下りてきて、村人の捨てる栄養豊富な生ごみをあさることや、トウモロコシ畑のおいしいトウモロコシをとることを覚

えた。秋、冬眠に備えクマは腹ごしらえする時期になると頻繁に人里に出没する。村人はしばしばクマと遭遇して、とくに子供と老人に傷を負うものがでている。困った村では様々な対策を講じるがどれも効き目がない。追い払っても、麻酔弾で眠らせて山へと戻しても、クマはまた人里へ下りてくる。生ごみやトウモロコシは山のどんぐりより簡単に手に入るし、おいしいと知ってしまったのだから、クマとしてはやめられない。さてどうするか。

クマを殺す？　あるいは人間が我慢する？

こうしたケースを挙げると、読者は、様々な対策を提案されるにちがいない。クマに麻酔をうち、もっと遠い山の中に連れて行くとか、乗り越えられないような頑丈な柵をつくるとか、深い堀を掘るとか、である。筆者ももちろん、こうした対策をまず考えるし、それでうまくいけば、めでたし、めでたしである。

ところが、クマは普通のクマではなかった。たとえどんな山奥まで麻酔で眠らせ連れていっても、戻ってきてしまう。シベリアの遥《はる》か果ての山々にまで運んでも、飛んで帰ってきてしまう。スーパークマさんである。頑丈な柵も、やすやすと乗り越える。生ごみの箱の鍵《かぎ》も簡単にあけてしまう。スーパークマさんは知恵が働くのだ。

さてどうするか。

悲劇を避けるために長期的な観点でクマ対策を講じる必要があるが、このケースが想定しているのは、そうした長期的な対策は別として、今人が傷つくか、クマが死ぬかを迫られる状況である。二者択一を逃れる道はない状況である。

強行突入かテロリストの要求に応じるべきか

クマさんの問題を考える前にもう一つ別の例を考えたい。テロリストによる飛行機のハイジャックである。テロリストが、国際空港で飛び立つ直前の飛行機をハイジャックした。多くの乗客が人質として飛行機内に拘束されている。テロリストは、獄中にいる仲間の釈放と、彼らとともに国外の安全な地へ脱出する保証を要求してきた。加えて、獄中の仲間を解放しなければ、一時間に一人ずつ人質を殺すと宣言している。あなたが政府の責任者であれば、どうするか。

獄中のテロリストの仲間を釈放すれば、釈放犯を加えて再度テロリズムを起こす可能性がある。テロリストの要求を拒否すれば、人質は確実に殺されていくだろう。彼らは命をはって「使命」を遂行するから、自爆も覚悟している。

あなたは、テロリストと交渉しながら時間をかせいで特殊部隊を派遣し、飛行機と人質の奪還を考えるにちがいない。可能性はある。しかしテロリストは愚かではない。当然、奪還の可能性も想定している。特殊部隊の強行突入は多くの乗客の命を犠牲にする可能性が高い。

最悪の場合、テロリストによる飛行機の爆破によって、すべての乗客の命が奪われる。テロリストとの交渉に応じて、獄中の仲間を釈放し、海外への脱出を保証することも考えられる。人質は無事解放されるだろう（テロリストは嘘つきではない。約束を守ると仮定しよう）。一方、釈放すれば、釈放犯を加えてテロリズムを起こす可能性はないだろうか。今回のハイジャックの成功に味をしめて、捕まれば再度飛行機のハイジャックを行って釈放を要求すればよいと考えるかもしれない。また、獄中のテロリストの釈放は法に背く超法規的措置であって、結果として政府が法を逸脱した先例を作ってしまう。

クマさんのケースも嫌なものだが、テロリストの場合はさらに頭を抱えるケースであって、こんな事件に対処しなければならない首相や大統領は、不幸と言うか、運が悪いとしか言いようがない。自分が首相でなかったことを本当によかったと思う一瞬だ。この二つのケースを考えるたびに、娘がまだ小さかったときに、時々した質問を筆者は思い出す。

「ねえ、おとうさん、ゲジゲジでいっぱいのへやと、ゴキブリでいっぱいのへやと、どっちがいい？」

「どっちも嫌だよ」

「だから、どっちかといえば、どっち？」

「そんなの選ぶの嫌だよ」

「だから、どうしても、ぜったいどっちかにはいらなければならないの。どっち？」

　二つのケースの問題のいやらしさは、ゲジゲジの部屋とゴキブリの部屋の究極の選択のように、「よい」選択肢がない点にある。クマの出没では、クマを殺すか、あるいは人間が傷つくのを我慢するか、二者択一を迫られている。テロリストのケースでは、人質の命を犠牲にする危険を冒すか、法を破りテロリズムの再発の危険を冒してテロリストとの交渉に応じるか、選択を迫られている。よい選択肢を選びたくても、これがよい、と言える選択肢がない。倫理的な問題の解決とは、いつもよいことを選ぶことだと私たちは思いがちである。そうなると、クマの例でもテロリストの例でも、解決策は残されていない。

悪いことをしよう

　倫理的な問題とはどんな選択にあるのだろうか。通常倫理的な問題が生じる選択とは、よいことAと悪いことBの間の選択と私たちは思ってはいないだろうか。

　実際には、この選択は思い悩む必要のある問題ではない。よいことAと悪いことBの間で選ぶのであれば、答えはわかっている。Aをすべきなのだ。なにも、皆で知恵を絞り、頭を悩ませる必要はない。もちろん、それでもしばしばBをしてしまうのが、私たちの現実である。糖尿病があるから酒を飲んではいけないとわかっていても飲んでしまう。これは、古来、倫理学で意志の弱さの問題としてよく知られていた。選択すべき答えがわかっているにもかかわらず、なぜ選ばないのか、それがテーマとなる。面白いテーマではあるが、何を選択すべきかわからない状況ではない。

よいことaとよいことbの選択はどうだろうか。日常私たちが行う選択がこの状況である。たとえば、大学院に進学して勉強を続けるか、あるいは就職するか、学生は人生の岐路に立つ。大学院への進学も、就職も、それ自体「よい」。今日の夕御飯は、ピザにしようか、パスタにしようか、どちらも「よい」のであって、誰からもとがめられはしない。私たちは自分の意向で進路を決めるし、自らの気分で夕食を選ぶ。

ところが、悪いことαと悪いことβの間で選択を迫られる状況がある。これがモラルディレンマの一つ、よいことができない状況である。私たちは常によいことを実現できるわけではない。時として悪い選択肢しかない状況に遭遇する。クマの出没やハイジャックは、まさにそうしたケースなのである。

それではモラルディレンマに直面して、どうすればよいのか。答えは「よいことをしようと思うな、悪いことをしよう。ただし、より少ない悪、ましな悪を選べ！」である。つまり、選択肢のうちで、どちらがよいか選ぶのをあきらめて、どちらがより少ない悪か判断しよう。

クマのケースで考えてみよう。クマの射殺と村人の死傷とどちらがより少ない悪だろうか。

おそらく、たいていの人はクマの射殺を小悪と考えるにちがいない。クマの射殺を「よい」と考えて選択しているわけではない。クマの射殺は悪い。ただし村人の死傷と比べたとき、より少なく悪い、と言うにすぎない。

そもそも、人里とクマの住む山との間にはクマも人も立ち入らない緩衝地帯、バッファーがあった。人間の住む地域がその緩衝地帯を侵食したために人間がクマに遭遇する悲劇が起きているのであって、その点では人間が悪いと言えば、悪い。私たちの多くがクマの射殺に躊躇《ちゅうちょ》するのも、こうした人間のあり方に対してどこか後ろめたさを感じるからだろう。そこで、クマも射殺したくないし、当然人間も傷つきたくない、モラルディレンマが発生する。クマの射殺は基本的には悪い。しかし、ほんの少しかもしれないが、人間の殺傷と比べて小悪である。

強行突入と獄中犯の釈放、どちらが「小悪」か

これは、倫理学で小悪選択の原理（Lesser Evil の原理）と呼ばれ、古くから指摘されてきた。最も古くはアリストテレスが、よいことの選択が難しい場合に、次善の策として、より少ない悪の選択を勧めている。(1)

テロリストのケースについてもう一度考えてみよう。どちらがより少ない悪だろうか。ま

ず強行突入の場合。テロリストに譲歩はしない。交渉を続けると共に機会をみて特殊部隊を投入、テロリストの制圧、状況によっては射殺と人質奪還をめざす。法と秩序を守り、断固とした姿勢をとることで、テロリズムは目的を達成できない。テロリズムの挫折を内外に示し、テロリズムの抑止効果はある。一方、人質に犠牲がでる可能性はきわめて高い。最悪の場合、機体の爆破と人質全員の死がまっている。

次にテロリストの要求に応じて獄中の仲間を釈放した場合。人質は無事、生命は守られる。他方で、法と秩序は守られず、テロリストは捕まっても釈放されるから、新たなテロリズムの可能性はきわめて高くなる。

テロリストのケースはクマの例よりずっと難問である。大学の講義で学生にどちらを小悪として選択するか尋ねると、クマのケースではクマの射殺を大半の学生が選ぶ（残りの学生は人間の命をクマより尊いとする判断に疑問を感じている）。テロリストのケースではほぼ半々、若干、強行突入を選ぶ学生が多い。

私としては「難しい問題ですね、さて、それでは時間がきたので講義はここまで、また来週」とか言って逃げだしたいところであるが、首相や大統領はそうはいかない。答えを出さなければならない。実際、ハイジャック犯の要求に直面して、答えを出した二人の首相がいる。西ドイツのシュミット首相と日本の福田《ふくだ》赳夫《たけお》首相である。

シュミット首相と福田赳夫首相の正反対の判断

一九七七年一〇月、スペインのマヨルカ島を飛び立ち、西ドイツのフランクフルトへ向かう西ドイツ、ルフトハンザ航空一八一便がハイジャックされた。実行犯は当時いろいろとテロリズムを起こしていたPFLP（パレスティナ解放人民戦線）だったが、ドイツ赤軍を名乗る極左グループ、バーダー・マインホッフと関係があり、ドイツで服役していたアンドレアス・バーダーを含むドイツ赤軍幹部の釈放と多額の現金を要求する。

一八一便は、その後ローマを皮切りに、バーレーン、ドバイ、アデンなど中東の各地を転々とし、最後にソマリアの首都、モガディシュにいたる。イタリアをはじめどの国もテロリストを応援したと言われたくないが、パレスティナの怒りも買いたくないため、飛行機の受け入れに及び腰だった。こうして事件を回避したい国々は、着陸を拒否もしくは暫定的な給油のみを認めたのである。

ハイジャックから五日たっていた。テロリストは交渉が進展しないため苛立《いらだ》ち、自爆の用意を始め、爆破の火が燃え広がりやすいように、通路と乗客にアルコールを注ぐ。機長はすでにモガディシュ空港で外部と連絡を取った事実を理由に、射殺されていた。西ドイツのシュミット首相は、テロリストと取引を行わないと決め、テロリストを制圧するため西ドイツの特殊部隊の派遣の許可を求めて、ソマリア政府と交渉する。同時に、彼は突入によって人質に犠牲が出た場合、内閣を総辞職する決意を固める。

最終的に、テロリストとの時間稼ぎの交渉の途中、機をみてドイツの特殊部隊が給油中の一八一便に強行突入を敢行する。突入の結果、テロリストは制圧された。人質に死者はなく、客室乗務員の一人が軽傷を負うにとどまった。これが「モガディシュの奇跡」と呼ばれるハイジャック事件である。

これよりほぼ半月前の一九七七年九月、フランス、パリを発った日航機四七二便のハイジャックに対して日本政府は、西ドイツの対応とは逆にテロリストの要求に応じていた。

日航機四七二便は経由地インドのムンバイからの途中、五人の日本赤軍によってハイジャックされる。テロリストは日本で拘留中の日本赤軍の仲間の釈放と六〇〇万ドルの現金を要求。日航四七二便はバングラデシュのダッカ空港に降り立つ。日本政府は、特使をバングラデシュに派遣するが、折り悪く事件のさなかバングラデシュで軍事クーデタがおきて事態はさらに不安定化する。このとき福田首相は「一人の生命は地球より重い」と述べ、人質の安全を優先して超法規的措置を決定、ハイジャック犯の要求に応じた。

正反対の決断が「どちらも正しい」理由

どちらが正しい決断を下したのだろうか。問題をこう言い換えてはどうだろう。一方が正しく、一方が間違った決断を下したのだろうか。私にはそうは思えない。どちらも正しい決断をしたのではなかったか。もしどちらも正しいとするならば、シュミット首相と福田首相の決断のちがいはどこにあったのだろうか。

当時のドイツ（西ドイツ）の状況を考えるならば、テロリストに妥協するのは危険きわまりなかった。バーダー・マインホッフのドイツ赤軍は様々なテロリズムを西ドイツで起こしていて、ハイジャック事件を起こす数ヶ月前の七月にもドレスナー銀行の頭取を誘拐し殺害している。ルフトハンザ航空一八一便がハイジャックされたときも、ドイツ経営者連盟の会長（日本で言えば経団連の会長にあたるだろう）シュライヤー氏が乗っている車を襲撃、運転手、護衛の警官あわせて四名を射殺し、シュライヤー氏を拉致《らち》していた。ドイツは大陸国家だから地続きに国境を越えて潜入できる。一度釈放したドイツ赤軍のメンバーがドイツに再潜入するのを防ぐのはほとんど不可能に近い。釈放したテロリストが再度様々なテロリズムを起こす可能性は、極めて高かった。

日本赤軍とつながる極左グループ、「東アジア反日武装戦線」も丸の内にある三菱重工の本社ビル爆破事件（一九七四年）をはじめ、一連の大企業爆破事件を起こしていた。日本がハイジャック事件にあうのもこれが最初ではない。よど号ハイジャック事件（一九七〇年）、ドバイ空港での日航機ハイジャック事件（一九七三年）と繰り返されていた。

一九七五年、マレーシアのクアラルンプールでアメリカ大使館とスウェーデン大使館を占拠し、獄中に収監中のテロリストの解放を要求した事件は、日本政府にとって重要な判断材料だったにちがいない。この時、三木内閣がテロリストとの交渉に応じて釈放した七人のうち三人までもが、ダッカでのハイジャックに参加していたからである。その点から言って、獄中の仲間を釈放したならば再犯のおそれは高かったろう。

再度のテロリズムの恐れに関しては、ドイツ日本、双方とも高かった。それでは強行突入するとして、その準備はどうであったか。

当時西ドイツは、ミュンヘンオリンピックのイスラエル選手団を襲ったパレスティナ解放勢力「黒い九月」による殺傷事件（一九七二年）を教訓として、テロリスト対策用の特殊部隊を創設し、訓練していた。

一方、日本はいくつかのテロ行為、ハイジャックを経験していたにもかかわらず、いつものことながら対応が遅く、警察にSAT（の前身）を組織するのは、このダッカ事件の数ヶ月のちである。さらに、ダッカで強襲を敢行するには、国内と異なり異国の地であるから、現地の政府の了解を取り付けなければならない。ところがダッカは軍事クーデタのおかげで指揮系統が一時不明となり、日本政府は現地政府の支援に不安を覚える。強行突入に自信がもてる状況ではなかったのである。

法と秩序の維持の点はどうだったろうか。当時の首相だったシュミット氏は、後年、ドイツのTV局の一時間に及ぶインタヴューに応じている。その中で、古い話なので詳細は覚えていないとことわりながら、一方で、決断について「あの決断は、決して私一人の決断ではなかったことを忘れないでほしい。当時、西ドイツ国民の支えてくれる声がなければできなかった[2]」と大変興味深いコメントを残している。テロリストに対して断固とした姿勢を取る決定を当時のドイツ社会は支持していた。

日本はどうだったか。当時の社会的雰囲気は人質の安全のためにはテロリストとの交渉もやむなし、と言うのが本当のところだったろう。この措置はいずれにせよ特殊な例外的なものとして受け入れられていて、法を揺るがす、秩序全体に対する不信を引き起こす可能性は低かった。

こうした点をそれぞれのケースで総合して考えるならば、シュミット首相の決断も、福田首相の決断も、小悪選択の一つの解である。読者の中には、正反対の決断をともに正しい解とする解決に不満をもたれる方もいるにちがいない。まったく異なる決断がどちらも正しいのであれば、結局「anything goes（何でもよい）」ではないか。

そうではない。どちらも小悪選択だった。

倫理は1＋1＝2ではない

シュミット首相の決断が正しい選択であるのは、犠牲者が出なかったからではない。たとえ、強行突入の際に人質全員が死亡してもこの決断は正しかっただろう。シュミット首相自身もそう判断したから、強行突破に打ってでた。ドイツ赤軍の状況とその後に予想されるテロリズムの再発、ドイツ世論、突入の成功の可能性などを総合的に判断したとき、人質全員の死亡も仮定して、それでもなお小悪なのである。

また、テロリストとの交渉に応じた福田首相の決断がやはり小悪であるのも、「一人の生命は地球より重い」からではない。当然だが、一人の人間の命が地球より重いわけがない。人質全員の生命、日本国内の法的状況、突入の成否、ダッカ空港の状況、世論、様々な要素を考慮したときに、小悪が何か、それが問われていたのである。

私たちは、倫理的問いに一つの答えを求めたがる。ちょうど、1＋1＝2のような明快で、誰にも誤解のしようがない解を探すのであれば、倫理に答えはない。一方翻って、倫理に解がないとすれば、倫理的に問われている人生の重要な問題に私たちは何も答えられない。なにしろ、答えがないのだから。

現実には、私たちは人生に自ら答えを出している。あるときは正しい、あるときは間違った答えを。そしてその正しさ、間違いは、算数の答えのように明快ではないことを誰もが知っている。倫理的問いは人生の問いであり、倫理的解もまた、人生の解なのである。

しかし、と反論が返ってきそうだ。こうしたシュミット首相や福田首相の決断の評価は、結局後になってわかるのではないだろうか。私たちはその場面で本当に何が正しいか、わかるのだろうか。

シュミット首相の決断はその後高く評価されるに至る。西ドイツのテロリストの活動はすぐになくなりはしなかったが、下火になっていったのは間違いない。日本政府の対応は、日本はテロリズムも輸出するのか、と海外から批判も招いたし、必ずしも評価されてはいない。それでも、テロリストとの交渉の弱みにつけ込んだ事件が、その後、制御できないほど頻発したわけではない。また、超法規的措置のために、法を軽んじる傾向が日本社会に広まったわけでもなかった。だがそれもすべて後からわかった結果である。有り体に言えば、すべては後づけではないか。

確かに、その決断が本当に正しかったのかどうか、シュミット首相と福田首相の決断のように、歴史の審判を経ねばならないときがある。それは、ちょうど人生の岐路に立ったときの決断と同じではないか。私たちの人生における重要な個々の決断の正しさは、いつでも振り返って、後から評価されるのではないだろうか。私たちが手に入れられる知恵は、どのような方向で、何を基準として評価するか、その判断の大枠を間違えない実践知だろう。小悪選択は、その枠の一つなのである。

第二節　テロリズムと小悪選択の原理

震災やテロリズムに際して自由の侵害は許されるか

小悪選択の原理は、長い倫理思想の歴史のうちで考えられてきたが、現代では政治学の分野で、とりわけ、9・11以降、アメリカ社会を中心に深刻に議論されるようになった。アルカイーダやIS（イスラム国）によるテロリズムが迫っているとき、民主主義社会は社会を守るため、どこまで、またどのように個人の人権と自由――そこにはテロリストたち自身の人権も含まれている――を制限していいのか。社会を揺るがすような危機、大震災や大規模テロリズムなどに直面したとき、市民の自由やプライヴァシー権を制限し、あるいは凍結することは認められるか。

市民の自由、プライヴァシー権は、民主主義社会の根幹をなす価値観であるから、その侵害は基本的に悪である。一方、社会を守るために自由やプライヴァシーの制限を避けて通れない。主な問題を挙げてみよう。

1　大震災の際、政府は混乱を避けるため外出禁止措置をとり、警察あるいは自衛隊による組織的な誘導で避難を計画する。

2　同じく大震災に際して、食料難に対処するため購買を一部の地域で制限あるいは停止し、一定期間、配給制を実施する。

3　テロリズムの計画を事前に阻止するため、携帯電話の履歴情報を通信業者より手に入れる。あるいは電話での会話を盗聴する。

4　テロリストの疑いのある人間を前もって拘禁し、取り調べる。

5　数日以内に計画的な大規模テロリズムがあるとの情報が入ってくる。それと時を同じくしてテロリストのメンバーを拘束した。このメンバーを拷問してテロリズム計画を未然に防止する。

6　テロリスト組織の中心人物に対する暗殺を実行する。

1と2について。こうした措置がもし実施されれば日本では比較的受け入れられるにちがいないが、2の自由市場の閉鎖に関して、リバタリアニズム（自由市場至上主義）の強いアメリカでは反発がおきるだろう。

3について。自由主義社会ではどこでも反発が強いが、テロリズムの脅威が強く感じられるようになると背に腹はかえられなくなって導入、あるいは容易に傍受可能にする傾向がある。日本でも通信傍受法が二〇一六年に改定され、裁判所の令状があれば傍受可能となるケースを大幅に認めるようになっている。

4について。法の性質上、基本的に罪を犯したのでない限り身柄の拘束はできない。予防拘束はテロリストを計画段階で拘束する、あるいはそれ以前の段階で拘束するため、自由の侵害の疑義は免れない。しかし現行犯でなければ逮捕できないとなれば、テロリズムの阻止にはならない。予防拘束はフランスなどで認められている。

5について。拷問ほど人間の尊厳を踏みにじるものはない。一方、いわゆる「時限爆弾がカチカチと動いているケース（ticking bomb case）」と言われる、自爆テロや大規模破壊が数時間から数日のうちに計画されている場合を想像してほしい。拘束されたテロリストのメンバーがその計画を確実に知っていると仮定しよう。拷問してでも計画を吐露させたいと思うのは取り調べの現場にいれば不思議ではない。

6について。暗殺をアメリカは何度も実際に試みている。オバマ政権下でも、9・11を主導したオサマ・ビン・ラディンの暗殺を実行した。しかもビン・ラディンは暗殺当時パキスタンに在住していたから、アメリカの特殊部隊による強襲は、パキスタンの国家主権の侵害にもあたる。とはいえ、ビン・ラディンの殺害によって、アルカイーダによるテロリズムの危険が減少したのも事実であろう。

許容可能な小悪の四条件

問題の対処を巡って、立場は大きく三つに分かれる。一つは、自由やプライヴァシーの制限を認めず、人権を尊重する理想主義的な自由擁護論の立場である。これに対して、テロリズムの脅威をみれば、現実的に人権を制限すべきであると主張し、有効にテロリズム問題に対処しようとするプラグマティックな立場がある。どちらの立場にも、不満が残る。自由擁護論は、現実へ対処する手段をもたない無策において、プラグマティズムは、人権や自由への感性の鈍磨において、説得力をもっていない。

こうした不満を背景に、小悪選択の原理の導入によって、リベラリストとプラグマティストの対立の中間の道が開けると主張する第三の立場が登場する。代表的論者が一時期政治家でもあった、カナダの論客、イグナティエフである。

彼は二〇〇四年五月のニューヨーク・タイムズ紙に、テロリズムとの戦いを巡る論説を「小悪（lesser Evils）」と題して発表し、続けて『許される悪はあるのか？』で、テロリズムとの戦いを小悪選択として詳細に描き出している。[3] 結論から言えば、イグナティエフは予防的拘禁、強制的な尋問、それに先制攻撃と暗殺の三点を、テロリズムを阻止するための民主主義社会の対抗策である小悪として認める。ただし小悪として認められる条件を四つ掲げる。

1 どの対抗策も悪と承知していること。
2 緊急事態であるときの対抗策として立証されること。
3 様々な手段を講じた最後の手段としての対抗策であること。
4 その行動の正当化、適正性について市民に判断を仰ぐこと。

さらに、四条件を満たしているかどうか、いくつかのテストをイグナティエフは提案する。まず個人の尊厳を損ねていないかどうかの「尊厳テスト」。拷問や司法手続きを経ない処刑などがこれによって排除される。次に、伝統的な法的手続きとの摺《す》り合わせをおこなう「伝統（conservative）テスト」。現存する適正な手続き基準、つまり一般的な法の取り扱いからの逸脱が不可欠かどうかを吟味する。緊急度がこの場合の重要な要素だろう。さらに「有効性テスト」として市民の安全性確保のための有効性をテストする。長期的にみて政府への政治的支持が強まるかどうかも「有効性」の大きな判断材料である。難しい政治判断であろう。そして「手段テスト」、他の手段の可能性がないかどうかを見極める。

最後に、最も重要なテストが「開かれた当事者論争主義的審査（open adversarial review）」である。「当事者論争主義的審査」は法、科学仮説などについて、その提案者に対抗する機構、人物によって審査する制度で、広く抑制均衡のチェックシステムを意味している。テロリズム対策の場合、具体的には、行政府の決定に対する司法や議会のチェック、政府諸機関の内部調査を遂行する独立した制度（各種委員会など）あるいはさらに広く、イグナティエフはメディアの批判なども想定している。(4)

民主主義政府が大悪に転落する危険性

以上のような基準それ自体は、目新しいものではない。むしろ当然と言えば当然だが、こうした様々なチェック、煩瑣《はんさ》なチェックを経て「デモクラシー国家は一方の手を背中に縛り付けながら(5)」テロリズムと戦わなければならない。ボクシングに喩《たと》えれば、言わば、頭突き、かみつきなど反則何でもありの相手に対して、片手を縛って打ち合うような戦いを強いられる。イグナティエフはこれを圧倒的な力をもっているはずの「強者の弱さ」とよんでいるが、それが重要なのだ。なぜなら、テロリズムによる民主主義への最大の打撃は、引き起こされる事件の悲惨さではなく、テロリズムへの対応を誤ったときに起きるからである。

この点を、イグナティエフは一九世紀の革命理論によって説明する。一九世紀の革命理論は、立憲体制の正体が「農民と労働者に対してそれが組織化された暴力システム」(6)にすぎないと暴露することを目論《もくろ》んでいた。国民の福祉と安寧を守ると考えられていた政府が巨大な暴力装置であれば、本質的にテロリズムと変わらない。テロリストと同様にルールなしで戦ったとき、民主的社会は、警察や軍といった巨大で圧倒的な力をもつ暴力に変貌《へんぼう》し、テロリストと同次元にまで転落する。これはテロリズムの勝利、民主的社会の敗北である。私たちは、たとえ不利であっても、テロリズムに対して片手を自ら縛って戦わなければならない。

イグナティエフは、また、テロリズムに抵抗するはずだった民主社会がテロリズムと同様なニヒリズムに支配される可能性を指摘し、小悪が大きな悪へと転落する危険性を描き出す。まず、テロリストを含む集団とそれに対抗する共同体は、報復と報復に対するさらなる報復によって、負のスパイラルに落ち込んでいく傾向がある。報復の連鎖のうちで、それぞれの集団や共同体の紐帯《ちゅうたい》は、行動を抑制する制度や規範より強くなる。「暴力が帰属を生み出し、帰属が閉鎖性を生み出す」(7)。イスラエルとパレスティナ自治区の争いなど、その例はいくらでもある。

北アイルランド紛争におけるイギリス政府とプロテスタント系市民に対するＩＲＡ（北アイルランド独立を目指す武装組織）の憎悪も、負のスパイラルに落ち込んだ好例かもしれない。

ＩＲＡは、プロテスタントのイギリスから独立し、カトリックの市民による国家建設を目指していた。目的を純粋に取り出すなら、それなりに理解できる。それがテロリズムに訴えることで、変質していく。イギリス軍と北アイルランド警察はテロリズムを抑え込む。ＩＲＡは報復にでる。報復の暴力への参加が、同胞意識を強くし、そこに加わらないものは仲間ではなくなる。本来掲げていた目的は北アイルランド独立だったはずだが、もはや報復が自己目的化していく。自らの掲げていた本来の目的を見失ってしまった自己疎外、これが、イグナティエフがドストエフスキーの『悪霊』のテロリストたちを引き合いに出して描いた、ニヒリズム像である(8)。

テロリズムを取りしまる側も同じ危険に直面する。警察や軍はテロリズムによって損害を被ると、結束をより強固にし、さらなる武力を行使しようとするだろう。その際、様々に課せられる制限にいらだち、不満は溜《た》まっていく。「この下降スパイラルの最後には、純然たる憲法上の組織である警察部隊やテロリストに対抗する部隊が、彼らが一掃しようとしていたテロ組織同然の振る舞いに及ぶ事態が出現することになる」(9)。小悪が大きな悪へと転換する危険を描くイグナティエフの分析は、ドストエフスキーの『悪霊』を思わせる秀逸さで、政治理論の枠を越えて、心理学的洞察にまで達している。

状況が差し迫るほど拷問は人を惹きつける

第二の危険、それは暴力の魅力である。当初やむを得ず行使した暴力でも、使用しているうちに、人はその魅力に嵌《は》まっていく。「暴力は人びとが拒絶するのと同じくらいに人びとを惹きつけるという事実は、より小さな悪の倫理に対して繰り返し突きつけられる試練なのだ[10]」。

暴力を権力と置き換えれば、第二次世界大戦中にナチス・ドイツがユダヤ人を殺害するため各地に建てた絶滅収容所の看守の振る舞いを想起してもよいかもしれない。ナチス・ドイツは、ユダヤ人が運命に気づかず、抵抗せずに、速やかにガス室へと赴く計画を綿密に立てている。換言すれば、ガス室での効率的で、効果的な殺害を目指していた。収容された人々の虐待は命令にはない。ところが実際には、殺害の合理性や効果の点から言えばまったく外れた、想像を絶する虐待が行われていた[11]。暴力や権力には人を引っぱりこみ、人を酔わせるものがあるのだ。

テロリズムへの対策で、最後に再び厄介な問題に触れておきたい。時限爆弾のケース（ticking bomb case）の拷問である。

ＩＳ（イスラム国）、あるいはアルカイーダが市内のいずれかに数百人規模の殺傷力をもつ爆弾を仕掛けていて、数時間から数日のうちに爆破が予定されているとの情報を政府は傍受したと仮定しよう。たまたま中心人物の一人が捕縛された。彼は、今までの経歴と身柄確保の状況からみて、まず間違いなく爆弾の正確な場所と爆破時刻を知っていると予想される。あなたは、治安当局の一員で尋問に立ち会っている。どうするか。

差し迫った状況のなかで、悠長に法的手続きなど行う時間的余裕はない。となれば、拷問への誘惑は大きくなる。拷問を禁止しても、どのみち密室状態の尋問で拷問は避けがたいから、とプラグマティストは考える。拷問の禁止ではなく、拷問を規制し、拷問の令状を取り、手続きを整えて拷問の透明化を提案する。私たちは、ISの兵士がイラクで行った残虐行為については報道を通じて度々見聞きした。一方、アフガニスタン、パキスタン、イラクで掃討作戦が行われた際に捕縛された多くのISやアルカイーダの戦士になにがあったか、実際には何も知らない。すべては隠されている。ならば、逆にこうした拷問の透明化は、むしろ現実を制御し、一歩でも二歩でもいい方向へ転換するのではないだろうか。

すでに述べたように、イグナティエフは拷問を認めない。テロリストに対しての尋問が拷問とならないために、弁護士の接見、司法審査の機会など法に従う手続きに言及している。拷問も、力の行使、しかも原始的な力の行使であり、だから危険があるのだ。力の行使はエスカレートする。暴力は人を惹《ひ》きつけるのではなかったか。どこかで、阻止などできるのだろうか。

さらに、彼は説得力のある理由を提示する。第二次世界大戦下、ドイツ軍に拷問されたベルギーのレジスタンス運動の一員の証言をもとに、拷問された人間がその後大きなトラウマに悩まされた事実に言及する。「拷問された者は二度とふたたびこの世界にはなじめない」。

イグナティエフはプラグマティストの提案の魅力にも気づいている。[12] そのためか、許容される尋問として「精神的・身体的健康に危害をもたらさない程度に眠らせないでおくことや、誤った情報を与えることでストレスを引き起こすことが含まれる」と語る。[13] 一方で、許されない強要として、身体的強制、虐待、本人の同意のない薬物や自白剤の投与と、食料、水、薬品、休息の剝奪《はくだつ》などを数え上げてもいる。

だが、眠らせないことと、身体的強制や自白剤の投与の間に本質的な区別があるのだろうか。現実にアメリカ軍がイラクで、あるいはアルカイーダの掃討の際に行ったと言われている拷問、目隠しをして額に水を少しずつ垂らすのはどちらに入るのだろうか。イグナティエフは迷っている。リベラリストとして、同時にプラグマティストとして、彼は正直に吐露している。「おそらく拷問はより小さな悪の倫理において、それに対する答えを出すことが最も困難な事例である」。[14]

謙抑の姿勢なしでは「小悪選択」は単なる悪になる

イグナティエフの迷いは、小悪選択の原理を用いる際のかなめを指し示しているのではないか。

小悪選択の原理を応用するとき、多くのケースで、功利主義的な、最大多数の最大幸福をほぼ自動的に考えるようになる。この点、多くの読者は既に気づいていたと思う。ハイジャックのケースで言えば、できるだけ多くの人質の救助がなにより問題になっていた。事件後の社会や法の動揺、さらにテロリズムの再発可能性も考察の対象となる。

功利主義ばかりではなく、さらに義務論的な考察も小悪選択の無視できない要素である。非常事態下では自由やプライヴァシー尊重義務の扱いが一つのテーマだった。拷問のケースでは、テロリストの人権の尊重義務も考察の対象となっていた。爆破により予想される被害結果だけが考慮されていたのではない。また、クマのケースでも、クマの命と人間の命の重さどちらを守るべきか、その価値の上に、守るべき義務を考察していた。小悪選択を巡る思慮では、功利主義的アプローチも、義務論的アプローチも活用される。

しかし、小悪選択の原理を使う際に問われているかなめは、その姿勢である。謙抑的に使う姿勢、頻繁に乱発するのを抑制する姿勢であり、同時に、理想に走らない、現実を見つめる冷静で謙虚な姿勢である。この心の姿勢こそが徳倫理の思慮の中心にある。義務論や功利主義のアプローチのうちでは、心の姿勢に対する問題意識は死角に入ってしまう。小悪選択では功利主義的考察、義務論的理解、徳倫理のもたらす姿勢、全てのアプローチが動員されるが、思慮の中心に謙抑の姿勢がなければ、小悪選択は、単なる悪へと変貌しうる。小悪選択は諸刃の剣なのだ。

謙抑的な姿勢の点で、プラグマティストは欠けている。また、理想主義的リベラリストは、現実を見つめる冷静な姿勢が足りない。謙抑的な心のあり方、現実への冷静な眼差《まなざ》し、イグナティエフの迷いが教えているのは、この姿勢の大切さである。そして、この姿勢こそが、小悪選択の原理を扇のように現実へ開き当てていくときのかなめに位置する。かなめは眼にはさやかに見えないし、言葉にはさらになりにくいにちがいないが、小悪選択の核となる徳がここにある。

時限爆弾の容疑者への拷問は、迫りくる現実の過酷さのうちにおいて、踏みとどまらなければならないものと、踏み出さねばならないものの相克にたつ。私にはイグナティエフの迷いを笑うことはできない。

第三節　小悪選択か悪魔に魂を売ることか

「小悪選択」は言い訳にも用いられる

小悪選択の原理は――これはあらゆる原理原則に当てはまるのだが――残念ながらどのような場面においても振れば解決策が次々に飛び出てくる打ち出の小槌《こづち》ではない。小悪選択はイグナティエフが指摘しているように、応用次第で大きな悪へと変貌するし、あるいは言い逃れを引き起こす。そうした批判や指摘はもちろんイグナティエフにとどまらない。有名なのはハンナ・アレントの批判だろう。

ナチス政権下、ナチスに対して批判的、あるいはナチスではないドイツ国民も、その政策に消極的にせよ協力した。その一つが反ユダヤ政策である。ナチスは政権を取ると、反ユダヤ主義的な政策を次々に実施していった。ユダヤ系の商店のボイコット、ユダヤ人の公園など公共施設の利用の禁止、旅行の禁止、ひいては公民権の停止にいたる政策が立法化されていく。

アレントによれば、反ユダヤ的でなかったドイツ人も、協力しないとさらに事態は悪化すると考え、ナチスの政策に小悪選択として協力した。歴史が示しているように「小悪」は事態の悪化をくい止めはしなかった。最後にはユダヤ人絶滅を意味する「ユダヤ人問題の最終解決」にたどり着く。これ以上の悪化はありえないほどユダヤ人絶滅の施策が進行していくなかでも、驚くべきことに、依然として事態悪化の阻止がナチスへの協力の理由に挙げられ続けた、とアレントは指摘する(15)。

アレントの指摘するように、小悪選択は応用によっては言い訳にもなる。言い訳か、適切な応用か、その判断の基準は、小悪選択以外に他の選択肢がなかったかどうか、である。当時ドイツ市民、あるいはナチス占領下のポーランド市民などの少なからぬ人たちが、知り合いのユダヤ人を匿《かくま》い、逃走を助けた事実を知ると、選択肢がなかったとはにわかに信じられないだろう。小悪選択は、アレントの言うごとく口実として使われた。

アレントは、しかし小悪選択の間違った応用や乱用のみならず、原理も認めていないようだ。彼女はユダヤ教の聖典、タルムードの一節を引用して言う(16)。

タルムードでは、人々が共同体の安全のために一人の人を犠牲にすることを求めても、その者を差しだしてはならないと教えます。一人の女性の身を汚せば、ほかのすべての女性の純潔を守ることができたとしても、その一人の女性に身を汚させてはならないと教えます。

一人の女性を守ろうとするこの姿勢は美しい。だが、それは姿勢としてであって、現実の判断はまた自《おの》ずと異なったものとなるのではないか。

ナチスへの協力の見返りに一六八四名のユダヤ人を救った男

タルムードの引用を読みながら、私はスピルバーグ監督の映画、『シンドラーのリスト』を思い出した。シンドラーは、実在したドイツ人でナチ党員の工場経営者だったが、ユダヤ人虐殺を眼のあたりにして、ユダヤ人の救出を決意する。自らの工場で働くユダヤ人一〇九八名のリストを作成し、助けるために、多くの私財を投入、ナチスの高官を買収する。

映画では、戦争が終わりユダヤ人とシンドラーが別れるシーンで、車を指さしながら、この車を売ればあと一〇名助けられた、いや、このナチスの金バッジを売ればあと一名は助けられた、とシンドラーが泣き崩れる。そのシンドラーに、彼が助けたユダヤ人たちは指輪を贈る。指輪にはタルムードの言葉が彫られていた。「一人を救うものは、全世界を救う」。アレントの引いたタルムードの一節と通じるかもしれない。それは同時に、自らの工場で働いていた一〇九八名の救出にも通じる。

それでは、ナチスの反ユダヤ人政策に対する小悪選択が、戦後大きな問題となった事例に関してはどうだろうか。ハンガリーユダヤ人四〇万人全員の救助はできなかったが、一六八四名を救ったカストナーのケースである。

一九四四年、ハンガリーに住むユダヤ人の絶滅収容所への強制移送が始まる。当時、ハンガリーのシオニズム（ユダヤ人によるイスラエル復興を目指す運動）の指導者であり、ユダヤ人救済擁護委員会の中心人物の一人であったルドルフ・カストナーは、移送の責任者アイヒマンと取引を行う。アイヒマンは、ヨーロッパ各地のユダヤ人の絶滅収容所への鉄道輸送をすべて管轄していた。

カストナーは、一部のユダヤ人の救出を条件に、全ハンガリーのユダヤ人の輸送を滞りなく行う企てに協力する契約を結ぶ。ユダヤ社会の復興を考えて、カストナーは、著名なユダヤ人、重要人物を選び出すが、その中にはカストナーの家族、親類縁者も含まれていた。最終的に、一六八四名のユダヤ人がドイツ親衛隊の監視下、列車に乗り中立国スイスへと出国する。一方、四〇万にのぼるハンガリーユダヤ人は、アウシュヴィッツのガス室で死んだ。

戦後、カストナーはイスラエルに渡り、通商産業省のスポークスマンの職についていたが、同胞のユダヤ人からナチスとの協力に対する非難を受け、一九五五年、イスラエルで法廷に立つ(17)。

ハレヴィ判事は裁判で、カストナーを「悪魔に魂を売った」と批判した。カストナーは列車の行きつく先に何が待っているか知っていたにもかかわらず、その情報をユダヤ人社会に伝えなかった、と非難された。もし、救済擁護委員会がアイヒマンと協力せずユダヤ人を組織して鉄道輸送に抵抗していたならば、せめてハンガリーのユダヤ人社会に正確な情報を伝えていたならば、輸送に時間と手間がかかり、効率的にユダヤ人をアウシュヴィッツに輸送できなかったろう。ナチスに協力しなかったとしても、多くのユダヤ人が殺されたにちがいないが、抵抗するべきだった、そう考えることもできる。実際、一九四三年ワルシャワでは絶望的ななかでユダヤ人たちが蜂起《ほうき》し、その鎮圧にナチスの親衛隊は多くの労力と時間を費やさなければならなかった。

裁判はカストナーの非を認定、カストナーはイスラエル政府の職を辞する。裁判を機に、彼はイスラエルでもっとも悪名高き人物となった。妻は心労で起き上がれず、娘は学校で石を投げられる状況だったらしい。そして、カストナーは、同胞のユダヤ人によって自宅前で暗殺される。

「悪魔」との交渉に挑んだカストナー

カストナーは「悪魔に魂を売った」のか。

ハレヴィ判事の批判にはいくつかの疑問が浮ぶ。カストナーとアイヒマンの交渉と契約は対等なものだったか。カストナーはアウシュヴィッツで何がおきているか正確に知っていたのか。さらに、正確に知っていたとして、カストナーが正確な知識をユダヤ人社会に伝えたとき、何が生じると予想できたか。そして最後に核心となる問いに答えなければならない。当時の状況のなか、カストナーのとった「契約」以外のいかなる形でハンガリーユダヤ人を救出できたろうか。

カストナーはアイヒマンと対等に取引ができたわけではない。カストナー自身ユダヤ人であるから、ナチスの秘密警察に逮捕される可能性もあった。ブダペストの路上で親衛隊に射殺されることも充分考えられた。その気になればアイヒマンがアウシュヴィッツ送りを命令できたのである。現実には、常に自分自身と家族に降りかかる身の危険を感じながら交渉していた。こうした取引を、通常の状況下での契約のごとく考えることはできない。

アウシュヴィッツでユダヤ人の絶滅が進行しているのをカストナーは知っていた。アウシュヴィッツから一九四四年四月に脱出したスロヴァキア出身の二人のユダヤ人からの報告を見ていたからである。また、絶滅収容所以外にも、特殊部隊（アインザッツ・グルッペ）により、東方、ウクライナでユダヤ人が集団銃殺されている事実を聞き知った、とカストナーの同僚で、同じくユダヤ人救済擁護委員会の中心人物だったヨエル・ブラントがアイヒマン裁判で証言している(18)。ブダペストのユダヤ人社会の中心にいた人々がこうした報告を受けていたのは間違いないだろう。

しかしユダヤ人殺戮《さつりく》の事実を人々に伝えたとき、人々がそれを事実として受け取るかどうかは、また別である。アイヒマン裁判の裁判記録を読んでいると、絶滅など自分の目で見るまで信じられなかったとホロコーストの生き残りが繰り返し証言している。当然だと思う。

文明化された現代ヨーロッパの真ん中で、一つの「民族」を絶滅させる計画が進行しているなど、誰が信じられただろう[19]。とんでもないデマ、今風に言えばフェイク・ニュースと受け止めた可能性が高い。ナチスは、東方（ロシア）での強制労働につくために輸送するとユダヤ人に説明していた。この説明を多くのユダヤ人が死の直前まで信じていたのである。

さて、それでは、カストナーのとった「契約」以外のいかなる形で、ハンガリーユダヤ人を救出できたろうか。カストナーのアイヒマンとの「契約」が小悪の選択であったかどうか、その正否を判断するためには、すべてがわかっている現在からの「後知恵」ではなく、当時のブダペストの不安と不確実さの状況下にあったユダヤ人の視点に戻って推移を追う必要があるだろう。

ユダヤ人救済擁護委員会は、既に一九四四年以前から偽造パスポートなどを使って、ドイツ占領下の地域から、ユダヤ人がハンガリーへと逃亡する手助けをしていたらしい。当初ハンガリーはドイツの同盟国であったから、ナチス・ドイツも勝手にハンガリー国内のユダヤ人に手を出すわけにはいかなかった。事態が変わるのは、ハンガリーがドイツから離れるのを察知して、ドイツがハンガリーを占領した一九四四年三月である。ここからハンガリーユダヤ人の絶滅が計画され、実行に移される。またこの頃、既にドイツの敗戦の色は濃くなっていた。こうした中、交渉も始まる。

アイヒマンはドイツの軍用トラックをユダヤ人に供出させようとして、一〇〇万のユダヤ人の命と引き替えに、東部のロシア戦線で使用する一万台のトラックを提供するように、カストナーの同僚のユダヤ人指導者、ヨエル・ブラントに持ちかける。ブラントはこの提案をもって、トルコ、イスタンブールのユダヤ人社会へと赴く。アイヒマンはドイツの敗色濃い中、ユダヤ人を介してソヴィエトを除く西側連合国と講和のための準備をしようとしていたのかもしれない。

この提案を聞いて、カストナーは、それに先行して六〇〇名のユダヤ人の国外移住をナチスに願い出る。命とトラックの交換を真剣にナチスが考えているのか、確かめようとしたらしい。こうして一九四四年五月に最初の「契約」が行われる。しかし、ブラントはいっこうに帰って来なかった。ブラントはイスタンブールからカイロにまで行き、現地のユダヤ人社会と接触するばかりではなく、連合国側にも面会し、必死にトラックの供出を懇願していた。だがユダヤ人の大量虐殺も、またその代用としてのトラックの件も信じてもらえなかったのである。

こうして事態が動かず、むなしく月日が過ぎていく中、ユダヤ人の絶滅収容所への輸送が次々に行われていく。カストナーは、その間アイヒマンと何度も接触し、中立国へ移送するユダヤ人の数を六〇〇人からさらに増やそうと試みる。

アイヒマンは同意した。一九四三年四月から五月にかけて一ヶ月間続いたワルシャワのユダヤ人ゲットーと同様の蜂起が起きるのを、アイヒマンは恐れていた。ブダペストで同じく蜂起がおきれば、鉄道輸送は遅れ、自らの責任問題になる。後に「悪の陳腐さ」とアレントから形容されるアイヒマンは、力なきユダヤ人相手には怒鳴りつける男だったが、すべてを秩序に基づいて行うことに異様なまでにこだわる小官吏だった。

度重なる交渉の結果、最終的に中立国への出国許可は一六八四名に及ぶのだが、脱出に保証があったわけではなかった。このとき出国した一人の証言によれば、「列車に乗るかどうか、シオニズムに関わっていた叔父が、ブダペストに残れば一〇〇％死を免れない。出国のための列車に乗るならば死ぬ確率は九〇％だと言った」。この証言が正しいとすれば、列車に乗った人たちは、一〇％の可能性に賭《か》けていたことになる。アイヒマンが契約を履行するかどうか、実際には誰にもわからなかったのである。

現実に中立国への脱出はすんなりいったわけではない。カストナーのユダヤ人たちを乗せた列車は六月にブダペストを発ち、ドイツのベルゲンベルゼン強制収容所へ向かう。大部分のユダヤ人はそこで数ヶ月間とどめ置かれている。列車に乗っていたすべてのユダヤ人がスイスへ出国するのは、ようやく一九四四年も暮れの十二月になってからである。

おそらく戦争の経緯を、アイヒマンもナチス当局も見ていたのだろう。敗戦が避けられないとわかった時点で、西側連合国との講和を考えて、ユダヤ人を出国させたと推測できないだろうか。信じられないような話だが、講和を有利に進めるためにユダヤ人を使おうとナチス親衛隊長官ヒムラーは戦争末期考えていたから、この推測もあながち的外れではないだろう。

こうした経緯をみるとき、カストナーは少なくとも当初、ブラントが何らかの返答をもって帰ってくるのを期待していたろう。それまでにどれだけの人間を救えるか、あるいは殺戮から少しの間でも生きながらえさせるか、アイヒマンとの交渉はそこに焦点があったのではないか。

カストナーに対する最も大きな批判の一つとして、ユダヤ人に輸送の目的を教えなかった事実が挙げられていた[20]。教えたとしても、多くの場合信じてはもらえなかったろう。また、情報を得て冷静に事態を受け止めた、ユダヤ人社会の中心にいた人間でも、証言の通り出国の成功率一〇％の見込みと考えていたように確実な保証は何もなかった。そうであれば、ワルシャワゲットーのように蜂起する可能性も小悪選択であったかもしれない。

一九五八年、カストナーのケースは、イスラエル最高裁判所で再度審理され、一九五五年の判決は覆される。最高裁のアグラナット判事は、アイヒマンとカストナーの間の取り決めを契約とはみなせないと判断している。またユダヤ人全体を救助しようとするカストナーの動機を認め、カストナーは「悪魔に魂を売った」わけではないと判決をだした。ただしその判決は、三対二のきわどいものだった[21]。

シンドラーの指輪に彫られたタルムードの言葉「一人を救うものは、全世界を救う」をもう一度私は考える。ハンガリーユダヤ人四〇万人は救えなかったが、一六八四名を救ったカストナーに、この言葉と指輪はふさわしくないのだろうか。

モラルディレンマの中の一筋の光明

小悪選択の原理は私たちに視点の転換を求める。よいことを探しても見つからず、できない状況に私たちは時として追い込まれる。よい選択肢がない、つらい状況にあってどうすればいいのか。そのとき、この原理はささやいてくれる。より少ない悪をしろ。私たちはスーパーマンでも天使でもない。すべての人質を無事に傷つかずに救出しながら、テロリストを逮捕はできない。クマを殺さずに村人に死傷者がでない方策がいっぺんにできるわけでもない。すべてのユダヤ人をナチスから救出はできなかった。よいと呼べるような行為を、私たちが選ぶ余地のない状況がある。

同時にこの原理は私たちが抑制的な姿勢をもって、現実へ対応することも求めている。小悪を至るところで行うような応用の乱発を止めている点でも、より少ない悪をしろ、と私たちにささやいてもいるのだ。

小悪選択の原理は、有限な人間がモラルディレンマに直面するとき、一筋の光明を与えてくれる原理なのかもしれない。

【第三章　註】

(1) アリストテレス『ニコマコス倫理学』第Ⅱ巻第九章を参照。

(2) シュミット首相のインタヴューはYouTubeで閲覧可能である。Todesspiel Interview mit Helmut Schmidt 1~3　二〇〇九年三月一八日公開（二〇二三年一二月現在）。

(3) イグナティエフ、添谷育志他訳『許される悪はあるのか?』、風行社、二〇一一年。以下、イグナティエフ『許される悪はあるのか?』と略記。

(4) イグナティエフ『許される悪はあるのか?』、三一頁、四二頁参照。なおadversarial reviewは、英米系の裁判制度を支える基本的考え方であるadversarial systemに関連している。裁判は、対立する当事者双方がそれぞれ自己に有利な法律上・事実上の主張および証拠を出し合い、これに基づいて中立の第三者である裁判官（および裁判員など）が審査するシステムである。adversarial systemは、こうした英米の裁判制度の解釈を指す。

(5)　イグナティエフ『許される悪はあるのか?』、六五頁。
(6)　イグナティエフ『許される悪はあるのか?』、一四三頁。
(7)　イグナティエフ『許される悪はあるのか?』、二五六頁。
(8)　イグナティエフ『許される悪はあるのか?』、二四九頁。
(9)　イグナティエフ『許される悪はあるのか?』、二五六頁。
(10)　イグナティエフ『許される悪はあるのか?』、二五八頁。
(11)　この点に関しては、一九六一年に行われたアイヒマン裁判で、ホロコーストを生き延びたユダヤ人による証言が多々ある。ソビボール絶滅収容所の生存者の一人は以下のように証言している。「一般の親衛隊員は、命令どおりに動いていました。あるいは命令にそむいてまでひどいことをしていた、というべきだと思います。というのは、もし彼らが命令の実行だけに忠実であったなら、彼らは私たち全員を殺していたはずで、よけいなあんな拷問は、しないでもよかった。拷問は仕事のさまたげとなるばかりでした。ですから親衛隊員の一人は、そのために転任を命じられた、ということです」

村松剛『新版　ナチズムとユダヤ人』、角川新書、二〇一八年、七九頁。

なお、人間のうちに眠る暴力性や権力をもったときの振る舞いについて、アイヒマン裁判後、ミルグラムの実験(一九六三年)など幾つかの検証実験が行われている。

(12)　イグナティエフはウクライナの移民の出身で、東欧社会の複雑な苦悩についても熟知していて、そのルポルタージュ『民族はなぜ殺し合うのか』はリアリズムに裏打ちされた報告書となっている。もともとリベラル派の論客として著名であったが、同時に現実理解の厚みももっている。彼の議論が魅力的な理由はそこにある。一時期カナダの政治家としても活動していた人物であり、理想を追い求める単なる象牙《ぞうげ》の塔の住人ではない。プラグマティストの現実感覚も持ち合わせている。

(13) イグナティエフ『許される悪はあるのか?』、二九一頁。

(14) イグナティエフ『許される悪はあるのか?』、二九〇頁。

(15) ハンナ・アレント、中山元訳『責任と判断』、ちくま学芸文庫、二〇一六年、所収の「独裁体制のもとでの個人の責任」、五八頁以下を参照。

(16) イグナティエフ『許される悪はあるのか?』、六〇頁を参照。

(17) 正確には、裁判はカストナーに対して行われたものではない。カストナーはナチスに協力し、また同じユダヤ人の財産を横領してナチスと分割していたと同胞のユダヤ人グリューンヴァルトが非難した。この非難が、カストナーに対する中傷となるかどうかが問われていた。カストナーは政府に勤めていたため、グリューンヴァルトの非難を中傷として訴えるか、職を辞するか迫られ、訴訟に踏み切る。裁判は事柄の性質上、カストナーの行いの吟味となった。

(18) アウシュヴィッツの状況についての報告は、アウシュヴィッツ・プロトコル(アウシュヴィッツ報告)と言われるもので、現在、インターネットで英語訳が閲覧できる。また、ブラントのアイヒマン裁判での証言も閲覧できるし、動画でもその証言を見ることができる。

アウシュヴィッツ・プロトコルについては以下のURLを参照(二〇二三年一二月閲覧)。

http://www.holocaustresearchproject.org/othercamps/auschproto.html

(19) 便宜的に「民族」と表現したが、正確には、ユダヤ人はユダヤ教を信じる集団であり、一つの民族ではない。ユダヤ人は紀元前のバビロン捕囚にまでさかのぼるディアスポラ（民族の離散）を歴史上何度も経験し、各地に散らばっていった。そのため、中近東、小アジア、ヨーロッパ、北アフリカなどで、他の民族と混じったのであり、民族的には、黒人から金髪の白人まで多様なユダヤ人が存在している。ユダヤ人を一つの民族に仕立て上げたのは、ヒトラーが作り上げた最大のフィクションである。ユダヤ人によって建国されたイスラエルでも、ユダヤ人の正式な定義について困難を感じている状況にあるようだ。この点は以下の書を参照。この書は現在日本語で読めるユダヤ人について書かれた最良の文献の一つだろう。ポール・ジョンソン、石田友雄監修、阿川尚之他訳『ユダヤ人の歴史 下巻』、徳間書店、一九九九年、三八四頁以下、四二〇頁以下。

(20) カストナーが非難された理由は他にもあった。同じユダヤ人の財産をナチスの高官とともに横領した件、戦後のニュルンベルク裁判で、あるナチス高官を弁護した点などである。こうした点については二度目の裁判もカストナーの非を認めている。

(21) 前述した一九五五年の判決における ハレヴィと一九五八年のアグラナット二人の判断の相違を、ビルスキーは、契約法と行政法の法的視点、立場のちがいとして説明している。また法的な判断におけるナラティブの取り扱いの観点からも、カストナーに光を当てているが、なにより、状況下での判断（アグラナット）か、あるいは事後の後知恵か（ハレヴィ）、そのちがいを明確に示していて、参考になる。Leora Bilsky, "Judging Evil in the Trial of Kastner", in: *Law and History Review*, Vol 19, No.1, Spring 2001.

第四章　誠実に嘘をつこう

第一節　アンネ・フランクと嘘の問題

よきオランダ市民は嘘をつく

カント的な義務倫理学に対する簡単だが強い反論として、誠実さについての議論はしばしば指摘される。とりわけ、アンネ・フランクとよきオランダ市民の例は有名である。

時は一九四四年、あなたはオランダ、アムステルダムの市民であると想像してほしい。日曜の夕方、アムステルダム市内を散歩している。ふと気づくと道の反対から二人の警察官が近づいてきて、微笑みながら話しかけ、「お楽しみのところすいません」と言ってゲシュタポ（国家秘密警察）の身分証を見せる。「ちょっとお聞きしたいのですが、実はこのあたりにユダヤ人の一家が隠れているとの情報があって、聞き込みをしているところです。何かご存じありませんか」。

なんと答えるだろうか。ユダヤ人は全て強制収容所に送られて、その後東方でつらい強制労働に従事させられる――ユダヤ人も当時そう信じていた――とあなたは思っていると仮定しよう。さらに噂として、どうもユダヤ人の虐殺も行われていると聞いているとしよう。余談だが、実はこれは現実に近い。私の大学時代の恩師であったチェコ出身のアルムブルスター先生は、一九四〇年代、まだ一〇代のとき、ある日プラハのドラッグ・ストアに入っていたずらをすると注意されて、こんな風に言われたそうだ。「そんないたずらすると、ユダヤ人のように石けんにされちゃうぞ！」。ユダヤ人が虐殺されている事実は、真偽のほどはわからなかったが、少なくとも既にチェコでは巷《ちまた》で噂になっていたのである。

話をもどそう。さて、あなたはなんとゲシュタポに答えるだろうか。アンネ一家の居所を知っているとして、正直に「はいはい、確かそこの道を曲がった先……」と答えるとすれば正気ではないだろう。当然「ユダヤ人？　いや、初耳ですね、何か聞けばすぐお知らせしますよ」とにっこりと微笑み返して答えるにちがいない。また、それが正しい応答であることに疑いをいれる余地はない。

カント的な誠実さは見返りをいっさい求めない

カント的義務論は、行為の結果とその行為が倫理的であるかどうかは別であると主張する。したがって正直な行為が求められているのであり、その正直な行為の結果が何をもたらすかは、異なる話となる。確かに、これは倫理を考えるとき忘れられない重要な点をついている。正直であれば結果がよくなるとわかっていれば、誰も正直な態度をとるに躊躇《ちゅうちょ》などしない。実際には正直で誠実な行いをすると、人に足蹴《あしげ》にされ惨めな思いをする結果がまっているかもしれない。しばしばそうなるのが現実である。正しい行いをしたからといって人生によい結果が訪れるわけではない。

カントはこの点をよく知っていた。誠実の見返りにイソップの「金の斧《おの》」を期待してはいけない。誠実のお返しに、鉛の弾が飛んでくることはよくある。過酷な現実から目を離さないにもかかわらず現実に妥協しない点で、カントの倫理観は感動的ですらあるが、アンネの例のようにあまりに結果が悲惨だと躊躇してしまう。

カントを擁護して、カントにしたがっても真実を常に言う必要はないと解釈する倫理学者もいる。サンデルは有名になったベストセラー『これからの「正義」の話をしよう』で、カントの誠実さの要求は婉曲《えんきょく》な言い回しと両立する、と述べている。

親しい友人の態度や行為に落ち度があると気づいた状況を考えてみよう。私たちは常にまた直截《ちょくせつ》、明確に友人にとって耳の痛い忠告をするわけではない。いつ言うべきか、どのように言うべきか熟考し、友人の落ち度に気づいていても黙っているときも、それとなく遠回しに言及するときもある。こうした場面を思い浮べれば、婉曲表現は妥当な態度ではあるだろう。

しかしカント解釈としては苦しい。婉曲な言い回しも沈黙も、友人にとっていい結果をもたらすか、勘案し考慮した上だからだ。カントはあくまで、行為の結果から独立に、どこでも、誰にでも、いつでも、妥当する普遍性を倫理に求めている。個々の事情や結果の考慮からもたらされる言い回しを倫理的行為として認めるとは考えにくい。

普遍的原則が対処できない現実にぶつかると、功利主義は極めて魅力的にみえる。功利主義は臆《おく》することなく「嘘をつけ」「とぼけろ」とささやいてくれるからだ。功利主義は言う。行為は結果によって判断される。誠実な行為がよいのは、それがよい結果を生むからである。もし誠実な行為が悲惨な結果を招くのであれば、そんな行為に価値はない。行為はその行為がもたらす結果によって善し悪《あ》しを判断される。これが帰結主義と呼ばれる行為理解である。

第二節　prima facie な原則

正直と嘘の使い分けは状況次第か

こうして、カント的義務論に対して功利主義の現実に即した長所を示して、アンネ・フランクと嘘の問題はたいてい片付けられてしまう。だが、これでは当たり前の大人の判断に対して、カント的な道徳は純粋可憐《かれん》で現実を前にもろくも崩れると言っているにすぎず、陳腐な話だろう。

問題は、倫理的原則をどのようにみなすか、倫理的原則の身分に関わる。カントが主張する、常に正直に真実を述べる姿勢は極端だが、一方、「嘘も方便」とばかり常に結果を考えて嘘を使い回す立場は、もう一つの極端をなす。こうした極端な見解は、功利主義者の一部に存在し状況主義（situationism）を唱える。状況主義は原則など存在しない、あるいは役に立たないと考え、すべて倫理的判断は個別的な状況における判断であって、ケースバイケースで考えるべきと主張する。

もし結果を考えて嘘を言うか真実を語るか、いつも天秤《てんびん》にかけるとするならば、それはポーカーのようなルールを、人生と生活にまで拡大している。ポーカーやダウトは、極めて限定的な場面、つまり遊びのような場面で成り立つのであって、日常のルールではない。

たいてい、私たちは結果にかかわらず正直に真実を述べるように求められているし、自らにも求めている。問題があるとすれば、沈黙する、あるいはサンデルがカントを擁護したように、婉曲な言い回しを使って嘘を回避する。それでも、ときに嘘もやむをえない状況がある。誠実さ、あるいは正直の原則とはおおよそこうしたものではないだろうか。

例外は規則の不在を意味しない

実際、多くの倫理学の専門家は、倫理的な原則をこのように理解し、それを prima facie な原則と呼ぶ。prima（プリマ）はラテン語で first を意味する。facie（ファキエあるいはファチエ）は英語の face で、直訳すると「一見」となるだろう。一見したところ妥当なものだが、必ず妥当するわけではない。「暫定的」原則とも訳される。正直の原則は prima facie な原則である。一般的には妥当するが、当てはまらない例外もある。それではいつ、例外として嘘がやむをえないのだろうか。その一つはアンネのケースのように、予想される結果があまりに悲惨なときである。

例外はあくまで例外である。たいてい原則は当てはまるのであって、もし例外にあたるケースがあるとすれば、原則が妥当しない例外として証明しなければならない。説明責任（accountability）は例外の側にある。原則の側ではない。どうして真実を言わねばならないか、説明するのではなく、どのような場合嘘が許容されるか、その説明が求められる。

「人を殺すなかれ」も同じく prima facie な原則であるから例外はある。たとえば、正当防衛による殺人や死刑がそうだろう。正当防衛による殺人は普通の殺人とどこが異なるのか、なぜ許容されるのか、相当の理由を説明しなければならない。死刑も同様だ。死刑を認めるとするならば、なぜ死刑は例外にあたり正当なのか、その理由を説明しなければならない。

カントは倫理的原則を普遍的なものと考えたが、残念ながら「例外のない規則はない」。一方、功利主義が帰結主義を徹底させると逆の極端、状況主義に陥る。すべては個々の状況で判断するべきで規則など意味がない。状況主義は、言わば「例外ばかりで規則はない」と主張している。しかし、例外の指摘は、規則の不在を証明はしない。普通は規則が当てはまるからこそ例外があり、また例外は目立つ。

アンネ・フランクの例の教訓は、普遍的原則の堅持であれ、原則を認めない状況一元論であれ、倫理に関する極端な原理主義の失敗を語っている。原理主義の不適切さに気づいて、原則の身分を prima facie と特徴づけることは、誠実な態度であろう。もちろん、諦めもこめてにちがいない。

第三節　レグルスの決断

カルタゴとの約束を守って処刑されたレグルス

真実かそれとも嘘か、アンネの例のように簡単であれば悩みは少ない。誠実な行為とはなにか。例に挙げた友人に対して、誠実な行いは単に真実を語れば済むような話ではない。友人の行いの間違いに気づき、それを率直に本人に語っても、本人を傷つけ意気消沈させるばかりで、何も生まない場合がある。友人への誠実な助言は、ときに真実をあえて隠す必要もある。これは誰もが知る知恵にちがいない。誠実であろうとする行為は簡単ではない。私たちはその判断を、歴史から学ぶことができるかもしれない。すくなくとも古代ローマの哲人キケロは、そう考えていた。

誠実であろうとした人物がどのように約束と信義に対したか。キケロはその例として彼の著作『義務について』(1)のなかで、第一次ポエニ戦争で執政官を務めたレグルスを取り上げている。

紀元前二五五年、古代ローマは、カルタゴとの戦いを優勢に進め、北アフリカ、現在のチュニジアにある首都カルタゴまで三〇キロに迫っていた。ところが、レグルスが指揮するローマ軍は、首都眼前の戦でさんざんな敗北を喫して、レグルスはカルタゴの捕虜となってしまう。後任の執政官に率いられたローマ軍は、その後の海戦で勝利して、形勢は再度逆転。ローマ軍はカルタゴを追い詰めるのだが、折り悪く嵐に遭遇し、船の操縦に慣れていないローマ側は壊滅的な損害を受けてシチリア島へ退却する。

これをカルタゴ政府は講和を結ぶ良い機会と考えて、牢《ろう》に繋《つな》いでいたレグルスを呼び出し、レグルスに一つの取引をもちかける。

カルタゴの使者に同行させるから、レグルスはローマの元老院を説得すること。ローマの捕虜となっているカルタゴの将軍たちを解放し、講和の締結に成功するならば、カルタゴはローマへの帰還をレグルスに約束する。カルタゴ側の講和条件は、シチリアからのローマの撤退だった。

カルタゴにシチリアからローマを駆逐する余力はなかったから、これはカルタゴの力を実際以上に見せてローマにあきらめさせ、講和を目論《もくろ》んでいた。捕虜の交換と講和が成功しないならばカルタゴに戻ると約束したうえで、レグルスはカルタゴの使節団と共にローマへ帰った。

ローマの元老院に立つレグルスに、元老院の議員は当然ながら意見をもとめた。ところが、レグルスはカルタゴの使節団の前で驚くべき行動にでる。カルタゴの将軍たちを解放してはならないと語ったのである。キケロによれば「捕虜を返すことはローマの利益に反する、何となれば彼らはいまだ年が若いのみならず有為の将たちである、これに対して自分はすでに蝕《むしば》まれた老年ではないか」とレグルスは言った。この講和はローマにとって不利なものであって決して講和をしてはならない、と彼は弁舌を振るった。

彼の助言に基づいて、元老院は講和を受けなかった。レグルスは元老院の決定を見届けると、妻が懇願するのを退けてカルタゴに戻る。カルタゴとの約束であるから、これが彼の理由であった。カルタゴに戻ったレグルスに待っていたのは死刑である。『ローマ人の物語』

の作者、塩野七生《しおのななみ》によれば、カルタゴはレグルスを丸い籠《かご》に入れたうえで、象に蹴飛ばさせて殺した。(2)

レグルスは愚かだったのか？

キケロを読んでいると、レグルスの判断と行動に対しては、ローマ社会でもいろいろと批判があったらしい。そもそもカルタゴに強要された約束であるから、レグルスは律儀にカルタゴに戻る必要はなかったとか、あるいは、誓いにそれほど意味などないといったものまで、様々な解釈にキケロは言及している。キケロの文章から透けて見えてくるのは、多様な見解が並び立つ共和制末期、帝政への移行期のローマの道徳的風景である。ほぼ私たちの住む現代社会と変わらない、成熟した社会に共通する多様な価値観、疑い、相対性がそこにある。

キケロはレグルスの行動に対する批判を取り上げ、反駁《はんばく》しながらレグルスの決断を賞賛する。まとまった形で提示されているわけではないのだが、その中で、約束と信義を巡るいくつかの重要な視点が触れられている。一つは約束とその結果の関係である。

当時よくみられたらしい批判によれば、カルタゴとの約束(神の前での誓約)を破ったとしても、神ゼウスの怒りを買いはしない。たとえ神の怒りを買っても、その怒りはレグルスが約束を守って受ける死刑よりもひどいものではない。したがって、レグルスの行動は間違っていた。約束の反故《ほご》によって引き起こされるゼウスの怒りと、約束の履行で生じた結果である死刑とを比較考量している点で、これは古代的帰結主義に基づくレグルス批判と言えよう。

これに対してキケロは、問題は神の怒りではなく正義と信義の問題であると明言し、誓いを破る者は信義の女神を冒瀆《ぼうとく》する者であると反駁する。

それでもなお、死刑ほどの悲惨な結果を考えれば、誓約を守らない行為によってもたらされる恥辱を選ぶのが小悪選択ではないか。キケロは、この批判を再度とりあげて「道徳的に醜いこと、恥辱より大きな悪があるだろうか」と答える。

こうした批判と批判への応答を前にすると、キケロが単純に帰結主義を採用するのではなく、約束や誓いの行為の遵守に道徳的な価値を認めているのがわかる。もっとも、そこからキケロはすべからく約束は守るべしと結論を導き出すわけではない。

レグルスの状況と決断を巡る批判の検討から、キケロの考える約束の姿が徐々に明確になっていくように叙述は進む。

約束が成立する条件

約束のようにみえて、約束とは言えないものがあるとキケロは考えていた。キケロは三つほど、約束とは呼べない、言わば疑似約束を挙げている。レグルスの結んだ誓約が疑似約束であるとすれば、守る必要のないものとなるだろう。

疑似約束の一つは、山賊や海賊など、信義もルールもない相手と結んだ約束で、この場合、約束は成立していないとキケロは言う。そもそも約束が成立していないから、相手に対する不誠実な行いも約束の不履行もない。悪魔との約束は約束にならないと言うことだろう。

約束は、お互いが相手に対して基本的な信頼感をもち、交渉はルールにしたがって行われると暗黙に認めているとき成り立つ。社会的な基盤があり、そのルールを前提としている市民や、国民、広く人間の相手に対する相互の承認が前提にされているときに、初めて約束は成立すると言い換えられる。約束は社会的基盤を抜きにして、いきなり出会った二人の孤立した二個人の間で取り交わされる言語行為ではない。

さて、カルタゴだが、キケロはカルタゴを山賊や海賊のたぐいとは考えていない。講和の相手としてルールと信義をもって接する、ローマの正当なライバルと認めている。もちろん、これだけではまだ正当な約束の条件が満たされているわけではないし、レグルスの誓約が疑似約束ではない可能性は払拭《ふっしょく》できない。

第二の疑似約束は暴力や圧力によって強いられた約束である。お互いに力の差が存在するとき、約束ではなく、約束の形を借りた一方的な強制、命令となってしまう。

レグルスは拘束された身の上であり、生殺与奪権はカルタゴにある。両者の歴然とした力の差、立場の強さの差を考えれば、カルタゴとレグルスの間に約束は成立していないと充分解釈できるだろう。そうなると、レグルスによる約束履行の行為を間違った決断だったと判断できそうである。レグルスが捕虜の返還に反対するなら、なぜわざわざローマまで戻ったのか。強制されたからであろう。強制による取り決めは自由な決断に基づく約束ではないから、その履行は義務とは言えず、レグルスは律儀とは言え、その判断は愚かだった。レグルスに対する批判の一つはこの点を指摘する。

しかしキケロは、ローマへの帰還に、カルタゴからの強制による嫌々の行いではなく、レグルスの決断のもっとも優れた点をみる。ローマ共和国の命運に関わる決定は、最高の議決機関である元老院が行わなければならない。そのためには正確な情報が前提となる。キケロによれば、レグルスの決断は元老院の決定に資する情報と、そのための自らの判断を元老院に伝えることにあった。今風に言えば、レグルスの行いは法的手続き、手続き的正義を果たすための自主的な行為であった、とキケロは解釈している。

余談だが、歴史上、キケロは共和国の法的秩序、手続きを飛び越えて帝国を打ち立てようとしたカエサルに最後まで反対した。その結果、キケロは自殺に追い込まれる。レグルス解釈は、共和制の仕組みを守ろうとしたローマ共和制支持者としてのキケロの面目躍如たる分析と言えよう。もっとも、共和制への信奉のゆえに、カエサルに比して時代と社会の変化を見通す先見の明のない人物と、後生の歴史家に評価を下されるようになる。『義務について』は、カエサルの暗殺後、キケロが書いた最後の著作だった。

話を戻そう。第三に、約束を違えたときの制裁が妥当ではない場合も、約束が成立するとは言えない。キケロはこの点もレグルスの決断を誤りとする論点の一つとして取り上げている。講和が成立しないならば虜囚の身に戻るのは仕方がないとしても、死刑は確かに不釣り合いに見える。この点、キケロの答えははっきりとしない。おそらく、こうした不釣り合いな死刑は当時いくらでもあったのだろう。

レグルスの決断を巡るキケロの論述を丹念に追っていくと、キケロは約束や信義の実態を明確化し、その条件を描き出しているのがわかる。約束当事者の相互の基本的信頼、その前提となる社会的基盤、お互いが自由な主体として決定する強制のない関係、制裁の妥当性、どれも約束の成立に欠けてはならない要素なのである。

キケロの分析によれば、レグルスとカルタゴの間で約束は成立していた。それではレグルスは信義を守ったのか。カルタゴ側は、講和のために送り出したレグルスの元老院での発言を裏切りととった。だから死刑に処した。レグルスがカルタゴを欺いているのは間違いない。他方、彼は祖国ローマに対して誠実に、共和国の公的、法的手続きに資する行為を決断した。時として小さな欺きが大きな信義を果たすことに通じる。同時に講和が成立しないときのカルタゴとの約束は違えなかった。キケロ以来、レグルスの態度は、カルタゴと共和国ローマへの誠実さを両立させた例として挙げられる。

誠実さを模索する思慮の道

誠実な行いが問われる状況では、複数の異なる次元が存在する。レグルスの直面した状況では、カルタゴとの信義の次元、執政官レグルスのローマ共和国への誠実が問われる次元がそれに当たる。レグルスの決断は、自らがおかれた状況のうちで異なる次元の重要性から、どの場面で自らの誠実さを考えるべきか、教えている。

仕事に失敗して絶望している友人に、たとえその非が友人にあるとしても、批判するだろうか。むしろいっとき小さな嘘をついても慰めて、友人が立ち直ると共に、同じ間違いがないようにいさめるのが、友人への誠実な態度であろう。

所属する組織が、食品偽造や自動車の整備に関する虚偽の報告を行っているとしよう。技術部門にいる専門家であれば、こうした事実を正すべく、上司に報告し、訂正、改善を求めなければならない。これは「警笛ならし（ホイッスル・ブローイング）」と呼ばれる。危機管理上、未然に危険や事故を防ぐ対処法として技術者倫理の分野でよく知られているものだ。アメリカの開拓時代、蒸気機関車が走行中、前方に危険物を発見したとき、蒸気の警笛を鳴らした事実にその命名は由来する。

「警笛」を鳴らしても上司が取り合わないならば、どうすべきか。通常、直接の上司のさらにその上の上司に訴える。それでも聞き入れられないとき、会社への忠誠、守秘義務が組織に属する人間には求められるとは言え、より広い社会のため、内部告発へとすすむ。会社の守秘義務を守る信義の次元と、広い社会への誠実さの次元、レグルスが直面した信義と誠実さを問う状況は、形を変えて現代も存在している。

誠実な行為とは、「真実を述べ伝える行い」のように定式化された、ある一定の行為を遂行することではない。また、そこから帰結を考えて、行為を相対化し、結果を考えて行為を選択する道のみが開かれるわけでもない。誠実な態度のあり方を熟慮する思慮の道がある。キケロは私たちにそう語りかけている。

第四節　嘘か戦略か——ビジネスの駆け引き

値段交渉は嘘にあたるか?

人生と生活はポーカーやダウトのようなゲームではない、と述べた。ところが人生の少なくとも一部、もしかすると大切な部分が、ポーカーのようなゲームの相貌《そうぼう》をもつ。レグルスとカルタゴの取引にもそうした駆け引きの要素があったにちがいないが、最も顕著な例は、商取引における駆け引きである。

たとえば、本当は早く売りたいのだが、それをおくびにも出さず、余裕があるかのようにみせる中古車販売のディーラー。安い値で売ってもよいと考えているが、最初はそれよりずっと高い値をつける不動産業者。

中東のバザール（市場）に出かけて、言い値や札値どおりに品物を買う人間はいない。言い値は交渉の出発点、そこから取引が始まる。

トルコの友人によれば、トルコでは多少高価な品、たとえば絨毯《じゅうたん》の取引の際、店の主人はまずお茶をだしてくれるそうである。お茶を飲みながら、絨毯の交渉がゆっくりと始まる。そのために時間をかけるのはトルコ社会の常識らしい。買い物は時間がかかるのだ。時間に余裕のない日本人観光客にとっては不利である。

エルサレムの旧市街の店で、水タバコの交渉をした経験がある。あまりに値段をふっかけているのでこちらがあきれると、店主はあまりうまくない英語で「わたしそれ信じる」、「あなたそれ信じる」、「みんな幸せ」と言ってウィンクした。さすがに本気ではなかったようで、お互い顔を見合わせて笑ってしまった。

中東のバザールは特殊として割り引いて考えても、多かれ少なかれ商取引にはこうした駆け引きがある。駆け引きを行い、そのための情報の粉飾、秘匿はビジネスの一部として許容できるか、またどの程度認められるか、嘘と駆け引きを分けるものはいったい何か。ビジネス倫理（企業倫理とも言われる）の一つのテーマである。

しばしば登場する例は、留保価格である。中古車販売を例にとってみよう。中古車を購入するために買い手は二〇〇万円までなら、支出する覚悟がある。一方、中古車販売のディーラーは一五〇万円までは値下げする用意がある。これが買い手、ディーラーそれぞれの留保価格だ。

さて、どのような駆け引きが許容できるか。ディーラーは、二〇〇万円以下では会社が認めないと、事実とは異なる発言を許されるのか。あるいは、単純に二〇〇万円と値札をつけるのはどうか。顧客は一五〇万円以上の支出は妻が許さないと、これまた事実とは異なる交渉条件をもちだす。これはどうか。こうなるとバザールのトルコ絨毯の売買とあまり変わらないかもしれない。ちなみに、バザールで交渉しながら値切っていって売り手が本気で怒りだしたら、相手の留保価格を下回ったと判断していいだろう。

「暗黙のルール」だけでは奴隷制も認められてしまう

ルーズベルト大統領の経済問題のアドヴァイザーを務め、トルーマン大統領の顧問でもあったエコノミスト、アルバート・カーは、実務家らしく、この分野の先駆けとなった論文で駆け引きを積極的に評価する。カーは駆け引きが広くビジネスの一部として行われている実態を認め、ビジネスのルールを逸脱しない限り、誇張や印象操作を嘘と批判するのは適切ではないと主張する。

商取引ではお互い、自分についての情報をすべて開示する人はいない。誰もが自分をよくみせて、交渉を有利に運ぼうとする。その点、ビジネスはポーカーと似ていて、駆け引きはそのルールの一つである。嘘や不誠実として非難するにはあたらない。「誰も教会で説教された倫理原則に基づいてポーカーが行われるとは思ってはいない」(3)。

虚々実々の駆け引きを全面的に擁護するカーの主張は、英米系の論文で時々みられるが、刺激的で挑戦的、挑発的ですらあり、議論を活性化する利点をもっていた。誠実さについてのお行儀のよい学校道徳的問いに対して、誰もが知るビジネスの駆け引きにあまた現れる嘘、秘匿、印象操作がなぜ悪い、と開き直った点で新鮮だった。

挑戦的とは言え、倫理学がカーの挑発に反応するには時間を要した。学校道徳からすると、巷の人間洞察と経験に基づく冷ややかなリアリズムは強力で、扱いが厄介なので避けたいのだ。だいぶ経ってはいたが、正面からカーに反応したのがシカゴのキリスト教系の大学にいた倫理学者、トーマス・カーソンだった。

カーソンは、駆け引きを認めつつも、一定の制限があると応《こた》えている。まず一般論として、相手の不誠実さを理由に、自分も不誠実であってよいとする結論は引き出せない。次に、ビジネスがポーカーに似ていて駆け引きはそのルールの一つであるとして、それはどのようなルールか。法律かあるいは、商取引上の慣習か、カーは明確にしていないが、そのどちらにしても、正当化するには充分ではない。

たとえば過去に奴隷制は法律としても、商取引上の慣習的道徳としても認められていた(4)。駆け引きの正否、その吟味に、ポーカーのような暗黙のルールの存在をもちだしても、それは事実の指摘でしかない。問題は、暗黙のルールが正当化できるものか、正当化できるのであればそれはなぜか、である。

「自己防衛」では駆け引きを正当化できない

ここまでのカーソンの指摘は正しいが、その正当化にカーソンは「自己防衛の原理」をもちだす(5)。相手が様々な駆け引きとして、秘匿、印象操作をおこなったとき、自分に及ぶ害を回避するために同じく自分も駆け引きをする必要に迫られる状況がある。その際、自己防衛のため駆け引きが例外として認められる。これがカーソンの「自己防衛の原理」である。

しかし「自己防衛の原理」によって、カーソンは商取引の暗黙のルールの正当化に答えるのではなく、事実上存在しているルールへ参加する際の態度や姿勢の問題へと話をずらしてしまう[6]。

とはいえ、私たちが秘匿や印象操作を認める「世界」を前にした時、まず考えるのは自己防衛にちがいない。ルールの正当化と、存在する暗黙の商取引ルールへの参加の是非、二つの次元の区別を念頭に置いて、自己防衛の原理が何を意味するか、考えてみよう。

まず、駆け引きを含む暗黙のルールへの参加がなぜ許容できるか、参加の是非について。もし駆け引きによって害を被る可能性があれば、その害を回避するために単に駆け引きから身をひけばよいのであって、自らの手を汚す必要はないと「自己防衛の原理」に対して反論できるかもしれない。こうした反論をカーソンは予想して回答している[7]。

たとえば労使交渉のように相手を選択できない場合、相手が駆け引きにでるとすれば、呼応して対抗しなければならない。一般的に交渉で駆け引き、秘匿や印象操作をしない相手を探し出すのは難しい。カーソンは、現実が私たちに虚々実々の駆け引きから身をひき安全地帯へと避難するのを許さないと認識している。そうであれば、私たちはこの現実に対処しなければならない。自己防衛は、自分も駆け引きに巻き込まれる現実から発想されている。

一方、商取引の慣習上認められた暗黙のルールが「自己防衛の原理」によって正当化できるか、考えてみよう。問題を整理するならば、まず誠実であることがprima facie（暫定的）

な原則として妥当する。その上で、商取引の秘匿、印象操作などの駆け引きを「自己防衛の原理」によって例外として容認している。したがって「自己防衛の原理」が、例外を設ける充分な説明かどうかが問われる。

一見して明らかだが、自己防衛の原理は例外を設ける理由としては弱い。不誠実な態度を私たちはときに取るが、そもそもその最大の動機が自己防衛である。自己防衛をもちだせば、駆け引き、嘘は際限なく広げられる可能性が成立してしまう。もちろん、カーソンは自己防衛による虚偽や嘘を商取引に限って考えているのだが、それでは循環論証になるだろう。問われているのは、なぜ商取引に当たっては例外として自己防衛を原理としてよいのか、だからだ。

また、自己防衛は、取引で相手をだまし利用する行動に、明確な根拠を与えてもいない。自分の利益のみを考える合理的なエゴイストがどう行動するか、「囚人のディレンマ」で有名なゲーム理論によれば、ゲームが複雑になると相手を出し抜くよりも、お互いの協力した行動が合理的で、自らの利益を生む可能性が高いようだ。そうであれば、駆け引きでエゴイストは協力的に誠実に振る舞う可能性がある。そう振る舞えば結果、利益をもたらす。短期的には自己防衛として虚偽や粉飾がとられても、結局長い目でみるならば、誠実な態度をもって協力するだろう。

自己防衛は必ずしも商取引における欺瞞《ぎまん》をもたらしはしない。自己防衛は、カーソンならずとも、誰もが考えたくなる弁明だが、現実の一部の説明にはなっていても、誠実さに対する例外として認め、納得できる正当化の根拠を与えてはいない。

だまされて人身売買に同意してしまうのは自己責任か

「自己防衛の原理」よりずっと見込みのある論点は、ミシガン大の法科大学院出身の倫理学者、オールホッフの「役割に特化した倫理（Role-differentiated Morality）」だろう。オールホッフは一般的な倫理と区別して職業的役割の倫理のうちでビジネスの駆け引きを考える。倫理学は、伝統的に誰にでも同じ倫理的ルールが妥当すると考えてきたが、最近の職業倫理への理解がこうした考えに対して挑戦するようになった、とオールホッフは指摘する。

一般的な倫理として問題になる場合も、それが職業倫理のうちで許される場合がある。顕著な例として挙がるのが弁護士だ。弁護士は依頼者の弁護のため、真実であるが依頼者に不利な証言を、取るに足らない証言として印象づけるため、手練手管を尽くすかもしれない。偽証に近い証言を引き出すこともありうる。こうした実践は、弁護士の立場を考慮して擁護される。同様に、ビジネスにも「役割に特化した倫理」があり、その実践がある。

「役割に特化した倫理」を背景とした上で、駆け引きを倫理的に正当化できる根拠を、オールホッフはビジネスに参加する者の「是認」に求める。(8)

ポーカーのプレイヤーは皆ポーカーのルールを承認した上でゲームをする。中東のバザールで、買い物客は値札が交渉の出発点でしかないと承知している。同様に、ビジネスで様々な駆け引き、秘匿、印象操作の存在は織り込み済みと「是認」して、私たちは交渉の席に着く。ポーカーのブラフが不誠実さの印ではないように、ビジネスの誇張や駆け引きも、暗黙のルールとして認められた範囲内であれば、戦略であって、嘘、偽りと批判するには及ばない。

もちろん、誰もがどこでも「是認」によってビジネスのゲームを始めていいわけではない。そこには自《おの》ずと役割に限定された限界がある。弁護士は依頼人のためとは言え、虚偽の陳述が許されるわけではない。

これがオールホッフの「是認」論だが、すぐにカーソンなどから反論があった(9)。まず「是認」論は事実に呼応していない。ビジネスの交渉に参加している人間が皆、駆け引きに同意、是認しているわけではないからである。また、「是認」はその基準の不明確な点を批判された。何が「是認」する際の基準となるのか、それが全く曖昧《あいまい》だったのである。

さらにオールホッフは、駆け引きがビジネス上合理的な選択として不可欠である、といらぬ主張をしたものだから、これも反論の火の手に油を注ぐ結果になってしまった(10)。ここでは、もっとも重要な批判、「是認」の基準の曖昧さを指摘した批判に言及しておきたい。

オールホッフは合理的な判断による是認を主張するが、何をもって是認するのか、その基準を示していない。だが理不尽な是認も存在するし、同意によって理不尽な結果が生じてしまうケースはいくらでもある。

カーソンは、まるめこまれて奴隷としての売買を是認してしまい、自ら奴隷として売られる場合を挙げ、是認だけではとうてい受け入れがたい事態が生じると批判する。たとえば都会から来た商人にだまされて人身売買に同意してしまった、東南アジアの山間の少数民族出身の少女とその両親の例を思い浮べればいいかもしれない。二〇一七年、アダルト・ヴィデオへの出演を承諾する羽目に陥った少女の告発もあった。取引における是認や同意には常に心理的な駆け引き、影響、操作があり、洗脳に近い状況もある。

駆け引きを正当化する「役割に特化した倫理」

是認論にはこうした批判が指摘する欠陥はあるものの、「役割に特化した倫理」が示している領域、役割に許容される特殊ルールの着想は正しいのではないか。そうだとすれば、役割限定的な暗黙のルールをどのように正当化できるか、それが問題となる。

弁護士を考えてみよう。依頼人の利益の保護を考えて、弁護士は依頼人に不利な事実を知っていても、不利な証言をする必要はない。依頼人の弁護が、弁護士の責務であり役割だからである。これは秘匿だろうか。裁判官の立場では許されない秘匿にちがいないが、弁護士の立場では異なる。

「役割に特化した倫理」にはそれぞれ存在する目的と理由、あるいは場合によっては長い間の社会習慣の積み重ねが背景にある。どのような役割とそこに特化した倫理を容認するか、それは、その都度の社会全体の必要によって規定されている。弁護士の倫理は、被告や依頼人の保護、利益の確保を必要とする社会的なあり方が規定している。[11] それ以上に、駆け引き、秘匿、印象操作を是認するための明確な基準を指摘しようとしても難しい。そもそも一律に規定される明確な基準などないだろうから。

オールホッフが示していない、是認のための条件についても、一言触れておきたい。目に見えない、インフォーマルな「役割に特化した倫理」を体現した役割とその活動についての大まかな知識がその条件となるだろう。弁護士の駆け引きの詳細を知らずとも、想像できるほどの理解は必要である。

是認には、漠然としたものであるにせよ、知識と情報、そしてなによりその知識と情報を与える教育環境が条件となる。この条件が欠けるとき、暗黙であれ、明示したものであれ、是認は成立しない。人身売買に同意する少女に、情報と知識、そしてその情報と知識を与えてくれる教育環境があるだろうか。こう問うならば、少女は是認しているのではなく、だまされているのが明らかだ。

中東のバザールに出かける日本人観光客は、バザールに特化した倫理を知らないかもしれない。それでも、知らないために不利益を被り、問題が生じたとすれば、それは本人の責任であろう。中東のバザールに出かける際には、バザールについての最低限の知識と情報を集めるべきである。そのための環境は整っているのだから。

第五節　告知——偽りの思いやり

癌告知は患者の自殺率を倍増させうる

常に真実を率直に述べれば、うるわしい世界が到来するとは誰も思っていないだろう。様々な誠実さについて検討してきたのも、それが理由だったが、実際に真実の伝達に躊躇する深刻な現場がある。末期癌の告知である。

二〇一八年の時点で、日本での癌告知は以前とは比較できないほど浸透している。予後（治療後の回復の見込みを表わす）がいい場合、その告知率は高い。たとえば、乳癌の初期ステージではほとんどの場合、告知がなされる。一方、予後が悪い状態、ステージ4のような末期癌では、その告知率はずっと低くなる。

成人の癌告知の実態について、ある外科医の二〇一六年の報告によれば、病名告知は九〇

%、再発については五〇%、予後については三〇%から八〇%と大きく開きがある。余命についてはずっと低く、一〇%から二〇%くらいしか告げていない。癌告知によって、告知された患者の自殺率が倍から三倍になるとの調査もある。

一九九〇年代に、柏《かしわ》のがんセンター東病院に入院していた癌患者が屋上から飛び降り自殺した。患者は自分が癌であると告知されていなかったらしい。がんセンターだから、当然、周りは癌の患者さんばかりで、隠しおおせるものではない。本人が知るところとなって、絶望のあまり自殺してしまった。

それよりさらに遡《さかのぼ》るが、ある仏教の僧が癌にかかった。当時、告知はまれだったが、高僧である、さすがに生死についても達観しているだろうと思って、医師は告知した。ところが、動揺し取り乱して大変だったそうである。言わなければよかったと医師は悔やんだらしい。

癌などの疾病で亡くなった患者の死亡診断書の多くには、胃潰瘍《いかいよう》と書かれている。胃潰瘍はもちろん死因ではないし、そもそもこうした患者さんにあっては、胃潰瘍などもはや問題にならないような状況のため注目されないが、胃潰瘍の存在は患者が大変なストレスを抱えていたことを示している。

癌患者の多くが、ストレスから鬱《うつ》状態に陥っているのもよく知られた事実だ。深刻な鬱状態では、本来ならば望まないような死を思い立つ。これもよく知られている。医療関係者によって行われる担当患者についての打ち合わせであるカンファレンスに、精神科や心療内科の専門医が立ち会うのも、患者の精神状態を診断するためである。

患者がストレスを抱えているのも、鬱状態に陥りがちなのも、医療者はよく知っているだけに告知するかどうか悩む。医療者の立場からすれば治療を続けるために正確に症状を告知したいのであって、治療上、真実を隠しても何も利点はない。それでも、真実の告知が患者を追い詰めるとすれば躊躇するのは当然だろう。

以前は、癌の病名をとにかく避けたい風潮があった。一九八〇年代、筆者の叔父《おじ》は癌で亡くなったが、癌と似た症状を呈する再生不良性貧血と告げられていた。再生不良性貧血は癌と同じように深刻で厄介であり、決して予断を許さない難病だが、癌と聞いたときに与える心理的な衝撃を避けるための窮余の策だった。

事実を隠す、あるいは偽るのは、偽りの形をとった思いやりだろうか。あるいは、思いやりと間違えた偽りだろうか。どちらなのか。

真実が友人をひどく傷つけるならば、私たちは真実を告げる時と所を考える。同じように、患者を落ち込ませ、動揺させ、ときに自殺にまで追い込んでしまう場合、よほど頑固な真実一路の普遍主義の信奉者でもない限り、告知を控えるべきではないかと悩むだろう。それでは、真実を告げる原則の例外として、prima facie な原則に対する例外と癌告知をみなしていいだろうか。

本人の人生の決断に必要な真実を告げる義務

現代の徳倫理学の代表的論者であるハーストハウスの答えは、否である。真実が人を傷つけるのであれば、真実を語らないよう求める場合がある。しかし、当人への思いやりは、真実を述べない理由に常になるわけではない。人生の岐路にあたるとき、重要な決断を下さなければならないとき、それが如何に本人を傷つける事実だとしても、正確に伝えるべきである(12)。

研究者になるため大学院進学を目指す学生を考えてみよう。もし学生に充分な能力がないならば、教師はどうすべきか。たとえ学生が傷つくとしても「あなたは研究者に向いていない」と指摘しなければならない。それが教員としての義務である、ハーストハウスはそう語る。

もう一人挙げておこう。現代の問題に応える洗練された徳倫理の構想を試みている、と序章で言及したマッキンタイアである。彼は徳と教育一般の関係について、教育の基本は個々人の自立を促す思慮の育成にあると指摘している。一方で、職業に直結するタイプの教育においては、見込みのない、あるいは該当分野に不向きな学生に真実を告げる必要性について、ハーストハウスと同様の見解を披露する(13)。

ピアノやバイオリンの教育がそうであるように、才能のない者をさらなる教育から容赦なく排除すること（それは、その教師やまわりの第三者にとってのみならず、その生徒にとってもためになる処置である）が善い教師たる者の特徴の一つであるような、そうした種類の教育も存在する。そうした教育においては、才能のない者を見分ける力や、彼らをその教育の課程から排除する力は、教師が備えるべき徳の一つなのである。

マッキンタイアを読みながら、昔見た映画『フェーム』を思い出した。『フェーム』は、ニューヨークの演劇学校をモデルに、演劇と音楽の専門校に通う学生たちの青春を描いた映画である。そのなかでダンスをあきらめて学校を去るように、教師が一人の学生に痛烈に言い渡す場面がある。このダンス教室にあなたの場所はない、あなたの人生を台無しにするわけにはいかないから、率直に言わなければならない、と教師は言い放つ。

泣きながら教室を去る学生を見送って、それまでの毅然《きぜん》として冷徹だった教師が、苦渋に満ちた顔でため息をつく。その表情が印象的だった。専門教育に携わる教員ならば、多かれ少なかれ経験しなければならない、苦い思いだ。ハーストハウスもマッキンタイアも、おそらく何度も経験したにちがいない。

問題となっている真実の本性や重要性によっては、感情を傷つけるかどうかということがそもそも問題とならない場合、つまり、たとえそれをはっきり言ったとしても不親切にも非情にもならない場合があります。（あと6か月の余命しかないというショッキングな真実を医者が患者に告げたからといって、その医者を不親切で非情だとは誰も思わないでしょう。もちろん、その告知が不親切で非情な仕方でなされるということはありうるとしても。）

「真実を医者が患者に告げたからといって、その医者を不親切で非情だとは誰も思わない(14)」かどうか、すくなくとも日本では疑問である。それにもかかわらず、ハーストハウスの主張は正しいのではないか。

真実の伝達が友人をひどく傷つけるならば、私たちは言うべき時と所を考えると述べたが、それは真実を告げないことを意味はしない。いつ言うべきか、おそらく友人が耳を傾ける余裕があるとき、必要なときを考える。一方、六ヶ月の余命しかない患者にとって、告げるときは今しかない。患者が人生の終わりをどのように過ごすか、患者自身が考える最も重要な情報である。本人の人生の決断に必要な真実を本人に隠してはならない。

しかし日本の社会ではそう簡単に決められない、と現場の医師から応えが返ってくるかもしれない。告知に際しては、多くの場合まず家族に相談して、その上で本人に告げている。

ドイツの癌告知絵本 *Der Chemo-Kasper*

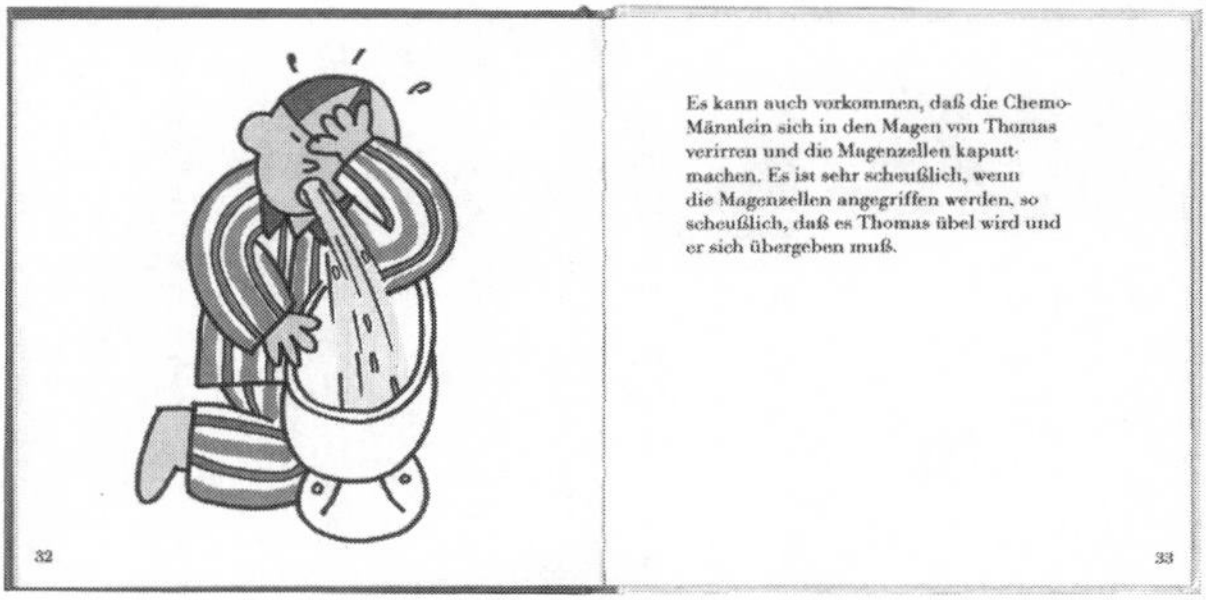

Es kann auch vorkommen, daß die Chemo-Männlein sich in den Magen von Thomas verirren und die Magenzellen kaputtmachen. Es ist sehr scheußlich, wenn die Magenzellen angegriffen werden, so scheußlich, daß es Thomas übel wird und er sich übergeben muß.
32
33

決定は本人ではなく、家族への相談と共に始まる。こうした社会では欧米と精神的風土が異なるから、同一に論じられない、そう言われるだろう。

ドイツでは絵本を使って子供に癌告知する

自己決定や自律の文化が根付いている欧米社会と日本では異なる、これは嫌になるほど散々指摘されてきたのではないだろうか。欧米の精神的風土とのちがいは、明治以来、個人主義の確立していない日本の近代化の問題として何度となく取り上げられてきた。夏目漱石の「自己本位の思想」から始まり、自律と自己決定は日本の近代化の未熟を批判する観点の中心である。誠実さと他者への思いやりがぶつかる告知のディレンマは、こうした問題のヴァリエーションなのだろうか。

確かにそう思わせる事例もある。子供への告知である。

だいぶ前になるが、ドイツ、ミュンヘンの小児癌病棟を訪問した。子供への癌告知の実態を聞くために、心理カウンセラーに予約をとったのである。訪問の前日に入院していたスペイン人の女の子が亡くなり、若い心理カウンセラーはひどく落ち込んでいた。それでも、少しずつ気を取り直して、心理カウンセラーの仕事について語ってくれた。心理カウンセラーは、小児癌の子供と両親に医師が告知する際に同席し、その後の患者と家族の相談にのり、世話（ケア）する役目を担っている。たとえば、具合の悪くなった子供をタクシーで病院へ連れてきた時など、その交通費が保険からでることなど、家族は知らない。そうした情報を伝えるのも大きな仕事であると語ってくれた。

告知の実態はどうなのか。「子供全員に癌を告知するのですか」と敢《あ》えて尋ねてみると、心理カウンセラーは、子供への告知は自明とばかり、怪訝《けげん》な顔をして「もちろん」と答えた。もう少しつっこんで「小さな子供へ癌の告知をして、理解できますか」と尋ねた。「癌が何であるか、子供は理解できませんが、親がショックを受けているのを見て病気の深刻さを感じています。そこで、がんばって病気と闘おうね、と言葉を継ぎます」。

訪問の最後に、彼は子供に抗癌剤の副作用について説明する絵本をわたしてくれた。四、五歳の子供にもわかるように絵入りで、平明なドイツ語で副作用を解説してある。大人にも告知を躊躇する社会と、当然のごとく子供にも告知する社会、その差に私は愕然《がくぜん》とした。自律や自己決定に対する欧米社会の決意を垣間見《かいま》たような気がしたのである。

様々な要素がせめぎ合うアメリカの癌告知の現場

これは現実である。だが現実の一面でしかない。逆の例も挙げておこう。

アメリカ、ニューヨークの有名なマウントサイナイ病院の女医がアメリカのインフォームド・コンセントの実際について学会で報告したことがあった。発表の後、「大変詳細に説明している実態はわかりましたが、それは訴訟を避けるための手段の側面はありませんか？」と尋ねてみた。

訴訟社会アメリカでは、医師に対する訴訟が後を絶たない。インフォームド・コンセントをしっかりと取る手続きは、患者の自己決定権を尊重するだけではなく、訴訟を回避するため、あるいは裁判となったときの証拠を準備する意味がないでしょうか、私の質問はその点を尋ねている。

女医さんはニヤッと笑うと答えてくれた。「確かに訴訟への対策の側面を否定はしません。ですが、ニューヨークのようなところでは、いろいろな患者さんがいるのです」と言って、こんな例をあげてくれた。

患者に癌の告知をしたところ、その家族から、なぜ本人に知らせる前に私たち家族にまず相談しなかったのか、と猛烈な抗議を受けたと言うのだ。その一家はポーランド系アメリカ人だった。ほとんど、日本の家族の一典型をみるような話である。彼女は話を継いで言った。「日本と同じでしょう。確かに文化のちがいもあるでしょうが、人それぞれの性格やそれぞれの家族の考え方もおおきいのではないでしょうか」。

落ち着いた聡明な女性だと思い、さらに話してみたい興味を引かれて、どちらにおとまりですかと聞いてみた。すると、代々木でアパートを借りて、半年ほど論文を書きながら過ごしています、いい休暇になっています、と答えてくれた。

告知にとって、精神的風土が重要である点はまちがいない。だが、欧米が自律した社会、アジアや日本は非自律的社会とレッテルを貼るのであれば、あまりに簡単な図式であり、事実とは大きく異なる。実際には人間の住むところ、自律も非自律も、しがらみも孤独も、程度の差こそあれ存在しているし、そのせめぎ合いのうちで、欧米も悩んでいる。マウントサイナイ病院はその縮図なのかもしれない。

(1) キケロ、泉井久之助訳『義務について』、岩波文庫、Ⅲ巻二六節以下を参照。感銘深かったのか、キケロは同書のⅠ巻一三節でも正義論の文脈で簡単に言及している。

(2) レグルスの死に関しては、拷問の後、殺されたとするものから、カルタゴでの虜囚の末自然死を迎えたとするものまで、諸説あってはっきりしない。キケロは不眠の刑で死んだとしている。塩野七生の叙述については以下を参照。

塩野七生『ローマ人の物語3　ハンニバル戦記上』、新潮文庫、五七頁以下。

(3) カーの論文と反論となるカーソンの論文はいずれも、ビーチャム／ボウイ編著『企業倫理学3』、晃洋書房、二〇〇三年、七章に収録されている。引用箇所は、同書、一五四頁。

(4) カーに対するカーソンの批判は、ビーチャム／ボウイ編著『企業倫理学3』、晃洋書房、二〇〇三年、一六四頁を参照。

(5) カーソンの論文は、『企業倫理学3』に収録されているが、抜粋であり、しかもカーソンの主張の最も重要な部分を省いて抜粋しているため、自己防衛の原理に基づくカーソンの議論は以下の原著論文を参照。

Thomas Carson, "Second Thoughts about Bluffing", in: *Business Ethics Quarterly*, Vol.3, Issue 4, 1993, p.317 以下、とりわけ、p.326 以下を参照。

(6) 本来、ルールの正当化を伴わねば、そのルールへの参加は倫理的に認められないから、参加の容認条件と正当化の条件は同じである。しかし、商取引のルールの正当化の問いと、その商取引への参加に際しての態度への問いは異なった重心をもつ。参加の是非では――善悪をおいても――存在する商取引の現実に対して対処する必要がある。その場合、商取引の現実を前にして、どのように私たちは倫理的に許容できる態度を保持できるか、それが問題となるからだ。

(7) カーソンは四点に分けて答えているが、『企業倫理学3』では省略されている。Thomas Carson, "Second Thoughts about Bluffing", in: *Business Ethics Quarterly*, Vol.3, Issue 4, 1993, p.328 以下。

(8) オールホッフの議論は以下の論文を参照。
Fritz Allhoff, "Business Bluffing Reconsidered", in: *Journal of Business Ethics*, July 2003, Volume 45, issue 4, p.283 以下。

(9) オールホッフの論文は、カーとカーソンに対する論評から始まっているため、カーソンは直接、オールホッフの「是認」論に答える形で反論している。「是認」論批判はヴァレリウスの以下の論文も参照。
Thomas L. Carson, "The Morality of Bluffing: A Reply to Allhof", in: *Journal of Business Ethics*, Volume 56, issue 4, 2005, p.399 以下、特に p.401 以下を参照。
Jukka Varelius, "Allhoff on Business Bluffing", in: *Journal of Business Ethics*, Volume 65, issue 2, 2006, p.163 以下、特に p.165 以下を参照。

(10) ゲーム理論に触れて若干言及したが、ビジネス上駆け引きが常に合理的な選択とは言えない。私たちは、しばしば自らの留保価格とその理由を正確に述べ、条件を挙げて交渉する。部屋を借りる際に、治安上の不安から一階を避けたい要望など、条件や理由を率直に挙げて、不動産業者と相談する。一階でも周囲の状況からみて安全性が高い物件など、条件にかなった上で留保価格以上の物件を見つけてくれる可能性もある。情報の粉飾や秘匿を用いた駆け引きは、長い目で見れば、たいてい非合理的である。

(11)「役割に特化した倫理」は、当然ながら、一般的な社会倫理によるスクリーニングを受ける。この点は認容できるビジネス慣行の一つの条件である。人身売買やアダルト・ヴィデオへの不本意な出演などはこうした点から排除されるだろう。
(12) ハーストハウス、土橋茂樹訳『徳倫理学について』、知泉書館、二〇一四年、七九頁以下。
(13) A・マッキンタイア、高島和哉訳『依存的な理性的動物』、法政大学出版局、二〇一八年、一二一頁。
(14) ハーストハウス、土橋茂樹訳『徳倫理学について』、知泉書館、二〇一四年、八〇頁。

第五章　不平等を実践しよう

第一節　第三世界の子供たちを援助する責任はあるか？

無差別テロを正当化する論理

インド、コルカタまで出かけてホスピス施設「死を待つ人の家」を創設し、行き倒れ死にゆく人々の最期を人間らしく看取り続けたマザーテレサの姿は、胸にせまるものがある。うだるような暑さの中、抗マラリア薬を投与し、道が悪く車での通行ができない地域にワクチンを運ぶ「国境なき医師団」の活動には頭が下がる。

素直にそう思うのだが、それでは、私たちはマザーテレサのように、国境なき医師団のように、アジア、アフリカの各地に出かけて、貧困、飢え、病に悩む人々を救わねばならないのか。いや、もっと強く、救う義務を人間として——法的な問題は別として——もっているのだろうか。先進国に住む人間として、途上国の貧困問題へと積極的に関与する責任、少し古くなった実存主義の言葉で言えば「アンガージュマン」の義務が私たちにはあるだろうか。

実情を知らないのであれば仕方がないが、私たちは報道、様々なメディアを通じて第三世界の事態を知っている。知っている限り、人間として行動をおこす責任が発生する、と言われることがある。第三世界の貧困を知っていて、なお何もしないのは罪である、ときに、こうした批判が返ってくる。

私たちが第三世界の貧困に何らかの関わりがあるとき、批判は説得力をもつものとなるだろう。たとえば、第三世界の労働者に対する劣悪な労働環境のもとで作られた安価な製品を、私たちが消費者として享受しているならば――後述するがアディダスやナイキはバングラデシュやインドネシアの少年の過酷な労働条件のもと運動靴を製造していた――私たちに責任はないだろうか。

全く異なる文脈だが、数十年前、無差別テロの論理として同じタイプの議論があった。一連の無差別テロ事件がドイツ、日本などで起きたとき、無辜《むこ》の民を巻き添えにして許せない、と批判が起きた。例を挙げれば、テロリスト集団「狼」による一九七四年丸の内で起きた三菱重工爆破事件では、何の関係もない通行人に多くの死傷者がでている。こうした批判に対して、資本主義社会のなかで生活している以上、資本主義の搾取と悪に自らも荷担しているのだから無実とは言えない、責任がある、とテロリストから反論が返ってきた。もちろん、貧困を解決する、あるいは飢えた子供を救う義務を訴える良心と、無差別テロリストのイデオロギーは全く異なる。それにもかかわらず、ある発想、ある着想において同質なものをもっている。

私たちが知っている限り、意識している限り、私たちはその世界を構成しているのであり、世界を担っている。私たちは世界を構成する無数の因果関係の交錯のうちにある一つの契機、一つの要素であるが、同時に世界を決定する基盤である。たとえば最終消費者として、第三世界の労働を搾取した製造物を購入すれば、製造へのインセンティヴとなり、その結果再び搾取の上に立つ製造をもたらす。したがって、世界に対して責任が発生する。これがその発想である。

「隣人愛」は無制限ではない

こうした発想を支えているのは近代思想、意識の哲学から始まる着想と言っていいだろう。意識が世界を構成し、理解し、解釈し、意味を与える。大変乱暴に言えば意識の哲学とはこうした傾向をもつ一連の哲学である。意識に無関係なもの、意識が構成しない存在は私たちが関係する世界にはない。

この存在理解から、意識が影響を与えないものは世界のうちに何一つとしてないし、その限り、人間の意識は全世界に対して責任をもつとする発想が現れる。人間の意識が、参画する世界を構成する中心とみなされる。その際、意識、つまりある個人が世界の一部にすぎず、しかも世界を構成するダイナミズムの主要原因でないとしても、である。カントからヘーゲルに至る意識の哲学が世界への責任を個人が担うと考えていたわけではないが、その発想を準備したと言うべきかもしれない(1)。

世界に参画し、そのうちで行為し、またそれを意識し知っている限り、世界全体に対して個人一人一人に責任がある、この着想は法外なものである。個人の意識が世界と同等にまで肥大化し、その結果、有限な人間の行為と義務の範囲を途方もなく拡大させてしまった。

一人の人間は、たとえ知っていたとしても、世界中どこにでも出かけていく責務があるわけではないし、世界の構造全体を担う責任が発生するわけでもない。私たちは、全能の神でもなければ、自由に飛び回れる天使でもない。与えられた身体のもつ制限のうちで自らの生を生き、世界に滞在する存在である。夏目漱石風に言えば、向こう三軒両隣りにちらちらする唯の人の思惑に翻弄され一喜一憂する、これまた唯の人に過ぎない。私たち個人としての責任は、自らの直接の生活世界にあるのであって、それ相応の範囲までしかのびていない。その範囲は無限ではなく、有限な人間の大きさに合わせて限りがある。

それではその相応の範囲は、どこまでのびているのか。まず責任をもって行為する対象は妻であり、夫であり、子供であり、つまり家族なのだ。恋人や友人が次にくるだろう。さらに、教員である私には、ゼミの学生が、そして学部の学生へとその責任は及んでいく。責任の強さ、重さも、この順序どおり、家族に対する責任がもっとも重く、徐々に軽くなっていく。

現代ドイツのキリスト教哲学者シュペーマンによれば、こうした優先順位を、キリスト教思想は「愛の秩序（ordo amoris）」のもとで考えていた。キリスト教は「汝《なんじ》の隣人を愛せ」と命じる。イエスが隣人について語るとき、それは決して同族や友人のみを意味していたわけではない。隣人への愛は人類全体へと及んでいく。一方で、人間の有限性を熟知するキリスト教思想は、その愛の及ぶ範囲と影響への責任に、段階をもって答えようとしていた。その答えが「愛の秩序」だった(2)。

この愛の秩序の限界はどこだろうか。私の責任は大学の学生を越え、ついには第三世界の飢えている子供にまで到達するのだろうか。

そこまで及びはしない。ちょうど池の中に石を投げ入れると波立ち、その波が伝播《でんぱ》して波紋を広げ、いつしか消えていくように、私の責任は私から遠ざかるにしたがってさざ波のごとく消えていく。北朝鮮で抑圧され飢えている人がいると聞けば、心は痛む。モンゴルでストリート・チルドレンが地下の共同溝で冬の寒さをしのいでいる映像を見るとやるせない気持ちになる。ブラジルや中米で子供がギャングになっていく貧困を知ると、一人の親としてたまらない。

しかし、それでもこう言いたい。北朝鮮で抑圧されている人、モンゴルのストリート・チルドレンやブラジルの年端もいかないギャングを、個人としての私が救う責任はない。私たちは全世界に対して責任を負うことはできない。一人の人間として、その有限な範囲での活動が私たちの責任の範囲である。有名な映画の題名になぞらえて言えば、「俺たちは天使じゃない」。

それぞれの生活世界で責任を引き受ける

前言をすぐに翻すようだが、個人としてアフリカで飢えている子供を救わなければならない状況もありうる。もし私がアフリカの地に立ち、飢えている子供を目の当たりにしたならば、その子の救助は私の責任範囲の、しかもおそらく優先順位で筆頭にくる。行為の及ぶ責任の範囲には、行為者に対する空間的近さ、遠さも関係する(3)。

また、行為の及ぶ範囲には、社会としての一体性も少なからず影響する。私たち日本人にとっては、二〇〇四年に起きたスマトラ島沖地震の津波より、二〇一一年の東日本大震災の津波により強く衝撃を受けるし、また援助を行おうとより強い思いをもつだろう。アメリカ人が、熊本の地震の被災者より、カリフォルニアの山火事での被災者に対してより身近な思いと援助を考えるのは当然なのだ。これを非難する謂《いわ》れはない。

私たち各自がそれぞれの生活世界にあって行為の責任を引き受けるならば、DVに悩む子供、いじめに苦しむ生徒、不正に虐げられる人々を減らすことができる。それが私たち個人に求められている行いではないか。夜、家々に灯がともるように、各自がそれぞれの責任の灯を職場や学校でともす。夜が明るく暖かくなる道、私たちが個人として整え、歩める道がそこにできるだろう。

第三世界の労働者を搾取して造られた安価な製品についてはどうか。私たち先進社会の消費者がその製品を享受しているのを知るならば、個人としては不買の選択肢がある。それが個人の生活世界のうちで達成できる行為だ。それ以上に、第三世界にＮＧＯとして参加する義務や責任があるわけではない。行為主体が政府レベルであれば、搾取の上に立つ製造品に搾取によって生じる利益と同等の税金をかける、あるいは輸入禁止や販売禁止など、別のレベルの選択肢が考えられる。

現在ではインターネットの普及によって、私たちは世界中で起きている出来事を知る。世界は小さくなり、感覚的に、遠さが近さへと変わってきているのは事実である。ところが、この事実は私たちのうちに遠き人々との連帯感を生むよりも、むしろ私たちのうちで無力感を育て、世界への無感覚へと繋《つな》がっていくとシュペーマンは言う。

私たちの心のうちには、世界中どこであっても正しさの実現を求める普遍的な理性の要求が存在する。一方、明日までの仕事の締め切りや子供の送り迎えなど、生活のあれこれに縛られて、私たちは多くの制約の中にある。普遍的な倫理的要求や期待と、個人の有限な生の間で、私たちは気持ちの調停ができずにいる。そこから、世界で起きる不幸を見るとき、感覚の鈍磨と諦めの気持ちが醸成される。そう、彼は指摘する。(4)

シュペーマンの言うとおりだろう。「愛の秩序」は、理性の普遍的な倫理的要求と有限な生の狭間にあって悩む人間に与えられた一つの答えなのである。

もちろん、私たちは個人としてのみ行為しているわけではない。アフリカの飢えている子供に対する責任はない、と主張できるのは行為者が個人の場合であって、行為者のレベルが変わればその責任も変わる。

ある制度や機構、会社や官庁など、ある部署を代表して行為するならば、行為の責任もその責任の範囲も、行為主体が個人である場合と全く異なる次元で問われる。国連の難民高等弁務官や事務総長が、第三世界で飢えている子供の存在を知っていて何もしないとなれば、責任を問われて当然であろう。

私たちは様々な行為を日々行っている。その際、行為によって行為主体としてのあり方も異なるし、責任とその範囲も異なってくる。行為の責任を問うとき、誰が行為者か、どのような行為主体が問題になっているか、まず明らかにしなければならない。国連やＷＨＯなどの部門の一員として、機構や制度を体現する行為主体の責任と、個人としての行為主体の責任は自《おの》ずと異なるのだ。

第二節　行為主体

救命ボートに誰を乗せるか

倫理学の入門講義などでよく出される問題に救命ボートの例がある。あなたは船で旅行中に難破し、救命ボートにもう一人の人と乗っています。救命ボートは浸水しているため、一人分しかもち堪《こた》えられず、二人が同時に助かる見込みはありません、あなたはもう一人の人にボートを譲るべきでしょうか。

もしあなたが譲るべきであるとすれば、その相手も同じように譲るべきとなる。相手の人物の立場に立てば、同じく譲るべきと考えるからだ。お互い謙譲の美徳を発揮して譲りあう古き日本人の典型のような光景だが、たぶん、二人ともそうしているうちに死んでしまうにちがいない。

こうしたクイズのような問いはいろいろとヴァリエーション豊富で、その一つに次のような問題がある。あなたは運よく他の何十人かの人々と救命ボートに乗り込めました。ボートが波間を漂っていると、救いを求める二人の人が泳ぎながら近づいてきます。一人はあなたの家族(あるいは恋人や友人)、もう一人はあなたの見ず知らずの人です。残念ながらボートは満員で、あと一人しか乗せられません。それ以上乗せるとボートは転覆します。タイタニック号の遭難と同様の冬の海、海水温は零下ですから三〇分も海につかっていれば凍死します。あなたは誰をボートに救い上げるでしょうか。

困窮している人を助ける原則を善行の原則、あるいは仁恵の原則と呼ぶ。この問題は、仁恵の原則を実際にどのように適用すべきかを尋ねている。現実には家族、恋人や友人を助けると思うが、倫理学の問いとして尋ねると、なかなか「もちろん家族です」と素直には言い出しにくい。

倫理クイズでは、状況について多くの想像、想定を加えて肉付けする必要がある。行為主体の想定はその最も重要なものの一つだ。このクイズはどのような行為主体の責務を問うているのか。

自らの個人としての責任はまず身近な人々から始まるから、もし問われている行為主体が個人であるならば、「家族です」と答えて何も臆《おく》する必要はない。ところが、行為主体が船員であれば答えは異なる。船員の家族が大人であるとしよう。また、見ず知らずの他人が子供であるとしよう。船員は、そのつとめとして――これは職能者の倫理と言われる――弱者から救出する責務をもっているから、この場合救うべきは他人である。

CEOは会社と家族、どちらの責任を果たすべきか

機構や制度を体現する行為主体の行為と、個人が主体である行為では、責任も、それに伴って着目すべき観点も変わってくる。国連の難民高等弁務官が、アフリカのサバンナを現地の難民対策本部へと向かって車を疾走していると想像してみよう。途中で飢えた難民の一群に遭遇したならば、止まって食料や水を提供すべきだろうか。行為主体が個人であれば、それが行うべき援助にちがいない。しかし難民高等弁務官の行うべき責任ある行為は、難民対策本部へ一刻も早く到着し、現地の情勢を把握したうえで指示をだすことだろう。行為者が難民高等弁務官であるとき、個人としての行為に求められるものは不問に付される、もしくは優先順位からみて後回しになる。

一方で、個人としての行為より、機構や制度を体現する行為を常に優先して選択しなければならないとも言えない。従業員の解雇を最小限にとどめるため会社の再建に奔走している

証券会社のCEOを考えてみよう。家庭を顧みる時間もなく、思春期の子供は荒《すさ》む一方で、家庭は崩壊状態。よくある風景の一つかもしれない。おそらくこの人物にとっては子供のため、家族のため、CEOの辞任も一つの選択肢にちがいない。

人間としてどのような行為の主体であるべきか、迷うときがある。「愛の秩序」から考えて、脚下照顧、まず家族へと思いをいたすべき状況もあるだろう。

個人の行為の半径は小さい。それにともなって、おのずと責任の範囲も狭まってくる。個人のレベルで考えれば世界の不平等や不公平に責任があるわけではない。アフリカの飢えた子供と先進諸国の飽食で肥満に悩む現代人が共存するいびつな世界も、やむをえない現実である。だが機構や制度を体現している行為者のレベルでは、こうした不平等、不公平の問題に取り組み、克服すべきであろう。

もっとも、この機構を代表する行為者のレベルでも、求められている行為がそう簡単に決まるわけではない。多国籍企業の直面する問題から、この点を次に明らかにしていきたい。

第三節　多国籍企業と公平——ボパール化学工場事故

何が公平かは基準によってかわる

平等と公平は大切な原則であるが、世の中必ずしもそうなってはいない。一〇〇〇円の品物を買って一〇%の消費税がかかるとして、裕福なサラリーマンと低所得者では痛税感は異なる。公平、平等とは言えまい。一〇〇〇円の物品に対して誰もが払わなければならない一〇〇円の消費税が公平で平等か。あるいは収入に占める割合を考えた課税が公平か。基準は難しい。消費税と累進課税を導入している所得税では、公平の基準は異なる。

まだ若くてやせていたころ、国際線の飛行機の搭乗手続きで荷物を預けるたびに、一人二〇キロの荷物制限を不条理に感じたものだ。チェックイン待ちの列のすぐ前に、アメリカ人とおぼしき一〇〇キロを優に超えた中年の巨漢が立っている。彼の荷物も二〇キロまで、せいぜい六五キロしかない私の荷物も、さらにほっそりとした小柄な日本人の女性も二〇キロしか持ち込めない規則に毎回不満だった。単に一律二〇キロと制限を設けただけであって、公平さに航空会社が頭を悩ましたとは思えなかった。

それも、年と共にこちらが中年になり体に余計な肉が付いてくるにしたがって、どうでもよくなった。二〇キロの荷物制限はどうでもよいかもしれないが、毎日苦もなく二〇〇〇キロカロリーを摂取できる先進国と、栄養失調が蔓延《まんえん》する発展途上国のちがいはどうでもよい問題ではない。人間としての権利や尊厳は世界中どこでも同じと考えたいが、実際はそうではない。地域や国によって生じる不公平、不平等をどう考え、扱えばいいのか。

アメリカとインドの二重基準が引き起こした有毒ガス事故

技術者倫理（engineering ethics）――ビジネス倫理や企業倫理とも言われる――では、企業自身がグローバル化し、様々な地域、国へと進出するようになるとともに、地域、国家の間にある不公正の問題が浮び上がってきた。多国籍企業の問題、あるいは南北問題として必ずといっていいほど取り上げられるボパールのケースをみてみよう。

一九八四年一二月、アメリカの多国籍企業ユニオン・カーバイド社が農薬を製造していたインド中央に位置するボパール市の化学工場で、有毒ガス事故が起きる。農薬セヴィンの製造過程で生じる有毒なイソシアン酸メチルが漏れ出た結果生じたものだった。

この有毒物質は毒性が強く、経口摂取すると呼吸困難、重度の場合、肺気腫、肺出血などを引き起こし死に至る。常温では通常無色の液体で、ボパールの工場でもタンクの中に貯蔵されていた。ところが貯蔵タンクに水が混入し、発熱反応が起きてしまう。イソシアン酸メチルは沸点が三九℃と低いため、温度の上昇と共に気化する。タンクの爆発により、最初の一時間で三〇トン、二時間ほどで四〇トンの有毒ガスが大気中に拡散していった。

その結果、事故翌日までに付近の住民二〇〇〇人以上が死亡する。ボパールを州都とするマディヤ・プラデーシュ州は死者三七八七名を確認、最終的に有毒ガスが原因と考えられる死亡者は二万人を超え、二〇一八年の時点でなお六〇万人ほどの人が後遺症に悩むと報告されている。

なぜ貯蔵タンクに水が混入したのか。未熟な技術者による水を使ったパイプの洗浄によるミスから、意図的な混入まで諸説あって、正確にはわかっていない[5]。

危機管理対策にも問題があった。工場には不測の事態に備えて被害を抑える防御システムがあったが、事故当時、経費削減のため作動していない。イソシアン酸メチルを冷却し気化を防ぐ冷却システムは一九八二年以来操業停止していて、高温を知らせる警報は取り外されていた。ガスを中和するために作られたガス浄化装置は待機モードになっていて、休止中。イソシアン酸メチルがガスとなった場合に焼却処分するフレア・タワー（燃焼塔）は、点検のため連結パイプを外されている。安全のための訓練も久しく行われていなかった。本国アメリカであれば毎年行われる安全監査も行われていない。また、インド人従業員の多くは英語ができないにもかかわらず、英語の作業マニュアルの使用を求められていたらしい[6]。

警報にも問題があった。警報は二種類あり、一つは工場内の警報、もう一つはボパール市へ警報する公共用であったが、二つは連結されていない。会社内の警報のおかげで社員は避難している。一方、ボパール市民のほとんどは、ガスについて知らされず、ガスが近隣一帯を直撃した。

これが、技術者倫理の教科書で必ず取り上げられるボパールの化学工場事故の概要である。ボパールで起きた事故は、事故発生時の安全対策の不備やずさんな危機管理体制など、東日本大震災でおきた津波による原子力発電所のメルトダウンを想起させるかもしれない。しかし取り上げられる問題の観点は異なる。

事故は、ユニオン・カーバイド社の本国アメリカの安全基準に沿っていたならば、そもそも発生しなかった。アメリカで許されない、実施しない基準による操業が行われていたのではないか。人権はどこの社会においても同じく妥当する。アメリカの労働者の人権を保護しなければならないように、インド人労働者の人権も保護しなければならない。それを怠っていたのではないか。つまり、多国籍企業の典型的な二重基準問題としてボパールの化学工場事故はまっさきに取り上げられるケースなのだ。

安全対策のずさんな工場がボパール中でもっとも好条件の職場

多国籍企業の二重基準はユニオン・カーバイド社に限ったことではない。一九九〇年代、アメリカのスポーツ用品の製造会社として有名なナイキは、インドネシアのジャカルタで、一六歳以下の子供を一日わずか二ドルたらずで働かせて、運動靴を製造していた。二〇〇〇年代に入っても、ドイツの有名なスポーツ用品製造会社アディダスが過酷な条件のもと子供の労働力を使ってバングラデシュやインドネシアで製品を製造し先進国に輸出している、と国際的な批判を浴びた。

ナイキもアディダスも、決して本国アメリカやドイツで子供の労働の搾取など行わない。どちらも、スポーツをする若者にとって、手に入れたい「かっこいい」ブランドであり、品質のイメージを大切にしている。それだけに発展途上国での労働の実態には唖然《あぜん》とするし、新たな帝国主義、植民地主義と糾弾されても仕方がない。弁解の余地はないだろう。

過酷な子供の労働や、長時間に亘《わた》る労働を強いるなど論外である。それでは、先進国と一律に労働者の権利を保護し、世界中同じ水準で労働形態を考えなければいけないのだろうか。

一方には、人権は世界どの地域においてもかわりはないのだから同じにすべきである、とする考え方がある。これは倫理的な普遍主義と呼ばれる。他方、それぞれの国、地域には事情があるからその事情と状況に応じるべきとする主張がある。郷に入っては郷に従えと言うわけだ。倫理的相対主義とよく言われる。どちらにも難点がある。

事件後数年して、ある雑誌に載ったボパールの被害者のインタヴューを紹介しよう。事故当時、トゥンダ・ラルは、煉瓦《れんが》職人として仕事があるときは一日一ドル五〇セントを稼いでいた。事故の後遺症で一日数時間しか立っていられない状態で、会社からの補償金を待ちながら、時々、町中で物乞《ものご》いをして糊口《ここう》を凌《しの》いでいた。そんな中、彼は取材のインタヴューに

語っている。(7)

もし明日工場が再開されるなら、どんな仕事でも受けるよ。一分たりとも躊躇《ちゅうちょ》なんかしないね。工場で仕事がしたい。ガス爆発の前、ユニオン・カーバイドのプラントはボパール中で働くのに一番いいところだったからね。

ユニオン・カーバイド社に幾多の看過できない、許しがたい落ち度、欠陥、怠慢があるのは言うまでもないが、問題は、ボパールでその工場が最良の職場だった事実にある。厳密に先進諸国と同じ基準、同じ待遇を求めるとすれば、たとえば同じ賃金を要求するならば、企業が第三世界に進出する「うま味」はない。ボパールの化学工場事故は未然に防げたが、「ボパールで働くのに一番いいところ」もできなかった。普遍主義は、自分の手を汚さない満足に終わる可能性がある。

化学工場は、ボパールの貧しいスラム街に隣接していた。もし化学工場が閉鎖されると――先進国であれば当然これは閉鎖されたにちがいない――ボパールが困る。当初、ユニオン・カーバイド社に対するインド政府の対応も、糾弾するというよりも歯切れの悪いものだった。それもこうした事情を反映しているだろう。多国籍企業は忌々《いまいま》しいが必要、これが第三世界に共通するディレンマかもしれない。

一方、力ある先進社会の下請けとして貧しい社会を依存させ従属させる構造は、植民地主義にほかならない、とする批判もおきる。だからこそ、人権、労働者の待遇、周辺の環境に対して世界中どこにおいても同じ基準を求める普遍主義の主張も生じる。ユニオン・カーバイド社の幾多の不備は、母国アメリカでは許容されない基準を、インドでは許容範囲として、会社が採用した。つまり二重基準に基づいている。社会に相対的な基準はていのよい搾取である。ここに相対主義の問題がある。

賄賂が突きつける普遍主義の限界と相対主義の危険

公正の問題に関連して、賄賂についても触れておきたい。社会で事業を進めるために賄賂を必要とする社会は多い。ヨーロッパの先進諸国、北米、アジアでは、日本、韓国、シンガポール、台湾などを除けば、賄賂を当然の如く要求する社会が世界の大半であると言っても言い過ぎではないだろう。もちろん、日本でも、何らかの「付け届け」や「謝礼」として賄賂あるいは賄賂にちかいものがあるから、どの社会もきれいではない(8)。

しかし、事業を起こす際、様々な認可の段階で賄賂が必要となれば、社会構造に賄賂が取り込まれているわけで、自ずと問題のレベルが異なる。アジア、アフリカ、中南米などで様々なプラントに関わっている商社は、こうした贈賄の要求に直面する。

贈収賄は決して許すべきではないだろうか。

筆者が直接友人から聞いた話を語りたい。筆者はドイツのミュンヘン大学留学時代に、学生寮でトルコ人のアスランと親しくなった。彼とはそれ以来、家族ぐるみのつきあいで、ドイツに行くと彼の家に滞在する。アスランはトルコからの移民の第二世代で、両親はドイツ語をほとんどできず、そのせいもあってアンカラに戻っているが、子供たちは完璧《かんぺき》なバイリンガル。彼ももちろんほぼバイリンガルで、ドイツで建築事務所を開いている。

もうだいぶ前だが、夏ミュンヘンの彼の家に滞在した。ミュンヘンの夏は、日本の五月の陽気で気持ちがいい。庭で涼んでいると、アスランが帰ってきて、一〇ユーロ紙幣——日本円でほぼ一〇〇〇円相当の感覚にあたる——をテーブルに広げて、輪ゴムで束にしながら勘定を始めた。いったい何をする気だろうといぶかしく思って聞いてみた。答えは次のようなものだった。

トルコにこの秋一時帰る。小さい子供を含めて、子供が四人もいるから、車で帰る。ドイツ南部のミュンヘンからアンカラまで行くには、まずオーストリア、ハンガリーを横断、その後ルーマニア、ブルガリアを通ってトルコに入り、ボスポラス海峡を越えてアンカラへと到達する。その際に、紙幣が必要になる。

ハンガリーまではいいのだが、それから後が問題で、ルーマニアに入ると国境の検問所に国境警察が立っている。パスポートの中に、一〇ユーロ紙幣を一枚入れておいて渡す。もちろん紙幣はもどってこない。「もし紙幣を入れないでパスポートを渡すと？」と聞いてみた。そうすると、車をこっちに着けろ、と駐車を促され、その後、検査と言ってとどめ置かれる。待ち時間は数十分かもしれないし数日かもしれない。向こうの気分による。

この作業は国境の検問所だけではない。警官は、道の至る所、数十キロおきに立っていて、通りかかる外国車を誘導しパスポートの提示を求める。その都度、パスポートの裏に紙幣を入れて渡す。注意しなければいけないのは、エンジンを切らないことで、徐行しながら窓を一〇センチほど開けて、つまり用心のため全開はしないで、その隙間からパスポートを差し出す。近づいてくる相手が警官であるとは限らないから、急発進できるようにしておかなければならない。パスポートを戻す際に警察官は「ご苦労様、これから何キロばかり行くとまた警官がいるので、ゆっくり走るように」とアドヴァイスしてくれるときもある。こうしたやりとりがブルガリアを抜けるまで続く。そのため小額紙幣を用意して、数えていたのだった。

ドイツはヨーロッパ随一の先進社会であり、留学中何度となく、深夜酔っ払って帰宅したが、警察官に職務質問された経験はなかった。まして賄賂の要求などない。そのドイツから車で行ける距離に別世界が広がっている。その先に、中東の紛争地があるとぼんやり考えていると、アスランが言った。

「世界はドイツや日本のようなところばかりではないということさ」

贈賄の要求に直面して賄賂は許すべきではない、と日本で答えるのは簡単だ。まがりなりにも、賄賂なくしても生きていける公平さ、公正さが実現されている社会だからである。世界中で同じ水準の公正を求めることはできない。それぞれの社会の成熟度、発達、そして民度や民意によって求める公正は自ずと限界をもつ。しかし、社会によって求められる公正さが決まるとすれば、相対主義に陥らないだろうか。社会によって人権理解は異なる、環境問題への取り組みも異なる、だから、先進国の理解を押しつけるなと、何度も私たちは聞いてこなかったろうか。それは多くの場合、人権抑圧や環境問題の無視に繋がる言い訳ではなかったろうか。相対主義には、基準をなし崩しにしてしまう危険がある。

最後に、もう一つ事例を考えよう。イギリスの生命倫理学者のホープが挙げている、医薬品の有効性を計るために第三世界で行われる臨床試験である。ここでも二重基準問題が浮びあがる。(9)

第四節　第三世界で行われる臨床試験

薬の臨床試験は世界中どこでも同じ水準で実施すべきか

一九八〇年代から一九九〇年代にかけて、HIV、いわゆるエイズの広がりは深刻な状況で、とりわけアジア・アフリカの第三世界での伝播にはWHOをはじめ多くの保健医療機関が頭を悩ましていた。HIVは母親が感染していると母から妊娠した子へ、いわゆる垂直感染の可能性がある。予防薬として開発されたのが、ジドブジンである。

ジドブジンを用いた治療ACTG（Aids Clinical Trials Group の頭文字）研究76によって、感染を完全に防げないまでも、感染率を三分の二にまで低下させる効果が立証される。こうしてACTG76治療は、一九九七年の時点でアメリカでは標準的な治療となった。この治療は妊娠中ジドブジンを経口で服用し、出産中静脈注射を行い、新生児にも投与する。高価なため第三世界では行われていない。

ジドブジンの有効性が明らかになったので、次の段階として、分娩時のみ経口で摂取するジドブジンの治療が臨床試験で試される。こちらは、静脈点滴によるジドブジンの投薬を含む高価な治療法と比べて、ずっと手軽で安価な治療になる。分娩時のみの経口投与も効果があれば、高価な治療法には手が出ない人々に対しても、また貧しい第三世界でも、HIVの母子感染を防ぐ方策として広く利用できる。

WHOの部会は、一九九四年に分娩時のみの経口投与の臨床試験を推奨した。第三世界では、ACTG76の治療が高価すぎ、治療上必要な環境も整っていないため、対照実験として使用できない。WHOは代替策としてプラセーボ対照試験を推奨した[10]。そして実際に、多くの国々でプラセーボ対照試験が行われた[11]。

臨床試験では、新たな投薬、治療を試す実験群と、今までの投薬や治療を行う対照群とを比較、対照する。実験群の被験者に今までの治療とは異なる効果が現れれば、その治療の効果を確認できる。プラセーボとは、治療効果のない偽薬、たとえばビタミン剤などの投与を指している。被験者は、薬を投与するとそれだけで心理的な効果があり症状が改善するため、こうした心理的な効果を新薬の効果に見積もってしまわないために行う。

具合が悪くて病院に行って、医者に診てもらうとまだなにもしていないのに少し楽になった経験がある人は少なくないだろう。これも同じ心理的効果である。ちなみに、プラセーボは私たちが通常受けている診療でも活用されている。患者が薬をほしがるが、薬の副作用などから頻繁に投薬できないときなど、医師は薬の代わりに偽薬を投与する。

プラセーボ対照試験では、対照群の被験者であるHIV患者には偽薬を、実験群のHIV

患者には、ジドブジンの経口薬を投与する。極力、心理的な効果を排除するため、患者も医師も、どちらが実験群でどちらが対照群かは知らされていない。

プラセーボを対照群に使用する臨床試験は、しかし批判を浴びた[12]。本来対照群に使用されるのは、一般に通用している治療法である。プラセーボを対照群に使用してよいのは、その時点で何の治療法も確立していない場合に限られる。HIV感染に関してはすでにアメリカで、ACTG76の治療が確立していたから、対照群もACTG76の治療あるいは、何らかの抗レトロウィルス薬を用いるべきであった。対照群にプラセーボを用いたのでは、対照群の被験者にはまったく予防効果がない。アメリカではプラセーボが使用されないのに、第三世界での臨床試験で使用されるとなれば、国によって臨床試験の基準がかわることになる。これが二重基準であると批判を浴びた。

公平の追求はときに誰の利益にもならない

典型的な倫理的普遍主義に基づく批判であるが、こうした批判には強力な反論が存在すると生命倫理の専門家ホープは言う。

二重基準の批判は、世界医師会が採択したヘルシンキ宣言をよりどころとしていた。ところが、ヘルシンキ宣言の文言、「対照群には現時点で最善の治療が行われるべき」が曖昧《あいまい》で、解釈によって理解が変わる余地がある。現時点で最善の治療とは、世界中で最善の治療を意味するのか、あるいは研究が実施されている国において最善の治療か。後者であれば二重基準とは言えない[13]。

さらに、他の反論も可能である。第三世界の国々においてＨＩＶの母子感染に対する有効な治療は行われていなかったから、プラセーボを使った対照実験によって、誰も現状より悪い扱いを受けるわけではない。経口ジドブジンが有効であれば、臨床試験の実験群の患者は利益を直接受ける。そして臨床試験によって母子感染に対する有効性が証明されるなら、結果として第三世界もその恩恵に与《あずか》る。一方、ＡＣＴＧ76による治療を対照群としなければならないとすれば、医療設備が整っていない貧しい国々では、経済的、設備などの理由から臨床試験は実際上行われなくなる[14]。

普遍主義が掲げる公平性と二重基準批判と、ホープの指摘する実際上の利点を考える反論の対立は、ボパールの化学工場事故で浮び上がってきた同じ問題の別形態にほかならない。ボパールの化学工場の事故に関して、アメリカとインドの現地工場との安全性の二重基準が批判された。同じく、臨床試験でも二重基準と患者への公平が問われている。

一方、アメリカと同様な基準で工場運営を求めるならば、企業はボパールへ進出しないため、煉瓦職人トゥンダ・ラルが指摘した「ボパール中で働くのに一番いいところ」はできなかった。同じく、臨床試験でアメリカと同様な対照群を求めるならば、臨床試験は貧しい国々で行われない。結果、誰の利益も生じない。

普遍主義と相対主義の相克を前にして、ホープは両者の欠点を指摘する。

まず普遍主義に対する批判。南北間の公平の問題は搾取と密接な関連をもつ。普遍主義は搾取の現実に対して敏感である。その点を評価しながらも、「根の深いこの基底的で根本的な不公平を盾にとって」全体的にみれば第三世界の国の人々に利益をもたらす研究を阻害すべきではない、とホープは語る。普遍主義は「天使の側に立つ」と揶揄《やゆ》すらしている。

ヘルシンキ宣言の原則も、対照群に現存する世界中で最良の治療を施すべきと解釈するのではなく、研究が行われる社会で最善の治療と解釈すべきだと主張する。したがって、対照群にプラセーボを用いるのは非倫理的とは言えない。

一方、ホープは単にその都度の社会に応じる相対主義的な立場も擁護しない。現実への適応と普遍性の対立、つまりプラグマティックな対応と普遍的な公平性との二律背反しかみない点で、相対主義も誤っている。本来は、臨床試験の背景となっている「グローバルな健康における巨大な不平等」を問題にする必要がある。彼の指摘は正しいだろう。もっとも、ホープは問題を示唆するにとどまり、具体的にどのように問題にすべきか、そのアプローチについては述べていない。

それでは何をどのように問題にすべきなのか。考えてみよう。

第五節　衛生環境・衛生観念・衛生教育

衛生観念と教育がなければ、衛生環境は整備できない

問題を明確化するために三つの観点が必要となる。公衆衛生環境、公衆衛生観念、そして公衆衛生教育である。

ＨＩＶの母子間の垂直感染を防ぐ、静脈点滴によるジドブジンの投薬について想像してみよう。病院の中、点滴の器具、合成樹脂製の透明なバッグ、消毒済みのカテーテルや針を私たちは思い浮べる。カテーテルや針は、使用後、衛生を考えて捨てられる——医療廃棄物は特別に処理される——。当たり前のように病院、町の診療所で出会う風景であるが、第三世界の貧しい社会のうちにはこの風景が当たり前ではないところはいくらでもある。そもそも点滴の器具に消毒が充分行われているのか、扱う医療者の消毒についてはどうか。上下水道すら不充分な環境でどのように洗浄できるだろう。

基本的な公衆衛生環境を抜きにして、先端技術や治療の実践について語っても意味がない。先端技術と治療が生きるのは、厚い医療のインフラストラクチャーに支えられているときな

のだ。たとえば静脈点滴によるジドブジンの投薬以前に、静脈点滴による感染症の危険をどのように防ぐのか、病院や診療所の基本的な衛生環境を整え、確保するのが先である。衛生環境を整えるには、衛生環境に対する社会全体の感覚、つまり衛生観念が大きな決め手になる。衛生環境は単にハードウェアの問題ではなく、人間の感覚、理解によって維持される必要があるからだ。

衛生観念は衛生環境の整備を促し、求めるが、同時に衛生環境によって衛生観念は育《はぐく》まれる。その点で両者は表裏一体である。しかも衛生観念を育む環境は、病院などの医療のインフラストラクチャーのみの問題ではない。ゴミ処理、上下水道の普及などを包含し、さらに個人的な生活環境、食生活や入浴の習慣にまで広く及ぶ。一部の環境ではなく、社会全体にひろがる衛生の問題なのである。

公衆衛生を考えるとき、筆者は子供のときのかすかな記憶に残っている風景を思い出す。東京のような都会でも一九六〇年代くらいまで食卓にご飯を並べると、その上に布や金属でできた網をかぶせていた。ハエがご飯にとまるのを防ぐためである。蠅帳《はいちょう》と呼ばれるらしい。蠅帳がないと、家族の誰かがうちわでハエを追い払っていた。配膳の際のこの仕事は、たいてい年寄りか子供たちの役割だった。

今では信じられない衛生環境だが、下水道の普及が不充分でくみ取り式のトイレが普通だった当時、いくらでもハエがいたので、こうしないと食卓がハエの運動場になってしまった。シャツ姿の五分刈りの子供の顔が不思議と思い浮ぶのだが、子供の顔にハエがついて手でしきりにはらっている光景も、夏、まれではなかった(15)。

ハエが日常的な環境では、ご飯にハエが多少つくくらい当たり前で特別な事態ではない。ハエが止まったくらいで、汚いから食べられないと感じる衛生観念はもちようがなかった。

さらに劇的に変わったのは、便器である。つい最近までトイレに温水洗浄便座などなかった。つまり、紙で拭《ふ》くことしかできなかった。汚れをそのままこすりつけながらぬぐっていたことになる。私たちは何も不思議に思っていなかった。その程度の衛生観念だったとも言えよう。

今後、最初に水、次に石けん水、そして最後にまた水で流す便座が登場するのではないだろうか。そのとき、水だけで洗っていた平成と令和初頭の生活を異様に感じるようになるかもしれない。

衛生環境と衛生観念は、相互に影響する。衛生環境が衛生観念を育むと共に、衛生観念が環境を求め、また、その衛生環境を維持する原動力となっていく。

お互いの相互関係を効果的に組み合わせるためには、さらに第三の要素として教育が必要になる。顕著な例は、口腔《こうくう》衛生、つまり歯磨きの習慣である。口腔衛生は、うがいや手洗いについての意識とともに、疾病の予防、感染病に対して大きな意味をもつ。朝晩二度の歯磨きは、日本の社会で子供の頃から定着している習慣であろう。

ところが、歯磨きでは七〇％程度しか歯垢《しこう》を除去できない。歯垢の除去にデンタル・フロス、つまり糸を歯間に通す作業が欠かせない。また十全な衛生のためには、歯科で半年に一度程度――本来は三～四ヶ月に一度が望ましいらしい――歯のメインテナンスと歯科医が呼ぶクリーニングを行う必要もある。歯磨き、デンタル・フロス、クリーニングは、歯科の専門家に教えられて初めてわかる。教育なくしては理解の普及もない。衛生観念には衛生教育が欠かせないのである。

一方、衛生教育もまた一定の衛生観念をあらかじめもっていなければ、役に立たない。毎日二度の歯磨きでもなお充分ではないのではと疑問をもち、歯周病や口臭の不安を感じるとき、歯磨きでは七〇％程度しか機能していない事実が腑《ふ》に落ちる。そして歯科医の説明を受け入れるようになる。二度の歯磨きで充分清潔と思うとき、歯科医の言葉に耳を貸す余地はないだろう。

衛生はその環境に大きく依存するが、環境を整備するのは、社会が共有する意識、衛生観念であり、そのために社会環境とともに教育が不可欠である。しかも、教育には、一定の衛生観念を既にもっている必要がある。その衛生観念を環境が準備する。衛生教育と衛生観念、衛生環境は三者がお互いを支え合う関係にある。

「巨大な不平等」に立ち向かう、普遍主義でも相対主義でもない道

ＨＩＶの垂直感染を防ぐための臨床試験の公平、公正を支えるものは何か。衛生教育と衛生観念、衛生環境、三つの要因と関係を考えると、何をどのように問題にすべきか、全体像が浮び上がる。

先進国と同様に、公平な、人権に配慮したＨＩＶのための臨床試験を行うのであれば、衛生環境にあたる広い社会的インフラストラクチャーの存在が前提である。これを欠いて、対照実験のみを世界中で同一基準に合わせても、水面に浮び出ている氷山の一角をみているに過ぎず、小手先の話でしかない。

また、臨床試験の被験者がその生活において、先進社会と同様の衛生教育を受け、衛生観念を育む必要がある。口腔衛生、うがい、手洗いなどに無頓着であれば、有効な医療対策も効果的に働かない。「グローバルな健康における巨大な不平等」について公平性を論じるならば、こうした社会構造、インフラストラクチャー、衛生観念や教育の普及のレベルで具体的な問題解決を考えるべきであろう。

その際の主役となる行為者は、その社会の当事者である。当の社会の厚生省にあたる官庁

であり、社会の指導者や医療に携わる人々である。自らの属する社会に対する責任と自覚こそがまず問われるべきである。異なる社会からの助けの手は自助を助けるべく動く点で、あくまで脇役にすぎない。

「グローバルな健康における巨大な不平等」の一歩は、衛生教育を行う教育者と医療者の育成であり、インフラストラクチャーの必要を理解する指導者の育成である。社会が自ら動かないかぎり、その社会は何も変わらない。最終的に自らを助けるのは自らであって他者ではない。個人のレベルでも、社会のレベルでもこの点は同じではないだろうか。

臨床試験の対照群の公平性をもとめる普遍主義的理解は現場から遊離し、背景となる衛生環境や公衆衛生観念の複合的な産物である社会を考慮していない点で、抽象的な天使の世界の議論である。

プラグマティックな効果を強調する相対主義は、現場の必要と逼迫《ひっぱく》については理解していても、そのプラグマティズムの基盤となっている社会そのものへの眼差《まなざ》しがない点で、一面的な具体性、真実にとどまっていると言えよう。

普遍主義という独断論にも、相対主義にも陥らない道、私たちが求められているのは、いつもこの隘路《あいろ》ではないだろうか。世界レベルでの不公正、不平等を乗り越えるアプローチのあり方、一つの隘路がここにあるだろう。

【第五章　註】

（1）ただし、こうした意識の哲学の特徴、別の言い方をすれば、理性の肥大化に対して、近代観念論哲学に責任がないとは言えない。とりわけ、ヘーゲルの「意識」は、社会の基本的な特徴、社会構造の骨格そのものを作り出しながら発展していく。この点を考えれば、こうした発想、着想は一つの必然的な結果だったと言えよう。

（2）ordo amoris の概念は本来アウグスティヌスのうちに見いだされる。シュペーマンは ordo amoris を、普遍と個別の関係を巡る問題のうちで扱い、個別的なものにおいて普遍の具現を追求するキリスト教の答えとして考察している。R. Spaemann, *Glück und Wohlwollen*, Stuttgart, 1990, p.141 以下、"Ordo Amoris" の章を参照。

（3）同じく時間的な近さも関係する。環境問題を考えてみよう。私たちが考えるべき環境への責任はまず現在の状態から始まる。次に最も近い未来の環境、数十年後の温暖化問題へと広がっていく。徐々に遠くの未来へとおよび、五〇年後、一〇〇年後となるにしたがって、環境問題は私たちの手をはなれていく。数百年後、一〇〇〇年後の地球の温暖化や環境については、現在の私たちの責任の及ぶところではないだろう。ただし、この例はすでに現在の世界に住む人類の考慮すべき問題であるため、行為者のレベルが個人ではなく、政府や国連といった機構である。

（4） R. Spaemann, *Glück und Wohlwollen*, Stuttgart, 1990, p.147.

（5） 当初、ユニオン・カーバイド社はシーク教徒のテロリストによる人為的な事故であると主張していたが、のちに取り下げている。混入の原因は明確にはなっていないが、未熟な従業員によるミス説が本当らしい。

Ingrid Eckerman, *The Bhopal Saga-Causes and Consequences of the World's Largest Industrial Disaster*, India, 2005, p.44 以下。

二〇二三年一二月現在、ＰＤＦ書類で閲覧ダウンロードできる。頁もＰＤＦ書類版による。

（6） 従業員の昇進も滞っていたようで、こうした状況をみると、ユニオン・カーバイド社の経営状況は芳しくなく、どうやらインド工場の撤退を考えていたようである。

（7） Fergus M.Bordewich, "The Lessons of Bhopal", in: *Atlantic Monthly* March 1987, p.30 以下。

（8） 二〇年ほど前、あるＴＶ放送局が新宿歌舞伎町のルポルタージュのため、現地で有力な暴力団にまえもってお金を包んで、取材に際してトラブルが起きないように配慮してもらった、と聞いた。真偽のほどはわからないが、もしこれが真実であれば、日本社会でも一定の場面では、構造的な賄賂があると言わざるをえない。

（9） トニー・ホープ、児玉聡／赤林朗訳『医療倫理』、二〇〇七年、岩波書店、第八章「医学研究は新たな帝国主義か」一二四頁以下を参照。

（10） *Recommendations from the meeting on mother-to-infant transmission of HIV by use of antiretrovirals,*

Geneva, World Health Organization, June 23-25 1994.

(11) この勧告にしたがって一八の臨床試験が行われたが、そのうち一六の臨床試験がウガンダ、タンザニア、南アフリカ、マラウィ、タイ、エチオピア、象牙《ぞうげ》海岸などの国や地域で行われ、一五の臨床試験で対照グループに抗レトロウィルス薬が処方されていない。このうち九の試験はアメリカ合衆国政府の基金により、NIH（合衆国国立衛生研究所）やCDC（アメリカ疾病予防管理センター）の主導で行われている。

P. Lurie, S.M. Wolfe, "Unethical Trials of Interventions to Reduce Perinatal Transmisson of the Human Immunodeficiency Virus in Developing Countries", in: *the New England Journal of Medicine*, Vol. 337, September 1997, p.853 以下を参照。

(12) 批判は、P. Lurie, S.M. Wolfe の前掲論文を参照。また同じく *New England Journal of Medicine* の同じ号に載った、以下の論文も参照。

M. Angell, "The Ethics of Clinical Research in the Third World", in: *the New England Journal of Medicine*, Vol. 337, September 1997, p.847 以下。

(13) ただし、批判の急先鋒《きゅうせんぽう》である Angell は、ヘルシンキ宣言のみならず、国際医学団体協議会（CIOMS）の「ヒトを対象とする生物医学研究の国際倫理指針（International ethical guidelines for biomedical research involving human subjects）」やアメリカ最大の医療研究機関である国立衛生研究所（NIH）の「ヒト対象研究の保護に関する連邦規則集」を典拠としている。国際医学団体協議会がWHOとの協同のもとで提示した「ヒトを対象とする生物医学研究の国際倫理指針」（二〇一六年版）では、対照群としてのプラセーボの選択については論争がある（controversial）として、その使用に注意を促している。Angell の前掲論文を参照。

(14)　対照群としてプラセーボを用い、ＡＣＴＧ76の治療を用いない理由として、ここで述べた実際上の理由とともに、もう一つ科学的エヴィデンス（証拠）の問題が挙げられている。ＡＣＴＧ76の効果についてのアメリカでの臨床試験で蓄積されたデータを、第三世界の異なる人種、生活形態のうちにいる被験者にそのまま妥当するデータとして前提はできない。つまり、対照群が同じデータ的価値をもたないため、臨床試験の科学的、医学的価値は信用できないものとなってしまう。これが二番目の理由である。

(15)　環境風景はおおよそ一九七〇年代前半を境に、劇的に変わったのではないか。その理由は、おそらく農薬の全国的な広がりにあるように思う。レイチェル・カーソンの『沈黙の春』が日本にも到来したときと言えるかもしれない。

第六章　人間的に考えるのをやめよう――動物の倫理

動物をそれ自身のあり方から捉える

動物の倫理を、徳倫理的な観点から考察してみよう。

現代の動物の倫理は、動物の権利論を展開するレーガンや、「動物の解放」を唱えるオーストラリアの倫理思想家シンガー、二人を中心に英語圏の思想家によって盛んに議論されてきた。レーガンは、義務論的アプローチに基づいて、動物が内在的価値をもつ生命体であると捉《とら》え、その権利保護を人間の義務として捉える。一方、シンガーは、功利主義的アプローチと、動物の生存権の保護の二本立てで動物の倫理を組み立てる。

レーガンとシンガーでは、アプローチは異なる。とは言え、彼らに共通する特徴は、動物の生命や福祉（well-being）を、内在的価値を具えた生命のもつ権利や生存権に基づいて解釈する権利基底的（right-based）アプローチにある、と大雑把にまとめられる。

しかし、権利論はもともと人間社会に固有なものであって、動物は本来人間社会に属するものではない。動物を巡る倫理について語るならば、まず動物を動物として、それ自身のあり方から捉える、少なくとも捉えようとする倫理的な視点が必要だろう。

現代の徳倫理には権利論を超えて動物の倫理を展開する可能性がある。

動物を徳倫理的観点から扱うと聞けば、動物に思いやりをもつ、動物を庇護《ひご》する、慈悲や慈しみをもって接する姿勢をたいていは想像するにちがいない。そうであれば、徳倫理的な動物の倫理もやはり人間を中心としたものになる。

確かに、人間のもつ心構え、徳について考えるアプローチが徳倫理の基礎をなしているのだが、現代の徳倫理には、序章で示したように、古典的な徳倫理と異なる視座、ヌスバウムの潜在力（capability）アプローチの視座がある。人間のもつべき徳へと眼差《まなざ》しを向けているのが従来の徳倫理であるとすれば、潜在力アプローチは、人間であれ、動物であれ、生の繁栄と開花の条件の充実へと眼差しを向けている。これが、現代の徳倫理がもつ一つの可能性である。

まず、潜在力アプローチから動物の倫理を展開するに先立って、動物の倫理でどこに焦点があるか、全体像を概観したうえで、従来の動物の倫理の基本的な傾向と特徴を剔出《てきしゅつ》しよう。中心となるのは、痛みの議論と生存権の観点である。ここではその代表的な議論として、もっとも洗練され、体系的な形で主張を展開し広範な影響を与えているシンガーを取り上げたい。

その上で、ヌスバウムの潜在力アプローチに基づいて動物の扱いを考えたい。ヌスバウムの功績はその基本構想にある。ところが、具体的な動物の扱い方に関して、彼女の動物を扱う論点は、権利基底的アプローチと同様、人間中心の視点へ後退してしまう。この点を補うため、潜在力を応用する具体的な例を、グランディンの動物理解、畜産工場での動物の取り扱いから示したい。一言で言えば、潜在力から動物の扱いを考察する徳倫理の可能性をヌスバウムから引き出しつつ、実質をグランディンから学ぼうとしている。

第一節　動物の倫理的扱いを巡る三つの次元

山の身になって考える

動物に関してどのような倫理的問題があるのか、簡単にスケッチしておこう。動物の扱いには三つの異なる次元がある(1)。第一に種と生態系の保護をテーマとする次元、第二に個体の痛みを問題にする次元、そして第三に知能の高い動物の生存権を巡る議論の次元である。

第一の次元では、絶滅危惧種《きぐしゅ》の保護、生態系の影響が課題となる。当然ながら、この次元の動物の扱いを巡る倫理的観点は、環境倫理とオーヴァーラップする。動物の倫理と環境倫理にまたがる例を一つ挙げたい。生態中心主義の確立に大きな貢献をなしたアルド・レオポルドの「土地倫理」である。[2]

レオポルドは、二〇世紀前半、アリゾナ州の森林管理官として働いていた。彼の考察の出発点は、このときの経験にある。当時、オオカミが牧場の家畜やシカを襲って被害がでるため、オオカミの駆除が実施される。

ところが、オオカミの駆除はシカの個体数の減少を引き起こしてしまう。天敵であるオオカミがいなくなり、シカが異常に繁殖し、食料となる若芽、小枝、木の皮などを食べ尽くしたことが原因だった。シカが植物を食べ尽くさないためにシカの増加を抑える必要があり、オオカミによる捕食はその重要な役割を果たしていた。思いもよらなかったシカの減少を目の当たりにした自らの経験から、捕食者、被食者、植物全体におよぶネットワークの重要性の主張、「土地倫理」へとレオポルドはたどり着く。

オオカミもシカも、総じて動物の取り扱いは、他の種や環境、生態系全体の連関の中で位置づけなければならない。生態の共同体（biotic community）を維持するため、人間中心的な視点の転換を促して、レオポルドは少々情緒的に「山の身になって考える」と表現している。生態系の視点から動物を扱った、現代風に言えば共生の思想と言ってよいかもしれない。

さて、この第一の次元のレベルで具体的に問題となるのは、生態系の変化に関係するペットや食用に持ち込まれた外来種の繁殖とその外来種に脅かされる在来種などである。あるいは、森林開発と耕地化によって原生林が失われ絶滅に瀕《ひん》する動物――マレーシアではオランウータンが居住林を奪われて絶滅の危機的状況にある――も取り上げられる。(3)

レオポルドが体験したシカの増加と木の若芽や草の枯渇も遠い過去の話ではない。現在、猟師の高齢化によってシカの増加が問題となっている。近年、二〇世紀初頭に絶滅したニホンオオカミが大陸のオオカミと同種（亜種）であるとわかって、オオカミの導入（輸入）が提案されてもいる。レオポルドが生きていれば大きく頷《うなず》くにちがいない。

「動物の苦痛」対「人間の利益」

動物の倫理の第二の次元では、個々の動物が感じる痛みがテーマとなる。動物が快苦を感じる能力をもっている限り、苦痛を与えることは避けなければならない。家畜、動物実験に使われるサルやラット、そして動物園の動物などがその対象である。

養鶏場で小さなかごに入れられ、皓々《こうこう》と電灯がつく中で餌を食べ続けるニワトリは大きなストレスを抱えているにちがいない。動物保護団体のウェッブ・サイトには、薬品やシャンプーが人間の肌や眼にどのような副作用を引き起こすかを調べるため、「点眼」の実験で身動きできないウサギが並んだ姿が映し出されている。動物園の小さな檻《おり》の中に、本来群れで数百キロに亘《わた》って行動するオオカミが一匹だけ入れられていると、イライラしたように同じところを行ったり来たりする。これは病気やストレスから来る常同行動の可能性が大きい。こうした様々な状況での動物の苦痛が第二の次元の主題になる。

動物の快苦について、動物の飼育や実験環境に広範な影響を与えたシンガーの見解をまとめておこう。シンガーは、人間の利益に配慮するのと同様、動物の利益に対しても平等に配慮するよう求める。(4) 動物が苦しみや痛みを感じる限り、苦しみや痛みに対して、どのような種に属するか関係なく同じく配慮しなければならない。したがって、動物実験、狩猟、そして動物に苦痛を与える工場方式での畜産は許されない。

シンガーは動物に対して配慮する際に、動物の苦痛の大きな総和と、動物の苦痛によってもたらされる人間の小さな利益とを比較し、考量する。たとえば、工場畜産で多くの動物が苦しみ、ストレスを被りそして死んでいく。一方シンガーによれば、人間は全く肉食をする必要がないから、肉食による利益は小さい。シンガーはそう断定する。(5) 人間が肉食を必要としないかどうか、同じ霊長類に属するチンパンジーの研究は疑問を投げかけているが、この点は、後にまた触れたい。

アングロ・サクソン系の倫理思想に多く共通する観点だが、シンガーの倫理観は功利主義である。人間、動物双方の利益を配慮しながら、最大多数の最大幸福を考える。その際の効用の基準として生物の苦痛を採用する。これが、動物の倫理の第二の次元の典型的な観点である。

第三節　動物の倫理的扱いを巡る第三の次元と生存権

観客に見られるストレスで胃潰瘍になる動物

第三に動物の知能がテーマとなる次元がある。ときに、クジラやイルカなども言及されるが、中心的な対象は大型類人猿（great apes）である。大型類人猿とは、チンパンジー、ゴリラ、オランウータン、そしてボノボを指す。この四種のサルは、極めて高い知能をもち、その知能はおおよそ二〜三歳のヒトに匹敵すると多くの動物の研究者がここ半世紀ほどの間に発見、報告してきた。

動物の知能を測る試みは、動物研究者、心理学の専門家によって様々なかたちで行われているが、なかでも、道具の使用、言語理解、鏡に映る自己の経験は知能を測る基準として重要なテスト材料の役割を果たしている。知能の言わばリトマス試験紙のようなものだろう。(6)

簡単に、動物の知能テストの成果を記しておこう。

まず、道具の使用。一九六〇年代、動物好きだったイギリス人、グドールは、アフリカ、タンザニアのゴンベの森に出かけ、ほとんど単身で野生のチンパンジーの一群との、人間による初めての接触と観察に成功する。彼女のその後数十年に及ぶチンパンジー観察は多くの劃期《かっき》的な知見をもたらしたが、その一つが道具の使用だった。野生のチンパンジーは、巣の中にいるシロアリを食べるために、葉っぱを取り去った木の枝を使う。これによって、チンパンジーの道具の使用が、立証される。

グドールの報告以前にもチンパンジーが椅子などを使って、高いところにある食べ物をとるケースは知られていたが、その場にある物を使っただけで、物を加工して使う人間の道具使用とは異なると考えられていた。それだけに、この報告は大きな衝撃をもって受けとめられた。チンパンジーは、人間同様、物を変容し、加工して道具をつくる。ちなみに、加工した道具の使用を人間の特異性に数えていた哲学的人間学の凋落《ちょうらく》を決定づけた要因の一つは、この報告だっただろう。

言語に関して。一九六〇年代以来、絵文字を使った会話から、ゴリラやチンパンジーに手話を教える実験まで試みられてきた。ゴリラやチンパンジーは声帯の構造上、人間と同じような発声ができないが、発声ができない事実からは、言語理解の有無を判断はできない。そこで、手話を教えた。

しかし、一見絵文字を使っているようにみえても、チンパンジーの行動は単なる模倣ではないか、あるいは単に刺激と反応の関係にとどまっているのではないか、と繰り返し疑問が呈示されてきた。手話の場合も、チンパンジーは手話で示されたサインを真似ているだけとの批判を払拭《ふっしょく》できていない。研究は、大型類人猿の知能の高さに対する驚愕《きょうがく》と賞賛と、疑いと批判の間を振り子のように振れてきたわけで、専門家の間でも言語理解について決着はついていないようである。

鏡の経験では、鏡に映った自分の姿を自己として把握できるか、自己認識に焦点がある。動物は鏡に遭遇すると、最初たいてい自分の鏡像に他の動物を見る。そして、警戒、威嚇するが、そこに何もいないとわかると興味を失う。ところがチンパンジーやボノボでは反応が異なる。鏡像を見つめ自らの歯を検査するように触る動作、自分の顔につけられた紅を確認するような仕草をみせる。(7)

自己の認識を示唆するのは、鏡像経験だけではない。たとえば動物園のオランウータンは、観客の見物でときに胃潰瘍《いかいよう》になるらしい。安全のため、動物は他の生物による知覚を警戒するが、危険がないとわかると通常は関心を示さなくなる。仲間でもなければ、被食対象でも捕食者でもなく、またテリトリーを脅かす同類でもない存在は注意の対象にならない。いないも同然なのである。パンダの檻の前の観客にパンダは興味を示さない。ところが、オランウータンは眼差《まなざ》しにストレスを感じる。

人間が視線にさらされ続けるのに耐えられないのと同様、自分が見られている事実がストレスになるようだ。そう聞くと、妙にオランウータンに親近感を覚えるのは私だけだろうか。オランウータンは人間と同じく、自分を意識しているかもしれない。鏡や眼差しの重圧の現象が示唆するのは、自己を理解している可能性、自己意識をもつ可能性なのである。ちなみに、オランウータンたち大型類人猿は、見つめられるストレスを避けるべく、現在、多くの動物園でガラスの檻のなか、観客の視線に直接間近でさらされる状態にはない。

シンガーの種差別批判

大型類人猿が言語を理解し、自己を意識しているかどうか、明確になっているわけではない。その知的程度については、驚くべき事実もあれば、疑いを喚起する実験結果もある。既に述べたように、専門家の間で共通見解がでているとは断定できないが、高度の知性と自己意識をもつと動物の権利論者は考える。

そのうえで、痛みを問題とした第二の次元とは異なった主題、生存権の問題が浮び上がる。動物の殺生を批判する、有名になったシンガーの論点をここで確認しておこう。シンガーは、選好功利主義とトゥーリーによる生存権をもつ自己意識要件論、二つの論点を挙げている。(8)

選好（preference）の総和として、最大多数の最大幸福を考慮する功利主義の現代的ヴァージョンを、選好功利主義と呼ぶ。選好は、当の本人が自らの利益と不利益を勘案して好み選ぶことを指す。当然、生き続けたいと選好する者の命を奪うならば不正となる。

もう一つの議論は、アメリカの哲学者、トゥーリーによってもたらされた生存権の議論であり、シンガーにとって、動物の殺生を批判する決定的な拠《よ》り所になっている。

トゥーリーは、生存権の議論を、多くの反響を呼んだ論文「妊娠中絶と新生児殺し」で発表した。タイトルからわかるように、もともと動物ではなく、人工妊娠中絶を行う際の胎児の扱いがテーマだった。

胎児の生存権の議論の背景について、若干説明しておきたい。

一九六〇年代まで、妊娠中絶の対象となる胎児はヒトであるか、それともまだヒトではないかを巡って、議論が行われていた。ところが、一九七〇年代になると胎児は発達のかなり早い時点で、ヒトとしての器官を備えている事実がわかってくる。同時にこれはアメリカで厄介な法律問題をもたらした。合衆国憲法修正第一四条で、いかなる人間（person）からも、生命、自由、財産を正当な法的手続きなくして奪ってはならないと書かれているため、胎児が人間であるなら、妊娠中絶は憲法違反になってしまうからである。

こうした事情を背景に、トゥーリーは、胎児はおろか新生児でさえ生物学的にヒトであっても、まだ生存権をもつ人間ではない、と主張したのである。トゥーリーの生存権の議論は、

生命倫理においてパーソン論を巡る一連の議論をその後引き起こすようになる。(9)

シンガーは、そのトゥーリーの議論を活用した。

生存権は自己意識と密接に関連しているとトゥーリーやシンガーは考える。もし、大型類人猿に自己意識があるならば、彼らは生存する権利をもつ。これが動物の権利論の中心的議論である。議論の組み立ては次のようなものだ。

生存権は、生きていたいと欲する生物にある。生きていたい欲求は、自らの将来に亘る生存を欲することと同値である。自らの将来に亘る生存の欲求は、自己を意識することによって生じる。したがって、自己理解・自己意識をもつものに生存権がある。これが自己意識要件と呼ばれる論点である。

大型類人猿に自己意識があるならば、彼らに生存権が発生する。自己意識をもつとみなせない新生児から二歳程度の幼児にも生存権を認めているのだから、それ以上に自己意識の可能性がある大型類人猿に生存権を認めなければならない。新生児に生存権を認め、大型類人猿に生存権を認めないのは、ヒトであるかないか、生物種の区別によってふるい分けている。これは種差別以外の何ものでもない。これが動物の権利論の生存権を巡る議論であり、シンガーの有名な種差別批判である。

生存権の議論の特徴を、第二の次元でテーマとなっていた痛みの議論と比較してみよう。

まず、どちらも能力に基づいて正当化される。痛みが問題になるのは、痛みを感じる能力をもつ生物に対してであった。同様に、生存権は、自らの生存を欲する能力をもっている生物に発生する。したがって、生存権をもたない動物の殺生は許されるが、その同じ動物が痛みを感じるならば、痛みを与えてはならない。

痛みを与えてはならないが、命を奪うのは認められると聞くと、奇異に響くかもしれない。だが、思った以上に現実に呼応し、私たちの感性に対応している。人間がウシやブタをどう取り扱っているか、振り返っていただきたい。私たちはウシやブタを食用に殺す。とは言え、どうせ殺されるのだからとウシやブタに痛みを与えたり、嬲《なぶ》ったりしてよいと考えているわけではない。時として、命の奪取より苦痛を与える行いを、私たちはより悪いと感じている。

選好功利主義では、生命の重要性は程度問題になる

しかし、痛みと殺生の重さについてこうして認めるとしても、自己意識に基づく生存権の議論には大きな疑問を読者は抱くにちがいない。大型類人猿に限らず、動物は生存を欲していないだろうか。自己を意識はせずとも、ニワトリ、ウシ、ブタなどにも食べる、飲むなど、生存に必要な欲求はあるし、生存が危険にさらされれば逃げる。動物は未来の利益と不利益を勘案して——知覚してと言うべきかもしれない——危険を避けるし、獲物をまつ。生き続

けたいと選好しない生物を指摘するのはむしろ困難だろう。

この疑問をもって、シンガーの二つの基準を振り返ると、シンガーが明示していないが、区別するべき異なる結論が生命の扱いに生じてくる。

まず選好功利主義の基準では、生命の重要性は程度問題になる。選好功利主義は、自己意識をもつ人間の生命を奪うことを人間以外の生命の奪取より悪いと判断する。なぜなら、人間は将来何を行いたいか、どのような人生を送りたいか、将来設計、未来への志向が選好において強い比重を占めるが、殺害はその選好全てを断ち切るからである。(10) シンガーは、選好内容の大きさ、重さ、比重によって、未来への選好の集合を切断する殺生を判断している。つまり、生命を奪う不正の度合いは、選好の度合いによって変化する。

功利主義的に考えれば、一人の人と一匹の犬を比べる必要は必ずしもない。最大多数の最大幸福を考えればよい。選好の度合い、重さで「101匹わんちゃん」の一〇一匹のダルメシアンの死によって絶たれる選好と、ダルメシアンから毛皮を作ろうとしているクルエラ一人の選好の合計を絶ってしまう殺人と、どちらが重いか比較可能である。人間と犬の命を秤《はかり》にかけるものはいないだろうが、生命を選好の程度から捉えるならば、人間の生命も程度によって尊重されるに過ぎない。

有機体としての生存と自己としての生存を区別する

選好功利主義の基準では、人間でもその他の動物でも生命の重さは比較考量可能な程度問題になる。自己意識に基づく生存権の議論では事情は異なる。

自己意識をもたない動物の生存の欲求は、有機体としての、生物としての存続の欲求である。同じ生存の欲求と言っても、生物としての欲求は、「自分は生きていたい」生存の欲求とは異なり、生存権で問題になるレベルの生存ではない。生存権で焦点になっている生は、単なる有機体、単なる生物としての存続以上のもの、心理的持続をもつ自己の生存、「私」の生存だからだ。

たとえば、マッド・サイエンティストが、「私」の脳を再プログラミングして、今までの記憶とは別の記憶、異なる信念、性格を植え付けられてしまったと想定しよう。すると、もはやそこに存在している有機体は、有機体として生物としては以前と変わらないが、同じ「私」、自己ではない。それは既に私の人間（person）としてのあり方の消失、個人としての死を意味している(11)。

大型類人猿に限らず、イヌでもネコでも、動物は生存を欲していないだろうか。自己意識に基づく生存権の議論に対して、疑問が生じるだろうと指摘した。疑問の背景には、生存の欲求を語るときに生じる意味の曖昧《あいまい》さがある。

そもそも、生存の欲求は何を意味しているのか。イヌやネコが生存を欲求しているならば、同様に木も生きる「欲求」をもって、太陽へと向かって生長していると解釈も可能である。「欲求」は広い漠然とした概念なのだ。

トゥーリーは有機体レベルの生存の欲求と、心理的持続をもつ、個としての記憶と歴史をもつ自己のレベルの生存の欲求を分けた。生物に想定できるのは、生物として、有機体としての生存欲求である。一方、私たちが「自分は生きていたい」と語る生存は、過去からの心理的持続を保ち、同一にとどまる自己、自己同一性をもつ生存であり、その生存の欲求は自己意識が前提となる。

生存権の議論は、生存の欲求が意味する内容の曖昧さを払拭し、区別の明確化に貢献しているのだ。この点は、トゥーリーに始まるパーソン論の重要な功績として認められるだろう。(12)

「生存権」の議論では捉えられないイヌやネコの独自の生

人間は有機体としての生の持続だけでは満足できない。これは重要な人間生活に対する指摘であり、私たちが認知症などを、もし痛みを伴わないとしても、恐れる理由でもあるだろう。それを認めるにやぶさかではないが、それは人間の生の分析であって、動物には関係のない話である。生存権の議論は、心理的な持続をもつ生存とその欲求に基づく権利論を動物に当てはめ、自己意識をもつ動物に生存権を認め、自己意識をもたない動物は生存の価値が低いと考えて二分化する。

なぜ、人間が満足できない生は、動物においても同様に生の価値が低いのか。なぜ生存権によって動物の生の倫理的扱いを考える必要があるのか。その根拠を示しているわけではない。動物の生とその価値は、それ自身から、すなわち動物の生活と生態系の中で位置づけるべきではないか。イヌやネコは人間のような自己意識をもたないとしても、独特の生を実現している。動物それ自身のあり方を理解する開かれた謙虚な態度を、動物の権利論は生存権を持ち出したため、塞《ふさ》いでしまった。

シンガーは以上のような問い、動物の独自の生の問いを探求しようとはしない。驚くべきことに、彼はほとんど全ての哺乳類《ほにゅう》が自己意識をもつと想定している——それどころか鳥にも自己意識を認めている節がある——。その結果、私たちが倫理的扱いを問題にするウシやブタ、イヌやネコなどの生を、自己意識をもたない欲求レベルにある動物として考える必要がなくなっている。こうして、人間の生の欲求と、それとは異なる動物の生への欲求との対比が隠されてしまう(13)。

選好功利主義では人間とイヌの生命は程度問題として比較考量が可能になる。権利概念に結びついた生存権の視点では、動物の固有の生の理解は視野に入らず、擬人化して人間社会の生存理解に取り込んでしまう。

この二つの視点に替わるアプローチとして、ヌスバウムの試みを次に取り上げよう。もっとも、ヌスバウムの潜在力アプローチも明確に権利論から離れているわけではない。いきおい、彼女の試みから豊かな実りを取り出す作業も、最初から紆余《うよ》曲折しなくてはならない。

第三節　ヌスバウムの場合——潜在力アプローチ

人間の枠組みを脱却した動物理解

ヌスバウムの動物の倫理は、彼女が徳倫理を構想していた時期から考えていた潜在力アプローチに支えられている。ところが『正義のフロンティア』でヌスバウムは、権利論の枠組みに潜在力アプローチを組み込んでしまう。動物の扱いも例外ではない。一見すると潜在力アプローチは権利論と一体化していて、両者は区別しづらい。いかにも潜在力アプローチと権利論は、彼女の考察で密接に関係しているが、区別は可能だし、また必要でもある。

潜在力を権利問題として展開するため、動物の潜在力は人間の社会に固有な概念である権原（entitlement）のもとで解釈され、動物はあたかも社会の弱き一員のようにみなされ、庇《ひ》護《ご》の対象となる。その結果、彼女の意図に反して、動物を人間の支配する対象とみなすユダヤ・キリスト教の伝統的動物理解へとヌスバウムの考察は近づいていく。つまり、動物は利用するにせよ、保護するにせよ、人間がコントロールする存在なのだ。

一方、ヌスバウムは「相対的ではない徳」で、徳がめざす人間の生活の基本的条件として潜在力を捉え、権利論とは独立した徳倫理を構想していた。(14) この構想を動物の倫理へと応用するならば、思いやりや慈悲などから位置づけ理解するのでもなければ、権利論へと吸収もしない動物の倫理の可能性が浮び上がる。動物の潜在力から動物の扱いを考えることは、人間の思惑や人間社会の概念枠とは異なった中心から動物を理解する試みだからである。

本章で評価するのは潜在力の考察にあるこの可能性だ。いきおい、ヌスバウムを解釈するに際して、権利論の枠組みと潜在力アプローチ固有の理解を丁寧に切り分ける必要が生じる。

まず、潜在力アプローチをみていこう。潜在力（capability）は、人間が生活の営みを充実するに際して必要とする能力と機会の総体であり、その実現が機能と考えられている。(15) ヌスバウムは、潜在力を人間の生の開花と繁栄に必要な基本的構成要素として解釈し、潜在力の保全に照準を合わせて徳倫理を考える道を切り開く。

潜在力アプローチからみれば、動物の扱いも生の開花と繁栄に必要な構成要素が基準となる。動物の潜在力としてヌスバウムが挙げている主なものを列挙すれば、動物の生命や身体の健康、動物が自由に移動する可能性、動物のもつ感情、他の種との共存関係、遊びの可能

性などがある。(16)

どうして動物の生の開花や繁栄を配慮する必要があるのか。一つの答えは、古典的徳倫理が呈示してきた。動物への慈悲や思いやりである。ヌスバウムは古典的徳倫理の道をとらない。彼女は潜在力を動物の権原（entitlement）として解釈し、動物が有する権利を基礎づける。そして動物の権原、権利への配慮を人間の義務とみなす。こうして権利論的な道を歩む。その際重要な二つの観点が現れてくる。

理性より生のはかなさに眼を向ける

一つは生命に対する直観である。生命の多様性に対する尊重を、アリストテレスの言葉、「自然本性的なものにはすべて、何かしら驚嘆すべきものがある」を引用しつつ、ヌスバウムは「生命の尊厳への気遣い」、「生き物に対する素直な驚嘆と、生き物の繁栄・開花への願い」と表現している。(17) 言うまでもなく人間は他の生物や動物を必要としているが、そうした道具化、手段化を超えた生命の現れに対する畏敬を、ヌスバウムは道徳的直観として挙げる。

第二の点は、動物の尊厳である。動物の尊厳を、ヌスバウムは人間の尊厳との持続と連関のうちで捉えるが、その際、彼女はカントの尊厳理解を仮想敵として対照する戦略をとる。(18) ヌスバウムによれば、カントは人格の尊厳を能動的な理性、時間に影響されない道徳主体のうちにみている。理性的道徳主体の観点では、病気、老齢、事故によって左右される脆弱《ぜいじゃく》な人間の生は考慮されていない。また、時間的な、うつりゆく存在としての人間の尊厳も考えられない。

人間は誕生からかなり長い間、そしてまた人生の終焉《しゅうえん》の時において、理性的でもなければ意識もない。新生児にも、老衰を迎える人にも人間としての尊厳はあるだろう。生の全体に亘る人間存在に尊厳があると理解できるのは、生物としての持続と生のサイクルに充分な敬意を払うときである。人間の尊厳は一定の種類の動物の尊厳にすぎないし、理性的存在として動物的な生から切り離して把握できるものではない。ヌスバウムはカントを批判しながら、人間の尊厳を次のように印象深く表現している(19)。

人間の尊厳は、動物的な種類の尊厳である。まさにその種類の尊厳は、可死的でも脆弱でもない存在者によっては保持されえない。ちょうど開花中の桜の木の美しさが、ダイアモンドによっては保持されえないのと同じである。

カントが表現した、強く理性的な自律的人間の尊厳をダイアモンドの硬質な輝きに喩《たと》えながら、桜の花の輝きのように生きる人間を捉えられないと聞くと、心動くのは私だけではないにちがいない。もはや啓蒙《けいもう》の思想家ほど理性を信じていない私たち、現代に生きる人間にとって、理性より生のはかなさを注視する人間観は腑《ふ》に落ちる。実際、弱さに焦点をあて、脆弱さ、もろさに光をあてる人間理解は、現代の人間観を再考するなかで、一つの潮流になっていると言っていい[20]。

ヌスバウムもうつろいゆく生のもろさに眼を向け、人間の生を動物的生の一環のうちへ位置づけながら、動物の生の尊厳を人間の生がもつ尊厳と類比的に理解する。さらに、動物の尊厳理解は、第一の観点、生命の多様性に対する道徳的直観と相まって、動物の生の開花や繁栄に対する配慮へと進んでいく。動物の権原を支える議論の組み立てはおおよそ以上のようになる。

しかし、ヌスバウムが取り出した人間への視点が心動かすものであっても、多様な生命に対する道徳的直観も、生の尊厳も、ヌスバウムが信じたように権利論の枠組みで考察する必要は必ずしもない。人間と動物の生の一定の同質性が、人間に適用される権利概念を動物へと適用する根拠を与えるわけではない。ヌスバウムが指摘した二点から導き出されるのは、私たちが生物としての共通性を通じて、共感、おそらくある種のいたわりの念をもって動物に接する態度をもつ必要である。そして、それがまず私たちがもつべき徳であろう。

「潜在力」から動物倫理の三つの次元を再考する

それでは、動物の扱いにおいて潜在力アプローチは従来の動物の権利論とどのような点で異なるのか、また、動物の倫理を問題にする三つの次元のどの次元に定位しているのか。

まず痛みについて。功利主義的な色彩の強い動物の権利論は、動物の痛みの問題に焦点を絞っていた。潜在力を問題にするとき、その射程範囲は痛みよりずっと広い。充分な生活空間が確保されていない、他の種との共存がない、あるいは動物の感情への配慮が欠如している、遊びの余地のない退屈な生活を送っている、こうした状態は、必ずしも動物に痛みをもたらすわけではないが、動物の生の繁栄を妨げる。

母親から引き離され、母親に抱っこされた経験がない小ザルはある種の感情の不安定を経験するようだが、直接痛みを感じてはいない。また、生活の多様な状況、複雑で入り組んだ獣道《けものみち》や、木に登る多彩な経路、駆け上がる丘や草原の運動領域の広さなど、活動領域の多様さ、豊富さの確保も動物の生を支える重要な選択肢にちがいない。

潜在力アプローチのもっとも重要な貢献の一つはこの視野の広さにある。潜在力アプローチは、福祉（well-being）を考えるとき、死角になる現象に眼を向ける。既にセンが人間の潜在力に関して指摘しているが、福祉と言えば貧困の解決としての財の提供を考えがちである。実際には福祉はずっと広い領域と現象を含む。

たとえば、女性の地位が低かった時代、女性の就ける職は看護師や学校の先生など限られていた。その社会で生きる女性はそこで選択を行うにちがいなく、選択した職業に満足するかもしれない。その限り、福祉に対する不満へと直結はしない。それでも、こうした状況は人間の生の多様な開花と繁栄を妨げている。福祉を考えるとき貧困の問題に焦点を絞ると、生の選択肢の豊富さはテーマにならない。

同じように、動物の生では、痛みの問題にのみ焦点を絞るのではなく、それ以外の潜在力の欠如、たとえば活動領域の多様さ、豊富さなどを考慮する必要がある。能力、機会、選択肢など一様ではない要素に及ぶ視野の広さが、潜在力アプローチの特徴と言えよう。

次に対象について。ヌスバウムは潜在力に基づく権利論の対象として個体に照準を合わせる。その点から、動物の倫理で問題になる第一の次元、種と生態系の保護に関して無関心を装い、種の存続や絶滅は動物の権利論の扱う問題ではないと言う。しかし個体としての動物の生存と生活にとって、種としての生活を分離はできない。当然ヌスバウムもこの点を考えて、動物個体の繁栄と開花の背景となる種に配慮し、種が個体の生の模範となるとも語っている(21)。

三番目に、殺生について。動物の倫理の第三の次元では、知能の高い動物、とりわけ大型類人猿の殺生を権利侵害としていた。一方で、その他の動物について、将来への自覚的な利害関心をもたないから、痛みのない死をもたらすならば許される、とシンガーは主張していた。

ヌスバウムは、シンガーのように哺乳類全体にまで自己意識を拡張しない。したがって、自己意識をもたない動物の生の欲求に対する問いを考察する。多くの動物は長い時間にわたる自らの生活を知覚しているから、将来への自覚的な利害関心をもたないかどうか、怪しい。そう彼女は捉えている。また、時間的な計画や未来への利害関心をもっていない場合でも、痛みのない死によって断ち切られる潜在力の形態があるかどうかを問題とする。

そうであれば、死はその生物から全ての潜在力を奪うから、動物の殺生を、ヌスバウムは許さないのだろうか。ところが予想に反して、ヌスバウムは動物の利害関心と潜在力の種類や量、その豊富さを基準として導入し、死がもたらす危害を区別する。エビを殺すことはウシを殺すより比較的危害が軽い。エビの死によって断ち切られる、エビの利害関心、潜在力よりも、ウシの死によって奪われる、ウシの利害関心、潜在力は豊富だから、と語る。表現こそ異なれ、シンガーの選好功利主義と同様な基準ではないかと首をかしげたくなる。死について、ヌスバウムの姿勢は全面的な批判と、動物の区別に基づく容認の間を揺れている。曖昧と言わざるをえないだろう。

第四節　ヌスバウムの場合――権利論のもたらした難点

潜在力を権利論と絡めるとエビとウシの命は比較できない

潜在力アプローチが権利論のうちにはめ込まれたことによってどのような難点を抱えるに至ったか。権利の対象、死の扱い、潜在力の基準、三つについて検討しよう。

まず権利の対象について。個体の権利を主張するならば、個体の生態を維持する種の権利にいきおい言及しなければならない。だが個体と種の連関に言及するとき、ヌスバウムの語り口は歯切れが悪い。相互の関係を切り離し、薄めたいようにすらみえる。当然かもしれない。種の次元では権利論は拮抗《きっこう》してしまう。動物に権利があると仮定して、たとえばヘラジカとオオカミの権利について考えてみよう。種が問題になる生態系のレベルで考えれば、どちらの種も存在理由があるから、ヘラジカの権利とオオカミの権利に優劣はない。ヘラジカが増えすぎた場合、生態系を保つにはオオカミの導入が最良の方策かもしれない。オオカミが異常に繁殖しすぎたのであれば――現状これは考えがたいが――、猟師による間引きが必要になる。権利論から出発しても、生態系の維持に必要な種の保護について、優劣を語る有効な手立てはない[22]。

次に殺生について。ヌスバウムは、動物の利害関心と潜在力の種類や量、その豊富さを基準として導入し、死がもたらす危害を区別し、エビよりもウシの死による危害が甚大であると考えていた。潜在力アプローチに立つ限り、苦しい立論だろう。エビにとって死によってもたらされる危害は全てである。ウシでも同様だ。誰にとって危害が軽くなったり、重くなったりするのか。

ヌスバウムの分析がこうした区別を導入せざるをえなくなっているのも、潜在力を権利論のうちで捉えているからだ。潜在力を権利問題と絡めたことで、原理的には動物の殺生が容認できなくなっている。

現実は動物の様々な死をもたらすし、人間の生活は日々、動物の殺生の上になり立ち、動物の死を避けては通れない。原理と現実の乖離《かいり》が、突然のシンガー流の選好功利主義的な区別の導入へヌスバウムを駆り立て、潜在力の種類や豊富さから危害の重さを判断する道へと歩ませたのではないか。

最後に、最も問題を含んだテーマに移ろう。潜在力の判定基準である。ヌスバウムは潜在力を、自然の直接の観察から導出できないと語り、人間の介入を肯定するどころか必要であると明言する。(23) これは驚くべき説明だ。そして動物の潜在力を理解するに際して、動物の一方の価値観、価値観がふさわしくない表現であるなら、一方の動物の生き方、生の開花に肩入れしてしまう。つまり、ある価値観のもとで動物の生を選別する。

自然は動物園ではない

元来、人間の潜在力を吟味するに当たって、ヌスバウムは、人間の生の繁栄と開花に必要不可欠なものを呈示しようと試みていた。確かに、その選定が価値評価的になることを否定してはいないが、人間の基本的な生活を成立させる共通な基盤をとりだす努力を怠ってはいなかった。つまり、人間の潜在力を吟味するに当たって、異なる世界観、人生観、価値観を反映した多様な生活を可能にする潜在力を、ヌスバウムは提示しようと試みていた。ところが、動物の潜在力の判定では、潜在力の選定基準が、直接、他の動物の生と真っ向からぶつかり、拮抗するものになってしまっている。

彼女が挙げている例をみよう。ガゼルを襲うトラである。襲われるガゼルの痛みを防ぎ、その死の回避が必要だとヌスバウムは主張する。そうなると、ガゼルの潜在力と生を重んじてはいるが、トラの潜在力に基づく生の繁栄は失われる。捕食動物にとって、捕食は最も大切な活動だから、そのための能力、機会は中心的な潜在力である。もちろん、ガゼルにとって捕食から逃げる活動はもっとも重要な生だから、そのための能力、機会は同じく中心的潜在力である。トラの捕食者としての言わば世界観とガゼルの被食者としての世界観が直接拮抗している場面で、ヌスバウムはガゼルの痛みと死の回避を優先する。[24]トラもガゼルもともに生死をかけているのに、なぜこの両者の葛藤《かっとう》に人間が介入すべきで、一方の潜在力を重く考えるべきなのか。両者はぶつかる。その答えは自然と生態系に任せるべきだろう。[25]

なぜ人間は積極的に自然に介入するべきなのか。現代の世界では、もはや人間の手を逃れた野生の自然は存在せず、好むと好まざるとに関わらず、自然は人間の影響を被っている。だから人間の意識的な干渉が必要である。これがヌスバウムの答えだ。確かに、ボルネオの森林もアマゾンの原生林も、アフリカのサバンナも人間の開発にさらされ、存続の危機にある。この点、ヌスバウムは正しい。人間が意識的に動物の生活圏に対応する必要がある。

しかし、それは常に人間が、動物園やペット、あるいは家畜に介入するように、全ての動物へ介入する必要を意味するわけではない。自然の生態系を破壊しない、保護にとどめ、それ以上介入しない姿勢が私たちの徳としてあるべきであろう。自然は動物園ではない。そっとしておくことが重要な状況はいくらもある。

想像と直感で動物に寄り添う

検討をまとめておこう。人間の影響から自由な自然は、もはや存在しないかもしれない。

実際に動物世界、自然の保護を考え、私たちの義務とする必要はあるだろう。だが、動物に権利を設定し、義務を直接導き出す必要はない。まず、動物との共生、自然への畏敬を促す倫理的な次元を考え、次に、こうした倫理的次元を政治的、制度的に設計し義務化する二段階をとっても何も矛盾はない。

ヌスバウムは、潜在力アプローチを権利論の枠組みで捉えようとした。それはロールズの正義論からもれ落ちた対象に対する公平な扱いを企てる、壮大な計画の一部として企図されている。企てが先行し、そこに本来権利論の内部で取り扱うべきではない動物まで取り入れてしまった。これが真相ではないか。

潜在力アプローチは、古典的徳倫理にはない、人間中心主義の視点を超える動物の倫理的な観点を開いている。潜在力の視野の広さは、快苦に照準を合わせた功利主義的な動物理解よりずっと広い射程で、動物へと近づいている。にもかかわらず、残念ながらヌスバウムの動物の倫理の試みは、人間社会に固有な権利と権原を、直接、動物個体の潜在力に応用したため、人間中心的な保護対象としての動物理解、伝統的な西欧の動物理解へと後退してしまった。

私たちと動物との連関、連続をヌスバウムは考えていた。その点で、同じく生きるものとして、想像と直感に基づいて、生き物として寄り添う姿勢が私たちに求められているのではないか。動物の痛みも喜びも、私たちの生物としての直感に基づいて理解している。ヌスバウム自身、方法論を述べる際に、道徳的判断を拡張し研磨するために共感的な想像力の必要性について語っている。[26]だが残念ながら、具体的に想像力の例を示してはいない。どのように想像と直感で動物に寄り添うのか。次にグランディンを手引きとして、それを考えよう。

第五節　テンプル・グランディンの場合――動物感覚と想像力

ウシが動こうとしない理由

テンプル・グランディンは、自ら公言しているように自閉症で、子供の頃、周囲の子供との関係でかなり苦労したようだ。動物が好きで、特に馬で慰められて一〇代を過ごしたと回想している。グランディンは大学で心理学を専攻し、動物の専門家となった。

もっとも、彼女の特異な動物理解は、大学時代に勉強した行動主義全盛の心理学をもとに動物を観察して得られたものではない。彼女自身の言葉を使えば、「頭の中で抽象化し一般化した概念を見ていた」のではなく、「動物の立場に身を置いて」ウシやブタの視点で見て体得した。[27]自閉症の人々はしばしば感覚が鋭い。音が異様によく聞こえる、あるいは、一般には些細《ささい》な部分として見落としがちな点が細密に見える。グランディンの場合、視覚にとりわけ敏感で、思考も視覚的に活性化するらしい。彼女は自分が頭で考えるのではなく、字義通り、イメージで考えると語る。(28)そしてグランディンによれば、動物は視覚に敏感に反応する。グランディンはこの特異な感性を生かしながら、アメリカの畜産業、ウシやブタの食肉工場で動物に痛みや恐怖を与えない設備と環境の整備に貢献してきた。

たとえば、ある飼育場でウシが通路で立ち止まって、どうしても動こうとしない一角があった。経営者は仕方なく追い立てるのだが、突っつき棒などを使えば、ウシはストレスを受けて成長や肉質に影響を与える。飼育場の誰も理由がわからなかったが、問題は暗すぎる通路にあった。

明るい日向から照明の薄暗い屋内の通路へ入ると、明暗の差が大きい。明暗の差が大きいところ、特に明るい場所から暗いところへの移動を動物は嫌う。誰も気づかない点をグランディンはすぐに見て取ったようである。(29)灯《あか》りをつけて通路の照明を改善すると、ウシは何もなかったように移動するようになった。

グランディンが解決した光についての例をもう一つ。あるブタの食肉工場で、ブタがシュート――左右を覆われている、場合によっては上も覆われている通路――へ入って行こうとしない。食肉工場の誰もその理由がわからない。この謎の理由を、グランディンはシュートの中で四つん這《ば》いになって、ブタと同じ高さから先を眺めて発見する。

工場は衛生上常に水がまかれているが、その水が反射して光っていた。ウシやブタはピカピカした金属やキラキラした水たまりの反射など、光や色の強い対比をひどく怖がる。工場の床を照らしている吊《つ》り下げられた電灯を移動すると、水たまりの反射は消え、同時にブタは静々とシュートに入っていった。[30]

動物は徹底的に細部にこだわるとグランディンは言う。動物のこの特質を、自閉症の研究から生まれた言葉を使って彼女は「過剰特異性」と表現している。[31]ウシの嫌がる別の例を挙げておこう。家畜が逃げないようにつくられた脱出防止溝である。防止溝と言っても、動物園で時々であう跳躍できない幅や深さをもっている溝ではなく、歩こうとすれば問題なく横断できる金属製の格子で塞がれた溝に過ぎない。食肉工場の従業員は始終行ったり来たりしている。

ところがこの防止溝をウシは通ることができない。「動物は床の上の強い対比を視覚の崖と思うらしい。暗いところは、明るいところよりも深いと思っているのだろう」「溝と道路の対比はとても強く、おそらく底なしの穴に見えるのだろう」とグランディンは解説している。[32]ちょうど、グランドキャニオンの上に架かった吊り橋を歩くような気分を、ウシは六〇センチの深さの溝に見ているのかもしれない。

この話を読みながら、筆者は飼っているイシガメを思い出した。ある日、甲羅干しのためベランダに出しておいたのだが、夕方取り込もうとすると一匹いない。いやな予感がして、自宅アパートの周辺を見て回った。案の定、隅の一角に興奮しているカメを見つけた。多少の血を出しているほか、外見はなんともないが、三階のベランダから落ちたので、内出血や内臓破裂などを起こしているかもしれない。すぐに、爬虫類《はちゆうるい》専門病院につれて行った（ちなみに東京には爬虫類専門病院が二つある）。

レントゲンを撮って、大事をとって入院した。手続きする間、獣医に説教された。カメは、高さ、深さがわからない。一〇センチの高さにある石から池へ飛び込むのも、三階のベランダから下に落ちるのも、カメにとっては同じに映る。しかもイシガメは極めて活発に動くので、少々の高さの柵など越えていく、そうした場所においた飼い主のあなたが悪い、との説明だった。

言われてみて腑に落ちた。川や沼、湿地、地面の低いところで生活しているカメの生活で高い場所に行くことはないから、高低差を知覚する必要がない。カメが充分な活動をする潜在力に、高さ判定はないのである。その点を知らなかったのは、カメの生に責任をもつ飼い主の落ち度である。獣医の指摘はもっともだ。

グランディンは動物と同じ目の高さで、痛みと恐怖を知ろうとする。食肉工場を訪れると、まず彼女は四つん這いになってシュートに入ってみる。「動物の立場に――文字どおりに動物の立っている場所に身を置かなくては、謎は解明できない。動物の行くところに行き、動物がすることをするのだ[33]」。シュートに四つん這いで入っていけば、人間の高さには見えない光の反射がブタの視点からどのように見えるか、それはわかるにちがいない。しかし私たちは動物ではなく、動物の特殊な能力ももっていないから、グランディンの洞察と能力は例外にちがいなく、一般化できるものではない。とは言え、動物の権利論の権利概念から考察する人間中心的な観点と比べたとき、動物へ寄り添い、歩みよろうとするグランディンの姿勢には、素直に好感をもつ。

アメリカの食肉工場の約半分で採用された新システム

北米の食肉工場で、ブタやウシに無理なストレスをかけず円滑に移動させるために、グランディンは多くの改善を行ってきた。なかでも、動物に恐怖や不安を感じさせない対策として、彼女のもっとも大きな貢献は中央トラック制御システムである。彼女自身の報告によれば、このシステムは現在アメリカの食肉工場の約半分で採用されている。動物の潜在力として何を考える必要があるのか、グランディンが示唆する点を、中央トラック制御システムを概観して明らかにしてみよう[34]。

食肉工場の最終工程に近づくと、ブタやウシ、ヒツジなどをベルトコンヴェアーに載せて移動させる。一般的にこの工程はV字型制御運搬システムを使用してきた。V字型制御運搬システムはV字をした布やクッションをつけた二つの合板のベルトに家畜を挟んで運ぶ。ヒツジやブタを挟んで圧をかけると聞くと、動物にとっては不快で恐怖を引き起こすだろうと考えがちだが、実情はちがう。グランディンの説明では、マッサージが心地よいのと同様、身体にゆっくりと圧をかけると動物も人間も気持ちが落ち着く。この点でV字型のベルトコンヴェアーは優れていた。

V字型制御運搬システムの欠点は別の点にあった。動物は足もとに充分な空間がないところへと入りたがらない。V字ベルトのベルトコンヴェアーでは、家畜の脚も同時に締めつけてしまうので足もとに空間がない。従来ウシもヒツジも躊躇《ちゅうちょ》して、なかなかV字のベルトのうちへ入って行こうとしなかった。ウシもヒツジも不安になったのだ。

グランディンの発明した中央トラック制御システムでは、家畜はシュートの中央のベルトコンヴェアーに縦にまたがる。足もとの空間は今までの通路と同じである。足もとで締めつける代わりに、ベルトコンヴェアーはウシやヒツジの胸元にぴったりと合わせた形になっていて、乗っている家畜を下から挟みこむ。つまり家畜の体重によって圧をかけている状態になる。こうして、中央を走るベルトコンヴェアーは宙ぶらりんになった家畜を運ぶ。

中央トラック制御システムは、V字ベルトの欠点を補い、また長所をさらに強化している

V字型制御運搬システム

中央トラック制御システム

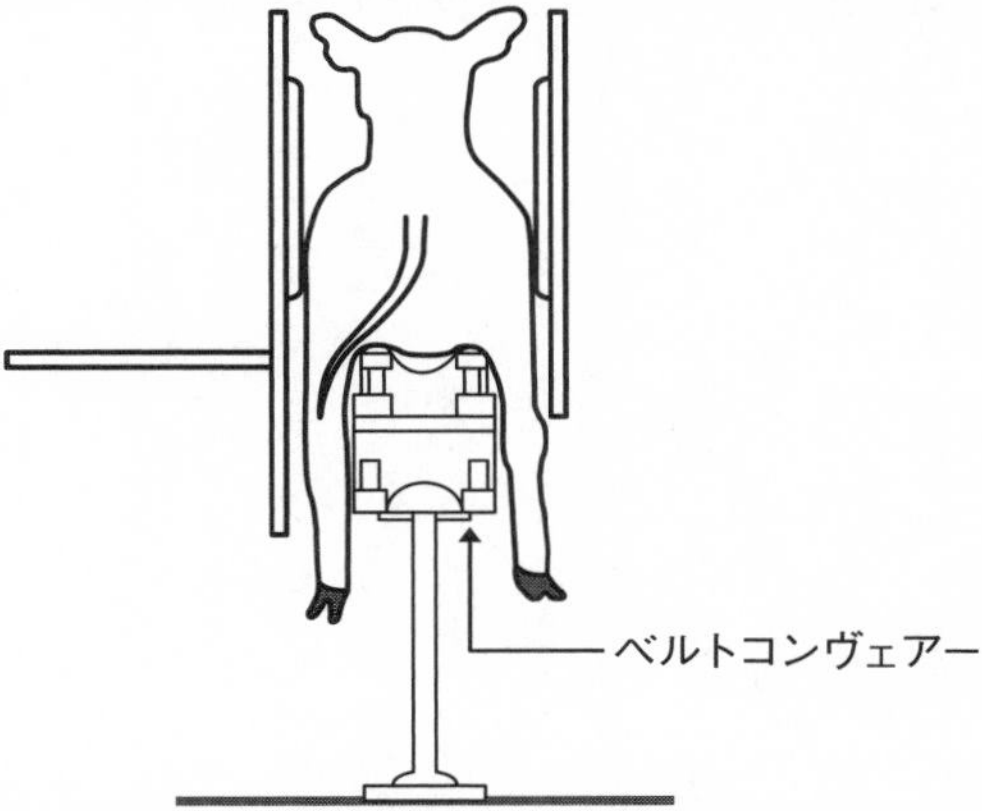

出典：Temple Grandin, *"Designs and Specifications for Livestock Handling Equipment in Slaughter Plants"* および Dr.Temple Grandin's Websiteを元に作成。

と言ってもよいかもしれない。家畜が滞りなくベルトコンヴェアーへと移動していくので、食肉工場の効率はあがった。

「痛み」ではなく「恐怖」から動物の扱いを考える

動物の倫理を考える上で、グランディンの作ったシステムが語りかけてくれることは多い。第一に想像力がある。確かに、動物の視点に立って動物のパースペクティブから彼らの安心や不安を理解するのは容易ではないが、ある程度想像が可能でもある。私たち自身動物だから、鳥類や爬虫類は難しいとしても哺乳類については痛みや安心を感じる状況を想像し、類推できないものでもない。身体にゆっくりと包むように圧をかけると心地よいのは、グランディンが指摘するマッサージのように、人間にもあてはまる。私たちも足もとがおぼつかないところに入って行くときには用心するから、足もとに余裕がないところを家畜が嫌うのも、想像の範囲内だろう。グランディンはベルトコンヴェアーで移動させる際に、家畜がまっすぐな姿勢を保てるように気をつけているが、この点も、充分私たちの動物的感覚で把握できる。限界があるにせよ、ちょっとした想像で私たちにも多くのアプローチが可能である。想像力による直感は私たちと動物を繋《つな》ぐ紐帯《ちゅうたい》であって、これなしには動物へのあらゆる共感や潜在力理解はないだろう。

第二に、グランディンは痛みではなく恐怖に焦点を当てている。明るい日向《ひなた》から照明の薄暗い屋内の通路への進入、キラキラした水たまりの反射、底なしの脱出防止溝、足もとの空間のなさ、どれも動物に恐怖と不安を与えるものに焦点がある。避けなければいけないのは恐怖である、とグランディンは断言する。「動物は人間よりも痛みを弱く感じ、恐怖を強く感じる」(35)。

被食動物に関して言えば、この指摘は生き残り戦略に合致しているだろう。捕食動物への注意、そして捕食動物に対する恐怖の感覚を研ぎ澄ますことは生き残るために必須である。一方、捕食動物を前にして、弱っている状態や動けない状態は隠す必要があるから、痛みは鈍いのが望ましい。

グランディンは、激しい痛みに苦しんでいる動物でも、恐怖でおびえる動物よりも普通に振る舞い、時にどこも悪くないようにすらみえると指摘する。一方、恐怖でパニックに陥った動物はそれどころではない。彼女の観察は、痛みを中心とした動物の扱いから、恐怖を中心として考える視点へと転換する必要を示唆している。恐怖は動物の潜在力理解の鍵《かぎ》となる視点なのだ。

第三に、グランディンは、動物の権利論者のように食肉工場を批判し、時に肉食を敵視する過激な主張を展開しない。彼女は幾多の倫理思想家よりずっと現実的である。シンガーにしたがって養鶏場をやめて自然の中で鶏を飼っていたら、卵は一個数百円になってしまうだろう。一ダース一〇〇〇円を超える卵を朝食で食べるか、あるいはまったくオムレツや卵焼きは食べないか、この選択肢は非現実的で、学問や思想の天国で霞《かすみ》でも食べて生きている住人の発想だ。

人間の現実に即して、同時に動物の恐怖や痛みをどのように軽減するか、そのための知恵、思慮が求められている。中央トラック制御システムに至るグランディンの幾多の改善の提案は、動物の倫理が向かうべき思慮、実践知の方向性を私たちに示し、教えているのではないか。

付け加えて言えば、グランディンは肉食を否定しない。彼女は人間が菜食であるばかりではなく肉食の動物であるとはっきり語っている。チンパンジーについてのグドールの報告がその正しさを立証している。[36] 既に言及したように、グドールはタンザニアのゴンベの森で、野生のチンパンジーとの接触に成功し、ほとんど共生と言ってよい観察によって多くの驚くべき発見をもたらした。

その中の一つに、チンパンジーの肉食がある。チンパンジーは果物や野菜を食べて生活しているヴェジタリアンであると私たちは思っているが、時に、カモシカの一種であるブッシュバックの子、イノシシ、ヒヒを群れでおそって狩り、そして食べる。ヒトに最も近いサルが肉食をするのだから、人間がそうであっても何も不思議はない。

ただ、確かに現在の私たちはサルとして必要以上に肉を食べ過ぎているかもしれない。代替肉の普及などはそうした点の反省にはなるが、動物の権利論がしばしば陥る過激なビーガンなどは、生物としてのヒトの現実に眼を向けていない点で、ほとんど宗教的原理主義と言うべきだろう。

第六節　視覚のもつ死角と将来の懸念

動物には人間に接近できない感性がある

食肉工場におけるグランディンのいくつかの提案をみて、潜在力アプローチがどのように、動物の痛み、恐怖、不安に対処すべきか、具体的にみてきた。もちろん、グランディンの手法には問題もある。その懸念される点を指摘しておきたい。

グランディンは彼女の動物理解を、彼女自身の自閉症経験とその感覚に負っている。そのためグランディンは視覚に特化して動物をみていないだろうか。人間の感覚のうちで、視覚がもっとも発達している。これはアリストテレス以来、よく指摘されてきた事実である。人間は眼の動物なのだ。

他方、嗅覚、聴覚などは他の動物と伍《ご》することなど到底できない。人間の得意な視覚で、さらに感覚が鋭い自閉症経験に即して、グランディンは動物へと接近する。結果、動物の感覚を人間に近づけすぎて解釈する危険はないか。問題は、擬人化が陥る死角の危険である。

動物を理解するうえで、常に念頭において、避けなければならないアプローチが擬人化である。動物は人間の理解できない、想像を越える感性をもつ。動物たちの感性がもたらす知覚や状況把握へ人間の感性は多くの場合、近づきようがない。欠如している感性を補完するために、知らず知らずのうちに自らのもつ得意な能力、つまり知性や人間の情動で解釈し理解しようとする傾向がある。これが大きな誤解の原因となる。

有名なケースがクレバー・ハンスだ。一九世紀、ドイツにクレバー・ハンスと呼ばれた馬がいた。ハンスは、馬主が足し算の質問、たとえば「三＋五は？」と尋ねると、ひづめで地面を八回たたく。こうしてハンスは計算のできる頭のいい馬、クレバー・ハンスと有名になった。ところが、馬主と自らの間にカーテンをおいて、直接知覚ができなくなると、ハンスは足し算に答えられなかった。ハンスは足し算をしていたわけではなく、呼吸、表情など馬主の微妙な変化を「見て」どこまで馬主がひづめの鳴らす音を期待しているか察知したにすぎない。

犬を飼った経験のある人は、犬が飼い主の仕草から次の行動を「察する」のを知っている。

飼い主が本を読むのをやめて、トイレに立ち上がる、あるいは台所にお茶を取りに立ち上がっても、足もとに寝そべったままだ。ところが、散歩に行こうと立ち上がると、自ら率先して玄関に走って行く。飼い主の微妙な変化を文字どおり嗅ぎ分ける。

動物には私たちに接近できない感性がある。グランディンは、知的に理解する擬人化の失敗をおかしているわけではないが、視覚に頼って、動物の行動に対する死角をつくってしまっていないか。グランディンを参考とするときに、こうした問題を意識しておく必要もあるだろう。

動物の倫理の進むべき方向

動物の倫理は、動物自身の生にそったアプローチを必要とする。人間の世界を自然のうちに持ち込むのを戒めることだ。その中には人間社会の倫理も含まれる。動物の倫理は、動物を人間化して、生存権を考えるのでもなければ、正義論のうちで動物を位置づけることでもない。権利論を振りかざして動物の十字軍を気取ることではないのである。宗教的原理主義のような動物の倫理はもうそろそろやめるべきだろう。

ヌスバウムの示している潜在力アプローチは、残念ながら、ロールズを越えようとする彼女の野心に覆われて、正義論の一対象として取り上げられているために、権利論の衣をまとっている。だが、その核心には人間の視点からではなく、動物の潜在力から考えようとする謙虚な立場が隠れている。少なくともそう解釈が可能だ。この章では、その可能性を示そうと試みた。

いくつかの修正は必要だった。まず、ヌスバウムが個と、生態系のうちにある種を別の問題として切り離したのに反し、生態系のうちでの種を背景に個々の動物の潜在力を理解しなければならない。トラとガゼルの生の対立も生態系のうちで自然が解決する問題である。動物の倫理の第一の次元は生態系に焦点があったが、第三の次元で焦点となる生命の扱いと密接に関連する。

人間が動物を殺して食べるのも、また、こうした生態系のうちの一部である限り、非難される問題ではない。問題は、人間にとってこれほど肉食が必要かどうか、である。この点、飽食が過ぎるのは確かだろう。方策として代替肉や培養肉は現実的な解にちがいない。

次に、第二の次元に関して、痛みに焦点を絞るのではなく、自由な遊動空間、選択肢を視野に入れることが潜在力アプローチによって可能になる。また何が動物にとって潜在力か、グランディンがあまたの例で示していたように、具体的なアプローチが必要だ。私たちの動物への共感と少しの想像力、そして生への畏敬、それが動物への徳ある態度になるにちがいない。

【第六章　註】

（1）付け加えておけば、「動物の倫理」にはもう一つ異なった関心と方向性がある。動物に存在する原初的な倫理的関係をテーマとした一群の研究である。例を挙げれば、動物の間でみられる助け合いのうちに相互性の倫理、互酬性の倫理の起源を確認する試みがそういった研究にあたる。こうした研究は、倫理の研究者ではなく、「刷り込み」の研究で有名なコンラート・ローレンツをはじめ、動物行動学や霊長類研究で盛んに行われている。以下の書を参照。

フランス・ドゥ・ヴァール、西田利貞／藤井留美訳『利己的なサル、他人を思いやるサル――モラルはなぜ生まれたのか』、草思社、一九九八年。

（2）アルド・レオポルドの自然理解は、一九四九年に刊行したエッセーが生き生きと伝えている。アルド・レオポルド、新島義昭訳『野生のうたが聞こえる』、講談社学術文庫、一九九七年。

（3）レオポルドの意図は、私たちに「土地」生態系の重要性の気づきを促すことにあった。「共生」のため人間の人口を抑える方策、あるいは動物に対して生活圏を限る具体策などについて、彼は明確な議論や指針を展開してはいないが、その必要を示唆している。

（4）ピーター・シンガー、山内友三郎・塚崎智監訳『実践の倫理』、昭和堂、一九九九年、七〇頁以下。

以下、シンガー『実践の倫理』と略記。

(5) 効用の比較が可能かどうか、また正確かどうか、この点は常に功利主義が批判される観点である。畜産工場によってもたらされる人間の効用の総計（肉食の効用のみならず、働く人たちの雇用の創出の効用なども含む）と、動物にもたらされる負の効用に関しても、シンガーは全く統計を呈示していない。この点を、同じく動物の権利を主張するレーガンは批判し、効用は商業的畜産業が上まわる可能性が高いと指摘している。義務論の立場のレーガンからみると、功利主義の効用の観点に基づいて動物は保護できない。

T・レーガン、井上太一訳『動物の権利・人間の不正』、緑風出版、二〇二二年、一二二頁以下。

(6) 知能のリトマス試験紙として、他者を理解しているかどうかを示す「心の理論」をくわえてもよい。大型類人猿に関する、心の理論のテストについては以下の文献を参照。D・プリマック「チンパンジーは心の理論を持つか？再考」（R・バーン／A・ホワイトゥン編、藤田和生他監訳『マキャベリ的知性と心の理論の進化論 ヒトはなぜ賢くなったか』、ナカニシヤ出版、二〇〇四年所収）一七六頁以下。

(7) こうした鏡の経験はギャロップによって有名になったが、一〇年後の論文で、チンパンジーは自己認識をできていないと、自らの仮説を撤回している。

G. Gallup, "Chimpanzees: Self-Recognition", in: *Science*, 167, 1970, p.86 以下。

(8) シンガーが生命の価値を評価する観点は全部で四つあるが、そのうち一つは、殺生が殺生の対象ではない他者に及ぼす影響であり、直接の批判ではない。もう一点、自律に基づく議論を行っているが、これは安楽死問題への布石であり、動物に直接の影響がないのでここでは考察しない。シンガー『実践の倫理』、一二二頁以下。

(9) 生命倫理のパーソン論については以下の拙著および拙論を参照されたい。村松聡『ヒトはいつ人になるのか　生命倫理から人格へ』、日本評論社、二〇〇一年。シリーズ生命倫理学編集委員会編『シリーズ生命倫理学2　生命倫理の基本概念』、丸善出版、二〇一二年、「第九章　パーソン」。

(10) シンガー『実践の倫理』、一一四頁。

(11) この点を明確にしているのは、生存権の議論に火をつけたトゥーリーである。トゥーリーの論文「妊娠中絶と新生児殺し」を参照。邦訳は二種あるが、以下に完訳が収録されている。M・トゥーリー「妊娠中絶と新生児殺し」(江口聡編・監訳『妊娠中絶の生命倫理——哲学者たちは何を議論したか——』、勁草書房、二〇一一年所収)、九一頁。

(12) トゥーリーもシンガーも、自己意識要件を満たす存在をパーソンとして理解し、パーソンだけが生存権をもつと考えている。この意味で、人間はパーソンである。このパーソン理解の背景には、一人の人間のうちで、生物学的なヒトの同一性と記憶に基づく心理的持続によるパーソンの同一性を区別したロックのパーソン論が控えている。ロックのパーソン論は現代のパーソン論の出発点を形成している重要なものである。以下の箇所を参照。ジョン・ロック、大槻春彦訳『人間知性論2』、第二巻、二七章「同一性と差異性」、岩波文庫、一九七四年。

(13) 付け加えれば、この点から、シンガーは選好功利主義の基準と、生存権の基準がもたらす差異も考える必要がなくなっている。一方、トゥーリーはネコが自己意識をもつとは想定していない。シンガー『実践の倫理』、一六〇頁以下。

(14) ヌスバウム「相対的ではない徳」(加藤尚武他編・監訳『徳倫理学基本論文集』、勁草書房、二〇一五年所収)。

(15) 繰り返しておくが、潜在力の理解はセンとヌスバウムで異なっている。ここでは潜在力を基本的な機能をささえる能力と条件と考えるヌスバウムの理解に沿って解釈している。センとヌスバウムの相違については、附論を参照されたい。

(16) 彼女は動物の潜在力のリストを人間のリストを参考に作り上げているので、リストの表現は動物の様々な潜在力に最適なものとなっているわけではない。そのため、理解しやすいようにところどころ表現を変更した。マーサ・C・ヌスバウム、神島裕子訳『正義のフロンティア』、法政大学出版局、四四六頁以下。以下、ヌスバウム『正義のフロンティア』と略記。

(17) ヌスバウム『正義のフロンティア』、三九四頁、三九七頁。

(18) ヌスバウム『正義のフロンティア』、一五四頁以下。

(19) ヌスバウム『正義のフロンティア』、一五四頁。

(20) 徳倫理のうちでは、マッキンタイアが動物の延長線上で、脆弱な存在としての人間理解を展開している。A・マッキンタイア、高島和哉訳『依存的な理性的動物』、法政大学出版局、二〇一八年を参照。

(21) ヌスバウム『正義のフロンティア』、四〇六頁、四一五頁。

(22) ヌスバウムは、個体としてのヘラジカを念頭に、ヘラジカの痛みをなくす道を考えるべきだと主張する。権利論は、シンガー、ヌスバウム、レーガンそれぞれちがいはあるが、全て個体の権利に集中する。シカの頭数が増えすぎると、生態系に危険が及ぶ現象は、既にレオポルドのオオカミの駆除の経験が指摘しているとおりである。この点で、生態学的共同体の全体論的視点を重視する環境倫理の観点から、権利論に特徴的な生態系への無関心がしばしば批判されている。ヌスバウム『正義のフロンティア』、四三二頁。

環境倫理の視点からの権利論批判に関しては、ヌスバウムではなくレーガンの権利論への批判であるが、以下を参照。ジョゼフ・R・デ・ジャルダン、新田功他訳『環境倫理学—環境哲学入門—』、人間の科学新社、二〇〇五年、一八八頁。

(23)　この点、ヌスバウムのかたくなな姿勢は驚くほどで、自然は自ら回復能力をもつから人間の干渉を避けるべきとする考え方を、自然崇拝と非難さえしている。ヌスバウム『正義のフロンティア』、四一七頁以下。

(24)　ガゼルの捕食を回避しても、トラの捕食能力を発揮する機会を何らかの形で充足しなければならない。もちろん、ヌスバウムも気づいており、この観点で、動物園でトラが爪を研ぎ、歯を立てることができるボールをロープにつるしているニューヨークの動物園について語っている。だが、これはあくまで動物園で、人間の管理下にある動物の生にすぎない。ヌスバウムにとっては野生のトラと動物園のトラの区別がないようだ。ヌスバウム『正義のフロンティア』、四二一頁以下および四三二頁以下。

(25)　ここで、専門家が抱くと想定される疑問に答えておきたい。序章で、私は潜在力アプローチに基づく徳倫理を、徳倫理の現代的な試みとして呈示していた。その際、人間本性の解釈に依拠しない、つまり、自然主義的な理解に依拠しない徳倫理として解釈していた。ところが、「自然と生態系に任せる」と答えるならば、動物に関してではあるが、結局、潜在力は自然主義的に理解しているのではないか、と疑問が起きるだろう。

疑問はもっともで、自然主義的である疑念は払えないかもしれない。とは言え、「自然と生態系に任せる」、その点で「自然主義的」なアプローチは、かならずしも動物の何らかの不変な本性を前提する必要はない。現実の動物の生活の知見に基づけばよいのであって、生態系が変化するように、動物の生が変化するに応じて、それは変化するであろう。変化も含めて、自然と生態系に任せればよい。環境の変化や人間との接触によって、動物の生の変化は急激に起きるかもしれない。

同じように、人間の基本的な経験から出発する潜在力アプローチが「自然主義的」であると認めたとしても——筆者はむしろ認知主義的と思うが——、それが即座に人間本性の何らかの不変な特質を前提にする必要はない。現実の生活が必要としているものの確認に依拠すればよい。そして、潜在力アプローチが念頭においている生活の基本は、近現代の時間幅にまで及ぶ人間の生活に関しては当てはまるだろう。それ以上の一般性は疑問だし、まして普遍性など要求できない。
(26) ヌスバウム『正義のフロンティア』、四〇一頁以下。なお、共感の基礎を生の一体感に求めている先行的な試みとして、シェーラーの共同感情論がある。現在忘れられている感が強いが、彼の分析は単なる生気論として片付けられないヒント、示唆を含んでいる。
シェーラー、青木茂／小林茂訳、シェーラー著作集八巻『同情の本質と諸形式』、白水社、一九七七年、六六頁以下。
(27) テンプル・グランディン／キャサリン・ジョンソン、中尾ゆかり訳『動物感覚—アニマル・マインドを読み解く』、日本放送出版協会、二〇〇六年、四七頁以下。以下、グランディン『動物感覚』と略記。

(28) グランディン『動物感覚』、三〇頁。
(29) グランディン『動物感覚』、三六頁以下。
(30) グランディン『動物感覚』、五一頁以下。
(31) グランディン『動物感覚』、二八八頁。
(32) グランディン『動物感覚』、六四頁以下。
(33) グランディン『動物感覚』、四八頁。
(34) グランディン『動物感覚』、一四頁、二四頁、一五四頁以下。中央トラック制御システムに関して本書中ほとんど説明がない。この点はインターネット上の説明を参照されたい（二〇二三年一二月閲覧）。
https://www.grandin.com/ritual/conv.sys.html
https://www.youtube.com/watch?v=mCYs1CSsbqs
(35) グランディンはその理由を、痛みと密接に関わる前頭葉が人間とくらべて動物では充分発達していない点にみている。グランディン『動物感覚』二四五頁以下、二五一頁以下。
(36) グランディン『動物感覚』、二三八頁以下。ジェーン・グドール、河合雅雄訳『森の隣人』、朝日選書、一九九六年、二三五頁以下。

附　論　潜在力

現代的な徳倫理を展開するうえで、ヌスバウムの潜在力（capability）アプローチは鍵《かぎ》となる概念であるだけに、潜在力とは何か、言及しておきたい。潜在力については、既に多くの書物の解説で、あるいは論文で紹介されているから、屋上屋を架す感もあるが、管見ではセンとヌスバウム二人の潜在力理解に関して触れているものは多くないように思う。とりわけセンとヌスバウムで、その用法が微妙にずれ、意味が異なっている。そのちがいを明確にしておくことは誤解を避けるためにも必要だろう。

さらにもう一点、ヌスバウムの潜在力アプローチの方向の変化についても、言及しておかなければならない。読者の多くは、ヌスバウムは潜在力アプローチによって徳倫理を展開しようとしたのではなく、政治哲学としての正義論を展開していると思われるにちがいない。本書では潜在力アプローチを徳倫理の可能性の重要な骨格として扱っているので、この点に疑問を少なからず感じるであろう。

ヌスバウムの潜在力アプローチは当初、徳倫理へのアプローチから出発していた。しかし、『正義のフロンティア』では配分の正義の問題へと目標を限定して、徳倫理一般から離れていってしまう。したがって、読者の疑念はもっともである。多少の説明が必要にちがいない。

一　センの潜在力アプローチ

福祉の基準としての潜在力

まずセンの理解をとりあげよう。日本語で「潜在能力」、「可能力」、「潜在力」など様々に訳される capability は、英語で「できること」を指しているごく普通の表現だから、漠然としていて、一見するとつかみ所がない。この概念の生みの親であるセンも、魅力のない響きをもった言葉とことわっている(1)。

序章でも記したように、センは機能との関係で潜在力を導入した。機能（functioning）もセン独特の用語で、人間の生活を構成する様々な営みと状態を指す。機能と聞くと関数を意味する数学の概念や、社会学でシステムや社会の維持存続を指す機能概念などを連想するかもしれないが、とりあえず関係がない。怪訝《けげん》な感じもするが、おそらく、人間の生活のよきあり方・福祉（well-being）を実現する要素（変数）として、機能と呼んだのであろう。

機能の例を挙げておけば、営みとしてセンはしばしば、食べること、社会生活を送ること、自分で動いて出かけることなどに言及している。一方、状態について、健康であること、住まいがあることなどに触れている。当然だが生活の営みと状態は多岐にわたる。食べること一つとっても、箸《はし》で食べる、インド社会のように左手を使わずに食べる、夕食を取る、一人で食べるなど、いくらでもヴァリエーションはあるから、機能のうちで階層化も可能だろう。

センは潜在力を、機能の組み合わせと定義している。様々な営みと状態、つまり機能の組み合わせとしてできることが、潜在力なのだ。潜在力は機能の集合だから、私たちが潜在力からどの機能、営みと状態を選ぶかによって、生活は異なってくる。例えば、独身でいる、結婚する、同棲《どうせい》するなどの機能に、独立して仕事をする、家事手伝いをする、会社勤めをするなどの機能、さらに山登りをする、サーフィンをするなどの趣味に分類される機能などを元《げん》としてもつ集合を潜在力としよう。独身で独立して仕事をしながら休みには山登りを楽しむ生活は、結婚して会社に勤め、時々サーフィンに行く生活とは大分趣が異なる。潜在力は、様々な生活形態の可能性、生活の選択肢の幅を示しているのである。

経済学者であるセンは、開発経済学の観点から機能の組み合わせとしての潜在力概念の必要を考えた。一九七〇年代に至るまで、ある国や社会の人々の生活と福祉の基準、あるいは援助の必要を測る基準は、ＧＮＰであり――現代ではＧＤＰと言うところだろう――財貨や物、収入と富だった。しかし、収入と富は、生活と福祉の達成を測るうえでかならずしも信頼できる基準にはならない。センによると、一九八八年時点で——中国の成長をみると隔世の感があるが——中国のGNPは南アフリカの1／7に過ぎない。一方で平均寿命は中国六九歳に対して、南アフリカは五四歳でしかない。もし富が生活の質と正の相関関係にあるならば、平均寿命はGNPに比例して伸びるはずである(2)。

もう一つ、センが彼の論文と書籍で繰り返し挙げているのが、第二章で紹介したケララ州の例である(3)。ケララ州はインドのなかでも貧しい州で、住民の所得は低いが平均寿命は長く、乳児死亡率も低い。収入と富は、人々の生活の質の実態を正確に反映しているわけではない。

これがセンの洞察の出発点だった。福祉の重要な要素である健康な生活は、所得、富を基準にできない。所得も富もよき生を送る手段に過ぎず、手段を通じてどのような生活が達成されているか、焦点は、達成される生活の質にある。これがセンの基本的な理解であり、機能と潜在力を導入した理由だった。

開発経済の問題意識と相即して、センは正義論を展開する。何を配分するのが、貧困や格差の是正の際の基準となるのか。言うまでもなく、センは潜在力に照準をあわせて配分を考える。その際、センの批判の矛先は、効用を基準とする功利主義と、「基本財」を基準とするロールズの正義論に向かう。二〇世紀半ば以降、功利主義とロールズの正義論は正義論の二つの大きな柱だったから、センが仮想敵として両者を選んだのも当然だったろう。センの両者に対する批判に触れておきたい。批判は、センが潜在力概念によって、社会の自由度、生活の幅の広さや大きさを、社会の公正や平等として考えていたことを浮き彫りにしてくれる。

効用の平準化批判　全ての人が同じ効用を得るとは限らない

功利主義は、言うまでもなく最大多数の最大幸福を目指すが、現代の功利主義は単純に最大幸福を唱えているわけではない。ベンサムのような素朴な量的功利主義も、ミルのような質的功利主義も、散々に批判されてきたため、現代の功利主義は功利主義批判に応答し、乗り越える試みを通じて様々に展開している。現代版功利主義は、個人の選好（preference）を効用の基本におく選好功利主義や、ロールズのマキシミン原理を応用して、最も悪い状態にある人々が、もっとも効用を効果的に受け取るように効用の配分を考えるタイプのものまで、多様である。(4)

センは功利主義を詳細に研究し批判しているが、功利主義の展開に応じて、その配分の正義についての批判も多岐にわたる。批判の基本は、功利主義が効用を全ての個人に対して同じように平準化して配分の問題を考える点にある。(5)

厚生経済学を支える典型的タイプの功利主義は、三つの前提から配分の正義を導出する。

前提1、効用は収入に応じている。
前提2、同じ収入に対して、全ての人が同じ効用を得る。
前提3、限界効用の逓減。

たとえば年収が二〇〇万から三〇〇万になった時には、収入増加で生活は間違いなく助かる。効用は極めて大きい。一方、年収が一二〇〇万から一三〇〇万になっても、生活の潤い度はさほど大きく変わらず、効用はそれほど大きくない。同じ一〇〇万円の収入の増加でも効果は逓減していく。これが限界効用の逓減である。

以上三つの前提から、もし一定の収入（税金と考えてもよい）を配分するならば、富裕な人から貧しい人へ所得を移転するとき、全体で最大効用、最大幸福が得られる。結果として平等な分配が効用を最大化する。

わかりやすい構図だが、わかりやすい構図にはトリックが潜んでいることが多い。この場合、トリックは効用概念の曖昧《あいまい》さにある。前提2で示されている、誰もが同じ収入や財に同じ効用を受ける想定は、計算の便宜上設けられた仮説に過ぎない。同じものを得ても個人によって受ける効用はそれぞれ異なる。いわゆる限界効用が異なってくる。

Aはなかなか満足を得られない気難しい人なので、一〇の財で一の効用、満足、快を得るとしよう。一方、Bは一〇の財で二の効用を得る。すると、功利主義は効用の最大化を考えて、同じ一〇の財を配分するにしても効用の大きい個人へ配分する。そうすれば効用の全体は最大化されるからだ。効用を基準とした配分が公正なものとなるのは、どの人も同じもので同じ効用を得るときである。もちろん、そういう場合もあるだろうが、必ずしもそうなるとは限らない。

これが、センの功利主義批判の基本である。センの視点は個人の生活の多様性に照準を合わせている。生活の多様性への眼差しは、さらにもう一つの功利主義批判、選好功利主義批判にも現れてくる。

選好功利主義批判と生活の多様性

選好（preference）は、好みの選択を意味し、選好功利主義は、個人の選好を重んじ、その総和の最大化へ向かう。ある人はサービス業に就きたいと願う仕事上の選好をもっているし、他の人は学問を生業《なりわい》としたい希望をもつ。それぞれの選好をできるだけ取り入れるならば、最大多数の最大幸福が実現するにちがいない。

素朴な功利主義は最大多数の最大幸福のために、個人や少数者の自由や尊厳を無視すると批判されてきたが、これに対して、選好功利主義は、個人の意向の尊重と効用を考えた功利主義であり、個に配慮した功利主義と言えるだろう。(6)

センはしかし、個人の選好に照準を合わせると、視界に入ってこない不公正があると指摘する[7]。典型的な問題が、選好の適応である。貧しい社会、貧しい家庭で生活していて、衣食住全てにわたって困窮し切り詰めているなら、実に粗末な、栄養の不足した食でも、不健康な住環境でも、満足してしまう。選好のレベルが最初から低い水準におかれているからだ。いわゆる「安価な嗜好《しこう》」と言われる現象を引き起こしているが、本人の選好から言えば、それなりに充足している。

既に本文で言及した例に再度ふれたい。女性の就業問題である。昭和三〇年代くらいまで、都市部で一般的な女性の就ける仕事と言えば、看護師、幼稚園や小学校の教員、バスの車掌さんくらいだった。当時の女性に職業選択の選好を尋ねれば、幼稚園の教員になるのが夢と答えが返ってきてもおかしくない――実際、筆者の母親は幼稚園の教員を願って一時期教員だった――。

他の可能性があるなかで幼稚園の教員を希望する選好と、可能性がそれしかない中での選好とは全く異なる。限られた就業機会しかない社会が女性に公正な社会とは言えない。個人の選好に照準を合わせると、こうした問題は死角になってしまう。

社会がもたらす不公正は、いくら選好を個人が自律的に選んでいても解決できるわけではない。配分の正義が基準とすべき次元は、個人の選好ではなく、基本的な潜在力にある。センの言葉に翻訳するならば、機能の実現に心を奪われていると、つまり一つの生活形態のみに焦点を絞ると、生活と福祉で自由がもつ意味が視界に入ってこないのである。

ロールズの基本財に対する批判と生活の多様性

次に、センによるロールズ批判へと眼を向けよう。

ロールズは、公平、公正な配分の対象を、「基本財」と呼び、「基本財」として権利、自由、機会、所得、富を挙げている。(8) ロールズに対して、センはほぼ一貫してその「基本財」に基づく正義論を「物質フェティシズム(9)」として批判する。所得や富が人々の福祉を正確に映し出しているとセンは考えていない。この点は、既にケララ州の富と健康状態などの例から明らかだろうが、センは「基本財」、資源を平等に保有していても、享受する実際の生活は不平等でありうると主張する。

センがほとんど常に呈示するのは障碍《しょうがい》の例である。障碍者が権利をもち、機会も制限されているわけではなく、富があるとも仮定しよう。その上で、どうぞ自由に生を満喫してくださいと言われても、基本財の機能への変換がしばしば困難な状況がある。

二章でも言及したように、ＰＣが仕事に必要でも、視覚障害をもつ人々にとって、音声認識できないＰＣのみの環境下では就業できない。肢体不自由な人々は、車椅子での歩行ができない地域では自由な移動もできない。つまり、センの概念で言えば、機能が実現できないから、機能の組み合わせである潜在力は限られ、その福祉、生の充実の程度は低い。

しかし、ロールズは各人の自由を重視するから、自由は全ての基本財に対して優先する地位にあるし、もっとも恵まれない人々への配慮も、いわゆる格差原理によって積極的に認めている。一見すると、障碍者に対しても手厚い社会ができるようにみえる。ところが、ロールズは基本財の適切な配分を社会的公正の果実としてみているため、実際には様々な不自由が放置される、とセンは指摘する。

基本財は本来、手段、資源に過ぎない。社会的公正の果実は、機能の多様性を各人に可能にしているか、つまり潜在力によって測られるべきである。基本財は機能との関係のうちで初めて意味をもつ関係的概念として理解しなければならない。ロールズはその基本財を物化して、平等や公正の実現の対象と見てしまった。センの「物質フェティシズム」批判の要点はそこにある。(10)

功利主義とロールズの正義論に対するセンの批判を辿《たど》ると、開発経済においても、正義論の文脈でも、生活の幅、生の実現可能性の豊富さが常にテーマとなっている。一言で言えば、潜在力概念の視点は、自由度に照準を合わせている。

センは繰り返し、断食と飢えとのちがいを取り上げて、潜在力と自由の関係を説明している。断食は、食をとれるときに意図して食べない選択だが、飢えはそうではない。断食が様々な可能な機能の選択肢をもつ潜在力の一つの元《げん》であるのに対して、飢えは食をとれない、追い込まれた状態であるから、食べない状態であっても、全く異なる潜在力のうちにある。異なる潜在力は、異なった生活の幅や生活の多様性を表わす。

センは、潜在力を本人が実現できる機能の自由の度合いと考えているのである。潜在力は、障碍者や女性の様々な生活の実現を測る際の視点を提供していた。視覚障害をもつ人がＰＣを使用できない環境にあるとき、女性が看護師か幼稚園の教員にしかなれない職業選択の狭い選択肢しかもたない潜在力を手にしているとき、生活と福祉を充分達成しているとは言えない。潜在力は、どのような生活の可能性があるか、その幅を示す点で、自由な生活実現度を示すバロメーターなのだ。

センの潜在力アプローチはおおよそ以上のようにまとめられるだろう。

「基礎的な潜在力」の意図的な不確定性

こうして、福祉を達成するために潜在力の重要性を強調すると、当然、どのような潜在力がもっとも大切なのか、センに問いたくなる。潜在力は機能の組み合わせだったが、どのような機能が福祉にとって必要不可欠か。充実した生を展開するときに不可欠な機能として、その機能を実現したいと人が考えるとき、実現の可能性を常に開いておく必要がある機能の組み合わせとは何か。富や財が手段として、不自由なく実現されるべき生活の基本要素とは何か。

換言すれば、生にとって基本的な潜在力への問いが浮び上がってくる。この問いに対してセンはどのように答えるのか。

セン自身も、彼の中心的な論文の一つ「何のための平等?」のうちで「基礎的な潜在力(Basic Capability)」について言及して、「人が一定の基本的な事柄を遂行できる状態」と表現し、動き回る能力、必要な栄養の摂取、衣住の手段の存在、共同体で社会的な生活に参加できる力などを挙げている[11]。またその後の著作でもしばしば、基本的な機能に言及してもいる。列挙すれば、生活の「中心となる重要な機能」、「基本的で、全ての人間にとって極めて重要な機能」として、栄養状態が適切であること、よい健康状態にあること、予防可能な病気にかからないこと、風雨をしのげる住居をもっていること、早死にしないこと、自尊心をもつこと、社会の一員として生きること、などである[12]。センが重複して挙げている機能の例をみるならば、福祉の基準となる基本的な機能をもつ基礎的潜在力を明確な形で示してくれるだろうと期待したくなる。

ところが、センは基礎的な潜在力を確定しようとはしない。なぜか。センは、人間がよく生きるための潜在力の絞り込みは、潜在力アプローチと矛盾はしないが、同時に潜在力アプローチが必ず求めるものでもないと語っている。そして基礎的な潜在力を具体化しない理由を二つ挙げる。(13)

基礎的な潜在力を規定すると、生の存在様式を固定してしまうのではないか。この疑問を払拭《ふっしょく》できない、これがその理由の一つ。潜在力の厳密な解釈が、潜在力のもとで理解できる生の別の可能性を閉ざしてしまうのをセンは恐れた。

さらに重要な点として、潜在力アプローチの実行可能性と有用性を考えて、潜在力アプローチの展開を様々な可能性に委《ゆだ》ねる。これがもう一つの理由である。基礎的潜在力を確定しても、開発経済の実際の分析にとって有用ではない。むしろ、意図的に不完全な形にとどめ、開発経済学における方法的な将来の展開の可能性を残しておこうとした。潜在力アプローチによってどのように社会生活の分析が可能か、社会の豊かさを比較できる分析方法にセンの関心があるのだ。分析に必要な方法としてセンは、「価値の相対的な重み付け」など様々な提案を行っている。

センとヌスバウムの潜在力アプローチをみると、二人の関心は明らかに異なっている。次に、ヌスバウムのアプローチへと歩みを進めよう。

二　ヌスバウムの潜在力アプローチ

アリストテレスからの出発

生活の基本となる機能は何か、それを包含する潜在力は何か。人間の生活は様々であり、その展開もまた異なってくるが、その基盤となる機能は何か。

ヌスバウムが挙げる潜在力は、その答えである。彼女は、基本的な生の条件となり、人間の生を実現する基礎を考えている。

序章で取り上げたように、ヌスバウムの潜在力理解は、当初、徳倫理の構想に組み込まれていた。彼女も全ての徳倫理の論者と同様、アリストテレスから出発する。アリストテレスは、人間が生きていくうえで基本となる経験領域を取り上げて、その経験領域で最も大切な機能の観点から徳倫理学を組み立てている、これがヌスバウムのアリストテレス解釈である。

機能は、アリストテレスの語るエルゴン、つまり人間の本性的な機能を指すとともに、ヌスバウムはそこにセンの機能概念を重ねて読み込んでいる。もちろん、センの機能の概念にはこうした含みはない。センはヌスバウムによって、自らの潜在力アプローチがアリストテレスの理解に近いと知ったと述べている。

もっとも、アリストテレスは目的論的に理解された人間の本性的な生の実現を考えているのであって、人間の基本的な経験とは語っていない。一方、ヌスバウムが人間の基本的な経験を取り出す際には、目的論的に理解された人間観を前提してはいない。その点で、ヌスバウムの解釈はアリストテレスにヒントを得て、現代的な問題意識を組み込んだ彼女自身の構想と言うべきだろう。

彼女の構想は二段階である。まず人間の生活を基礎づける基本的な経験領域を分類する。その上で、基本的な経験領域において適切な機能、潜在力を考えながら対応する徳を取り出す[14]。潜在力を過不足なく実現する行為が徳ある行為であり、徳倫理の主題となる。有徳な行為は「一つひとつの人間的領域における適切な機能という考えに基づく」とヌスバウムは述べ、徳倫理の構想を「客観的な人間の道徳性を描くスケッチ」と表現している[15]。ただし、ヌスバウムが実践したのは最初の段階、基本的な経験領域を分類して、対応する潜在力を考えるところまでである。第二段階、徳を取り出し「客観的な人間の道徳性を描くスケッチ」は実現していない。その理由に関しては後で考えたい。

まず、センの潜在力理解と対照しつつ、ヌスバウムの潜在力理解の特徴をいくつか挙げておこう。

機能と潜在力の区別

大きな特徴の一つは、潜在力と機能に区別を設けている点である[16]。センでは、機能の組み合わせが潜在力だった。センにとってあくまで機能が中心であり、機能に準じて潜在力に言及する。潜在力はその機能から派生する理解として位置づけられていた。

ヌスバウムでは、潜在力は機能を実現する基盤であり、潜在力は、それ自身が様々な機能を実現する可能性の位置にある。例を挙げると、食べることは基本的な潜在力であるが、機能として、箸《はし》を使って食べる、パンを食べる、自ら釣りをして魚を食べる、レストランで豪華な食事を取る等々、様々な営みつまり機能になりうる。

ヌスバウムが潜在力と機能を分けた理由は二つあるだろう。

まず、人間の生活を構成する潜在力は、どのような社会にも共通するが、その実現の仕方は、文化的差異、社会的ちがいを反映して多様である。これが一つの理由。箸での食事、ナイフとフォークを使う食事はその例である。

もう一例。ヌスバウムは、潜在力のリストの⑦に連帯（affiliation）、他者と共に生きる生を挙げていて、共生は、人間の生にとって欠かせない潜在力と位置づけられている（潜在力のリストは四三頁以下参照）。しかし共生がどのような形態、どのように実現されるかは、人それぞれだ。子供たちとの教師としての関わりや交わりもその一つ、医療者やケアの専門家として患者を支える仕事に従事するのも一つの形態だろう。あるいは、NGOで働くのもその実現の一つかもしれない。多様な潜在力の実現の仕方、それが機能として捉《とら》えられている。
　次に、機能のよしあし、あるいは軽重の考察、これが潜在力と機能を分けた二つ目の理由である。生活の仕方、営みはいろいろあるが、どれもが同じ程度に重要なわけでもないし、認められるわけでもない。どうでもよい機能もあれば、不可避な機能もある。非難に値する機能もあれば、大切な機能もある。入浴やシャワーを浴びることは、身体の健康（潜在力リストの②）に欠かせない機能だろうが、混浴かどうかはとりあえず重要ではないし、鼻歌を歌いながら風呂に入るに至ってはどうでもよい。
　さらに、人間の生にとって否定的な機能もある。他者を貶《おとし》め、疎外する行為、いじめはどの社会にも存在しているが、非難に値する機能である。生の繁栄にとって何が大切かを考えるならば、自《おの》ずと機能と潜在力の間に区別を設ける必要が生じる、そうヌスバウムは考えている。[17]
　多様な生の実現の仕方を認めるとともに、非難される営みや些《さ》細《さい》な生活のニュアンスとの区別を考慮して、ヌスバウムは潜在力と機能のちがいを導入する必要があった。一方、センは、機能の多様性を当然知っているが、些細な機能や非難される機能の峻別《しゅんべつ》、あるいは食の多様性など、開発経済学の実際の分析で充分区別できると考えていたのであろう。問題とはなっていない。ここにはセンとヌスバウム、経済の専門家と倫理の専門家の問題意識のちがいが反映しているのではないだろうか。

有限個の潜在力のリスト

機能と潜在力を分けた結果として、ヌスバウムは、重要な機能の基盤となる有限個の潜在力からなるリストを考えた。それが、序章で示したような「相対的ではない徳」の八の潜在力、あるいは『正義のフロンティア』の一〇の潜在力のリストである[18]。センの場合、無数に異なる機能の組み合わせがあるから、無数の潜在力を想定するのに対して、ヌスバウムは潜在力を重要な有限個の潜在力へと絞る。センとヌスバウムの大きなちがい、そしてヌスバウムの潜在力の二つめの特徴はここにある。

潜在力と閾値

ヌスバウムの潜在力の第三の特徴は、閾値《いきち》の概念にある。潜在力を導入した理由は、人間の生の繁栄、あるいは福祉を達成するためであった。この点で、ヌスバウムとセンの関心に本質的な差はない。だが、どのような潜在力、またどの程度の潜在力の確保が、生の繁栄や福祉の達成の必要条件なのか。その基準を考える両者の視点は異なる。

潜在力はどれも人間の生活に必要不可欠な以上、トレードオフは存在せず、どの潜在力も確保されるべき最低限の要求、閾値がある。適切な栄養の摂取と快適な住環境（リストの②「身体の健康」）があるから、他者との共生（リストの⑦「連帯」）は諦めるというわけにはいかない。

食事は充分あっても、他者との社会的交流の欠如がどれほど人間を苦しめ、病めるものとしてしまうか。コロナの流行下、家に籠《こ》もらざるをえなかった私たちは身をもって体験しているだろう。潜在力は全て確立していなければならない[19]。

閾値の基準はどこにあるのか。閾値は一様ではなく、その都度の社会のうちで要請され、行政や司法がそれぞれ決定するものとヌスバウムは答える。

たとえば義務教育の年限。すべての子供たちの人生の開花に必要な潜在力の育成を考慮して、義務教育を考えなければならない。彼女は教育に対応する潜在力について明確に述べていないが、あえて言えば、潜在力として彼女が挙げている「感覚・想像力・思考力」（リストの④）や「実践理性」（リストの⑥）などが対応するだろう。義務教育は人生の様々な選択や計画に必要な思考力や実践的能力の涵養《かんよう》を目的としているから、義務教育の終了年限は、人間が社会で必要とする潜在力の閾値にあたる。

義務教育、彼女の言葉で言えば「国家が無料で提供すべき教育レベルの線」をどこに引くべきか、ヌスバウムによると、現代社会では小学校修了では足りない。終了年限をどこにおくか、その適切な閾値は社会に応じて異なるので、学卒年齢、義務教育の終わる年齢を十七とするか十九とするかは議論の余地があり、行政の問題として具体的にそれぞれの社会に委ねられる[20]。ヌスバウムは、認知能力や理解能力の共通する一定の閾値を考えるのではなく、必要かつ充分な潜在力をもたらす教育がどの程度か、その社会に応じてゆらぎを想定している。

センと比較してみよう。センは潜在力によって福祉の達成を測る方法が様々あると認めているから、閾値の設定もその一つとして否定はしないだろう。

とは言え、センの関心は、経済学者として数値化した潜在力の比較にある。センにとっては、多くの機能の組み合わせをもつ無数の潜在力をどのように比較できるかが問題であり、そのために彼の言葉を使えば「価値の相対的な重み付け」を考える。機能間の重要性の重み付けにあたっては、共通に評価できるものを取り出して比べる部分的な比較で、かなりの程度その重要性の重さの評価ができる。

その一つが、無差別曲線によって潜在力に対して個人あるいは社会の地位を比較する方法である。機能を価値対象として、価値対象1をX軸にとり、価値対象2をY軸に取る無差別曲線を考える。比較しようとしている二つの項が無差別曲線に対してどの位置にあるかによ

無差別曲線

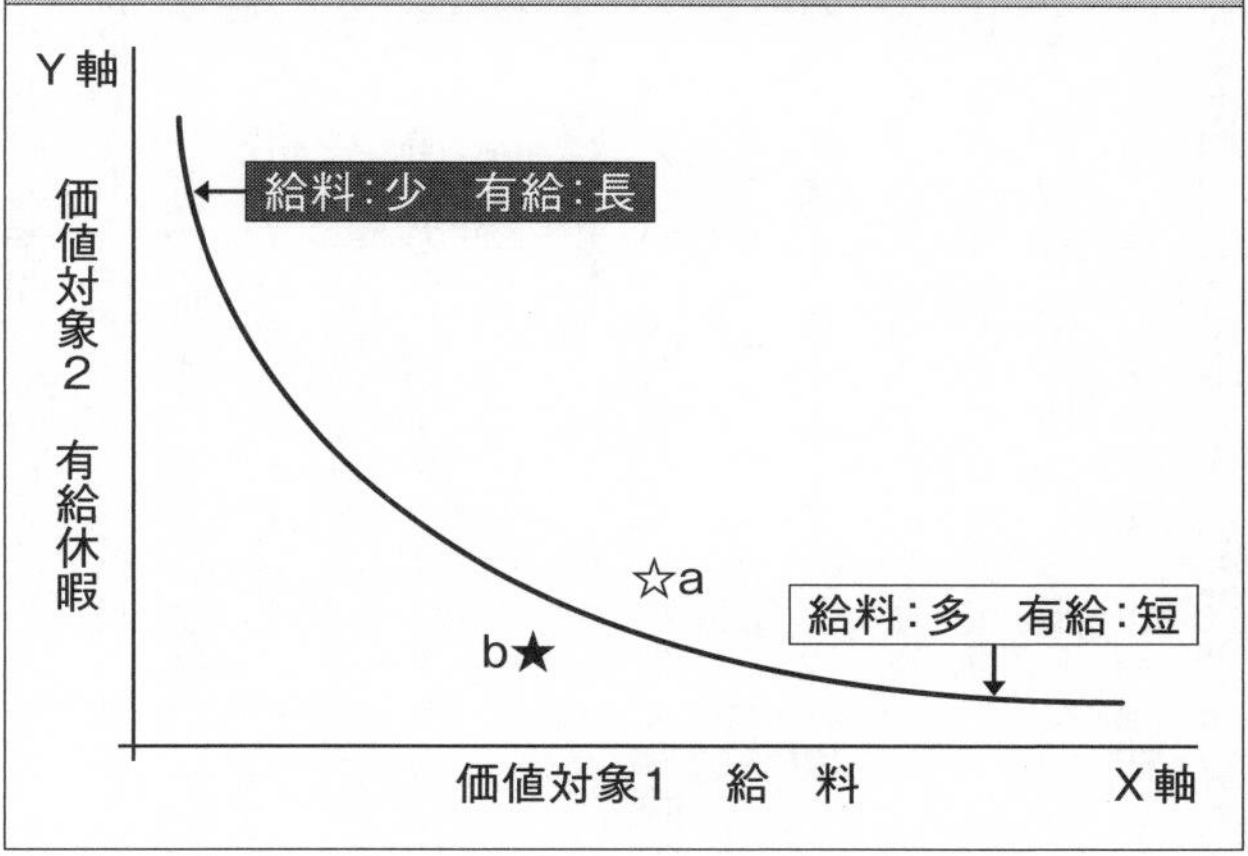

って、両者の福祉の度合いを部分的にだが決定できる、とセンは主張する。

価値対象1として給料をX軸にとって、有給休暇の長さを価値対象2としてY軸に取るとしよう。すると、給料の多さと有給休暇の長さの組み合わせとして、ほぼ同じ価値をもつ、と社会や個人が思う無差別曲線が考えられる。簡単に言えば、給料は多いがその分休暇が少ない働き方と、給料は抑えられているが、その分休暇がたくさんある働き方で、同じ程度の価値をもつと考えられる相関関係が無差別曲線である。

たとえば、平均的会社員の調査からつくった平均値を基に、給料と休暇の無差別曲線を作成できる。もしある項a（一個人の仕事と休暇の組み合わせを表わす）がその無差別曲線より、上方の空間に位置していて、項b（別の個人の仕事と休暇の組み合わせを表わす）が無差別曲線より下方の空間にあれば、仕事と有給休暇の機能の組み合わせとしての潜在力で、aはbより優っている。ちがいが甚だしいならば、bは不当な労働環境下にある。[21]

必要な潜在力を確保する基準が、社会的条件や環境条件に相対的であるとみなす点で、センとヌスバウムは同様な見地に立つ。一方で、繰り返すが経済学と倫理学のそれぞれの関心の差が、潜在力を評価するアプローチの差に反映しているだろう。

リストの可変性

ヌスバウムの潜在力に戻ろう。彼女の潜在力の第四の特徴は、リストの変更が可能である点だ。ヌスバウムが潜在力を剔出《てきしゅつ》した段階を思い出していただきたい。その第一段階は、人間の生に共通する基本的な経験を取り出し、それぞれの基本的な経験に対応する潜在力を考えていた。人間の基本的な経験に基づいて潜在力を導出しているから、潜在力のリストは、文化的差異、社会的差異を超えて妥当する一般性をもつ。その点でそれぞれの社会でしか認識できない特有の生の様式を体現しているものではない。

同時に、リストが変更できない普遍性をもつ、別の言い方をすればどのような場合にも妥当性をもつ、とは主張していない。序章で言及したように、「相対的ではない徳」における八項目のリストでも、『正義のフロンティア』の一〇項目のリストに際しても、変更の可能性を認めている。必要とあれば、項目を付け加え訂正を可としている。

この点に、ヌスバウムの洗練された、現代的な倫理的アプローチの特徴が現れてくる。アリストテレスでは、人間本性の実現を考えて、徳が構想されていた。ヌスバウムはアリストテレスを解釈し、人間本性とは言わず人間の基本的経験と言い直す[22]。なぜか。

人間本性と言えば、私たちは確固として変化しない特徴をたいてい想像しているだろう。こうした特徴をもつ人間本性に対して、サルトルの実存主義からポストモダンの思想に至るまで現代思想は、その理解に疑問を投げかけてきた。また、人間が進化を通じて変化してきたことは間違いなく、変化を被らない何か確固とした特徴を暗黙のうちに想定はできない。人間本性のように見える特徴も、長い時間、歴史のうちでの一断面を切り取ったときに当てはまるものでしかないかもしれない。したがって、疑わしい前提に立つ人間本性から出発するのではなく、人間の生活の基本的な経験から、基礎的な潜在力を取り出す。これが、ヌスバウムの戦略である。

もちろん、基本的と言っても、経験的事実である限り、変化する可能性は常にある。人間の基本的経験に基づく潜在力のリストの妥当性は、近代社会くらいまでの射程で、たかだかここ数百年の近現代社会の人間に通じる一般的な特徴の範囲を越えられないかもしれない。

一つ例を挙げたい。潜在力のリストは暗黙のうちに自律した自己理解をもつ人間を想定していて、自律した人間の生を構成する基本的な経験について語っている。リストの項目の⑥に挙げられている自らの人生を計画する実践理性の働きに、それが顕著に表れている。自律した自己や自我は、問題を自分の心に内面化し、反省を通じて生き方を模索する自己意識としての人間理解を背景として成立する。そして自己意識理解は、近現代に特有な人間像であって、近現代思想を準備した様々な文脈のうちで歴史的に立ち上がってきた。(23) 自律した人間の生が人類史を通じて人間すべてに一貫する基本的な経験である保証はない。中世に生きた多くの人々が理性的に自らの人生を考えて計画し、切り開いていたろうか。黙々とこれまでの生活伝統を受け継ぎ、働き生きていたのではないか。伝統的生活形態の遵守が彼らの基本的な経験を構成していたかもしれない。

カントが倫理的原則に求めた普遍性など、潜在力のリストに求めようもない。ヌスバウムはこの問題をよく理解しているのであり、したがってリストの訂正の可能性を示唆している。繰り返しておこう。普遍的な原則など呈示できない。同時に単なる相対主義に陥らないように、複数の社会、多元的な価値観にあって共通する原則として、潜在力をヌスバウムは構想する。それがたとえ、わずか数百年間続いているにすぎない近現代社会の枠組みにしか妥当しないものだとしても。

潜在力としての妥当性　信仰の自由と政治参加の自由の位置づけ

ヌスバウムの挙げる潜在力は、一定の社会にのみ妥当するものではなく、広く現代の様々な社会におおよそ当てはまるだろう。もっとも、妥当であると考えられる場合もあれば、逆に一般化できない構想を潜在力のうちに彼女が持ち込んでいる場合もある。一つずつ、それぞれその例を挙げておこう。宗教的な寛容と政治参加の問題だ。

ヌスバウムは、リストに挙げている一〇の潜在力以外にも、ところどころ人間の尊厳に関する文脈で、重要とみなす潜在力を挙げている。その一つが、宗教、信仰の自由であり、もう一つが政治参加（の自由）である。

信仰の自由と政治参加が、実際にリストの潜在力を実現した機能であるのか、あるいはそれ自身が基礎的な潜在力なのか、彼女は明確に説明してはいない。だが、少なくとも潜在力を実現する上で欠かせない機能と考えている。その上で、無神論者でも信仰の自由は認めるだろうし、政治参加を拒否する人々も政治参加の自由の保障に賛成するにちがいないと主張する。

まず信仰の自由に関して。これは説得力のない議論だろう。無神論者のうちには、信仰の自由の保障に同意する人たちも確かにいるにちがいない。一方、ラディカルな無神論者はそうではない。たとえば共産主義のハードライナーは、宗教は人民を無知なままにとどめる権力の仕組みの一つであると考えていた。そうであれば、重要なのは信仰をもつ人たちの信仰心の根拠となっている無知蒙昧《もうまい》の啓蒙であって、信仰の自由ではない。

政治参加を拒否する人々の例としてヌスバウムが挙げているアーミッシュは政治参加の自由に同意するだろうか。アーミッシュとは、アメリカやカナダに散在しているドイツとオランダ出身のプロテスタントの移民の子孫で、Ordnung《オルトヌンク》（元々ドイツ語で秩序を指す言葉）とよばれる厳格な宗教的規律にしたがって自給自足の生活を営んでいる一群の人たちである。彼らは自らのコミュニティーを形成し、他との交流をもたない。移民当時の生活を守っていて、電気の使用を禁じている。自動車も使わない。ラディカルな原理主義者に聞こえるが、平和な人々であり、他者に自分たちの生活を強制することはない。

アーミッシュの人たちは政治参加を悪と考えているが、政治参加の自由に関しては同意するであろう、とヌスバウムは言う[24]。この議論は多少補足が必要である。

アーミッシュの人々は政治参加を拒否する傾向がある[25]。もっとも、彼らが政治行動を嫌うのは、選挙の広告、チラシなどで使用される写真のためで、偶像化を厭《いと》う点にあるらしい。アーミッシュの規律は政治参加を否定はしていないようだ。問題はその政治参加の仕方、選挙の宣伝活動などにあるから、ヌスバウムの言うごとく政治参加の自由に同意するだろう[26]。

こうしてみるならば、ヌスバウムの挙げる潜在力も、それぞれ一つ一つ、多くの異なる価値観をもつ社会に当てはまる一般的妥当性をもちうるかどうか、確認、吟味しなければならない。同時に、彼女が挙げる潜在力に二つのタイプが混在する点に注意しなければならない。一つは、リストとして明示されている潜在力のタイプである。もう一つは、政治参加や信仰の自由など、リストに挙げられていないもので、その地位が、生の基礎となる潜在力なのか、その実現の一つである機能なのか、明確でない。

政治参加を他者との共生の一形態として位置づければ、一つの機能となる。他者との共生を表わす幾多の機能の一つ、生を実現するあり方の一つに過ぎないならば、潜在力アプローチから、人間の生にとって必要不可欠な潜在力として正当化はできない。政治参加の自由の保護は必要であっても、生の繁栄や福祉にとっての必要条件として、潜在力アプローチによって正当化できるかどうかは、また別の問題である。

リストに挙がっていないタイプの潜在力は、政治参加や信仰の自由のように、基本的な権利、人権と結びつけて語るときに現れる。その権原を人間の基礎的経験から直接導き出せるかどうか明確ではないのだが、ヌスバウムは異なる二つの問題、人権の問題と潜在力アプローチによる基本的経験からの導出可能性を分けていない。

なぜか。そこには徳倫理の構想から政治哲学への方向転換で生じた、次元の異なる問題が混在するからである。つまり、徳倫理の構想と、政治哲学の構想のちがいである。『正義のフロンティア』で、彼女は政治哲学へと舵《かじ》を切る。その立ち位置の転換について、次にみておきたい。

三　ヌスバウムの構想の転換

徳倫理の二つの関心　個人の徳の実現と社会的公正を目指す正義論

潜在力アプローチは社会の必要条件を市民の権原の形で特定する政治的な見解であって、包括的な倫理的見解ではない、とヌスバウムは『正義のフロンティア』で明言している(27)。そして、ロールズの正義論を批判し補完する形で、障碍者、外国人、動物を対象としてより包括的な正義論を展開する。これが『正義のフロンティア』の試みであり、社会の公平、公正を実現するための潜在力の確保が、彼女の正義論のテーマである。

むろん、これはセンのアプローチと同じ軌道にあり、潜在力による本来のアプローチといってもよいかもしれない。とは言え「相対的ではない徳」で一時的にせよヌスバウムが構想しかけた徳倫理的アプローチではない。

なぜ、潜在力アプローチは、配分の正義の問題へと絞りこまれ、包括的な倫理的見解を断念したのか。その理由はどこにあるのか。

ヌスバウムは、潜在力アプローチによる徳倫理的試みから政治哲学への転換を軌道修正と思っていないだろう。潜在力アプローチの「政治的見解」への応用は、当初からの企画の一つだった。ヌスバウムは『正義のフロンティア』に先立つ様々な論文のうちで政治的試みとしての正義論について、体系的ではないにせよ語っている。それは、徳倫理に内包される問題意識に発し、徳倫理を展開した一つの帰結でもあったからである。

徳倫理は、生を充実するための個人の心の姿勢として徳を理解する。その点で焦点は個人の生にある。一方、個人が徳を発揮してそれぞれの生を開花するために、社会の仕組みが前提になる。人間は社会的動物であり、共生する。これが徳倫理の人間理解の基本にあるから、個人の生は社会形態や制度から切り離せない。アリストテレスは『ニコマコス倫理学』の終わるところ、『政治学』が始まると考えていた。

徳倫理は、個人の生の実現のため社会論へと向かうから、配分の正義を考える正義論と政治学の探究は、徳倫理に続く自然な歩みの一つでもある。ヌスバウムの正義論は、この点で、アリストテレスに忠実に徳倫理の軌道上を歩んでいる。実際、ヌスバウムは「相対的ではない徳」とほぼ同時期、個人の徳の実現を可能にする公正な社会、つまり配分の正義の実現さ

れる社会について、アリストテレスの『政治学』を詳細に分析している。簡単にその分析に触れておこう。(28)

ヌスバウムによれば、公正な社会についてアリストテレスの理解は多義的で矛盾を孕《はら》む。アリストテレスは、一方で、個人それぞれの公平を確保する現代的な「配分のコンセプト」によって公正な社会を構想している。ところが他方で、個人を社会全体の調和に資する部分としてみなす「全体論的コンセプト」ももっている。

「全体論的コンセプト」では、ちょうど身体の各部分がその働きを受けもち、有機体としての身体全体が調和して働くように、個人は社会に貢献する。個人はそれぞれ受けもちを正しく遂行し、役割を果たして、社会の調和を実現する。受けもちや役割は、個の与《あずか》る持ち分の公平を慮《おもんぱか》っているわけではない。さらに、アリストテレスは「配分のコンセプト」によって市民の公平にこころを砕くときでも、農民、職人、そして女性を市民の対象から除外してしまう。(29)

以上がおおよそ、ヌスバウムの解釈である。彼女は、『政治学』のテキストを丹念に追ってアリストテレスの社会の公正、正義概念の矛盾を指摘しながら、個人の徳の実現に、アリストテレスが必要と考えていた社会の役割を剔出する。それは、市民が生に本質的な機能(functionings)を手に入れ、展開できる環境をつくりだすことである。

さらに潜在力に関しても、個人の生の実現と社会的条件、双方に眼差《まなざ》しを向けて、「内在的潜在力」と「外在的潜在力」を対比してもいる。「内在的潜在力」とは、個人の潜在力にあたり、「外在的潜在力」は個人の潜在力を可能にする外的、社会的条件を意味する。(30)

一言付け加えておけば、既に言及した政治参加についても、古代ギリシャ、ポリスの市民としての義務と権利理解をヌスバウムは忠実に辿っているのであり、政治参加を他者との共生を実現する社会の基本的な潜在力とみなしている。

最終的に、ヌスバウムの考察は、個人の生の実現と社会的条件双方をにらみながら、人間の生に不可欠な潜在力とは何か、潜在力を巡る中心的な問いを呈示する。この段階で、潜在力のリストへと繋《つな》がる「相対的ではない徳」の試みが登場してくる。

ヌスバウムの考察の歩みを振り返ってみると、ヌスバウムの潜在力アプローチは当初から、社会制度を構想する正義論を内包していた。『正義のフロンティア』は、個人の生の展開に必要な「外在的潜在力」を用意し、準備する社会的条件を正義論として展開している、そう解釈できるであろう。政治参加や信仰の自由など人権の問題が、個人の生を実現する社会的条件として、潜在力アプローチに自然と結びつくのも、社会論と個人の徳の間断ない結びつきを前提にするならば、理解は可能だろう。

正義論に照準を合わせるのはアリストテレスによる古典的な徳倫理の構想からみて、奇異なものではない。一方、徳倫理が配分の正義を目指す社会論と結びついても、徳理解が明らかになるわけではない。徳理解は、個人の生にあって徳がどのように働くか、それを説明しなければならないからである。アリストテレスで言えば、『政治学』は、『ニコマコス倫理学』の代わりにはならない。ヌスバウムが『正義のフロンティア』で、彼女の『政治学』を展開したと認めても、ヌスバウムの『ニコマコス倫理学』は存在していないのだ。

潜在力による徳理解の限界

なぜ、ヌスバウムは「包括的な倫理的見解」を展開しなかったのか。徳倫理と社会論の連続は、その充分な説明にはならない。その説明を試みたい。本書が示したかった現代的徳倫理の方向とヌスバウムとの相違も、その試みから明らかにしたいと思っている。

再度ヌスバウムの徳倫理の構想を思い出していただきたい。第一段階で人間の生に共通する基本的な経験を取り出し、基本的な経験において適切な機能を実現する潜在力を考えていた。次に、リストに挙がった潜在力と徳の関係が第二段階で問題になる。

ヌスバウムは、「相対的ではない徳」のうちで、人間の基本的な経験および潜在力と徳の関係について、彼女への反論を想定して、反論にあらかじめ答える形で語っている。

反論は言う。ヌスバウムの挙げる人間に共通する基本的経験と潜在力を認めたとしても、必要な徳が確定するわけではないし、また徳について語る形態ですら決まってはいない。ヌスバウムは具体例を挙げていないが、ここは具体的に考えてみよう。リストの2に挙がっている基本的な経験の領域は肉体であり、潜在力で言えば、適切な食と居住、要は衣食住である。アリストテレスにしたがうならば、肉体には節制の徳が対応するようにみえる。一方、視点を変えるならば、対応する徳の一つとして肉体の強化の奨励も充分考えられる。必ずしも食の節制を考える必要はない。あるいは節制を肉体の鍛錬を含めた形で解釈もできる。そうなると節制の徳は多様な解釈を許す。

さらに、徳について語る形態が哲学的な言説である必要もない。多くの場合、私たちは聖書や童話など物語（ナラティブ）の形式で、徳について聞き、学んできたのであって、哲学書から議論を通じて知ったわけではない。これがヌスバウムの想定した反論である。この指摘は鋭い。

想定された反論に比べると、だが彼女の答えは弱々しい。まず、基本的な潜在力に対して、一つの徳が対応する必要はなく、複数の説明がありうると言う。その説明はより包括的な徳理解に収斂《しゅうれん》するかもしれないし、しないかもしれない。それでも、もし不適切な徳理解や徳の解釈がそこで明らかになっていくのであれば、大きな達成であると述べる(31)。

続くヌスバウムの答えは、徳を具体的な行為に応用する際の問題へとずれていく。ヌスバウムは、徳を適用する際には、様々な習慣をもつ文化的、社会的な差異があると指摘している。

もちろん、そうであろう。同じ節制の徳であっても、行為へと落とし込む際にどのような仕方があるのか、それは社会によって異なるにちがいない。また、具体的なケースに一般的な徳の理解を落とし込むときの繊細な感覚についても、彼女は同じ文脈で語っている。この点は、徳倫理のもっとも得意とするもので、また本書が語ってきた問題、つまり思慮（フロネーシス）の問題だ。

しかし、今問題となっているのは、潜在力に対応する徳の性格付けであり、潜在力の導入によって、どのように徳理解が変化するのか、あるいは徳理解に展望が開かれるか、その点である。ところが、ヌスバウムは自ら問いを投げかけながら、問題が内包する肝心の点に答えていない。答えられなかった、と言うべきかもしれない。基本的な経験を踏まえて潜在力を考えるとき、そこから生じるのは、徳のあるべき方向性、生の繁栄、福祉を目指す方向性だけであって、リストとして基本的な徳を呈示できなかったのではないか。

理由は、潜在力と徳の関係にある。潜在力からのみでは徳の性格を特定できない。

ヌスバウムは、潜在力から徳へと赴く第二段階について、示唆してはいるものの、ついに具体化しなかった。当然ながら、潜在力はそれ自身がそのまま徳を特徴づけはしない。たとえば、食は潜在力の一つとして欠かせないが、無論、食は徳ではない。どのように食べるか、アリストテレスで言えば、理性的に食べることによって初めて、節制の徳が浮び上がる。潜在力のリストの⑥に挙がっている実践理性についてはどうか。自らの生活の管理、計画は必須にちがいないが、どのようにすれば、実践理性を適切に働かせられるか。

これは本書が全編を通じてこころを砕いてきた思慮（フロネーシス）の問いである。思慮を育成できるかどうか、これは大きな教育の課題にもちがいない。言うならば、なまの潜在力はまだ徳ある生ではない。潜在力を発揮して、よき機能、あるいは卓越した機能として実現するとき、そのとき徳ある行為、徳ある機能となる。その「よさ」は、まだ潜在力の指摘では足りない。

潜在力アプローチから直接呈示できる数少ない徳は、公平の徳、正義の徳かもしれない。人間一人一人の潜在力の確保に対応して、公平な配分を考える視点が生じるからである。その点からみるならば、ヌスバウムは徳倫理の構想の一部を正義論で実現したと解釈も可能だろう。

マッキンタイアの徳理解と潜在力アプローチの統合に基づく徳倫理

潜在力のリストが示してくれるもっとも重要な点は、徳が目指すべき生の繁栄や福祉の方向性であり、生のどのような活動に対応して徳を考えるべきか、その点にある。

序章で語っていたマッキンタイアが提唱した実践に内在する徳概念を思い出していただきたい。行為を充実した卓越した活動にする特徴、それをマッキンタイアは徳として剔出していた。たとえば、「勇気」や「誠実さ」がそうした徳として浮び上がってくる。一方、実践に内在する徳理解のアプローチは、どのような実践、行為を目指すべきかを示していない。そのため、行為の完成を目指し、行為を卓越したものにする内在的徳によって、悪党の勇気、理性的な拷問や沈着冷静なヤクザの取り立ても可能になってしまう。それ自身望ましくない行為、実践を排除できない。

潜在力アプローチが示している方向性、生の繁栄や福祉の方向性は、どのような行為の卓越性が目指されるべきか、行為の篩《ふる》い分けを可能にする。生の繁栄や福祉を目指す点から、自律を促すような諸々の行為が浮び上がるし、他者との共生に対応する潜在力から、お互いに支え合う行為の数々が浮び上がるだろう。

拷問やヤクザの取り立ては、身体の健康（潜在力のリストの②）や連帯（リストの⑦）にあからさまに反するものとして認められない。潜在力アプローチは、実践に内在する徳理解が抱えていた問題への答えとなる視点なのだ。

しかし、私たちが個人としてどのように行為するべきか、どのように潜在力を発揮すれば卓越したあり方になるか、ヌスバウムの潜在力アプローチは明らかにしてはくれない。マッキンタイアの実践に内在する徳理解の強みはここにある。私たちがどのような徳に基づいて、行為を卓越したものにするか、教えているからだ。

まとめて言えば、潜在力アプローチは、マッキンタイアの行為に内在的な徳理解と統合するとき、現代的な徳倫理に、徳理解を支える重要な視点を提供する。ヌスバウムの潜在力アプローチの魅力はそこにある。

ヌスバウムの潜在力アプローチは、アリストテレスが『ニコマコス倫理学』で示したような徳倫理の全体像を描くにはほど遠い。野心的なヌスバウムには、潜在力アプローチによって徳倫理を体系的に展開できないことが満足できなかったのかもしれない。ヌスバウムが『正義のフロンティア』で、政治哲学へと舵を切った理由の一つはそこにあるのではないだろうか。

【附論　註】

（1）ヌスバウム／セン編著、水谷めぐみ訳『クオリティー・オブ・ライフ』、里文出版、二〇〇六年に収録されている「第二章、潜在能力と福祉」の冒頭を参照。五九頁。

(2) A.Sen, "The Concept of Development", in: *Handbook of Development Economics*, Vol. 1, North Holland 1988, p.13.

センは開発経済を考える上でGNPが基準にならない理由を幾多の観点から指摘している。

(3) ケララ州の例は手頃に入手可能な邦訳では次の書でみることができる。

セン、池本幸生他訳『不平等の再検討』、岩波現代文庫、二〇一八年、二三二頁以下参照。

(4) 代表的な現代の選好功利主義者はシンガーである。シンガー『実践の倫理』を参照。マキシミン原理とは、選択肢のうちで、利益が最大になるものを選ぶのではなく、それぞれの選択によって最悪でも得られる利益に着目し、最悪の場合の利益が最大になるものを選ぶ戦略。マキシミン原理を配分の正義の問題として考察しているものとして、パーフィットの『理由と人格』(勁草書房、一九九八年)第四部、とりわけ一九章、五七三頁以下を参照。

(5) センはこの議論を繰り返し展開している。邦訳として手に入れやすいものは、セン、池本幸生他訳『不平等の再検討』、岩波現代文庫、二〇一八年、一六八頁以下。

(6) シンガーに代表される選好功利主義では、個は、個人ばかりではなく、動物の個体にも及んでいる。本文の動物の倫理の章を参照されたい。

(7) 選好功利主義批判もセンは様々なところで行っている。たとえば以下の箇所を参照。セン、池本幸生他訳『不平等の再検討』、岩波現代文庫、二〇一八年、八六頁以下。

(8) ロールズ、川本隆史他訳『正義論』、紀伊國屋書店、二〇一〇年、八六頁。

(9) Amartya Sen, "Equality of What?", 1979, p.216.

(10) ヌスバウムは、ロールズが様々な要素を基本財として認めながら、比較の単純さを重んじて、富と所得を社会的公正の基準としたと解釈している。この点については、第二章で触れている。こう考えれば「物質フェティシズム」は文字どおり、財としての物質を優先したことになる。ヌスバウム『正義のフロンティア』、法政大学出版局、二〇一二年、一三三頁以下。

(11) Amartya Sen, "Equality of What?", 1979, p.218.

(12) 列挙したものは、以下の邦訳による。セン、池本幸生他訳『不平等の再検討』、岩波現代文庫、二〇一八年、七三頁。『クオリティー・オブ・ライフ』、里文出版、二〇〇六年収録、「潜在能力と福祉」、六〇頁以下。

(13) 上掲書、「潜在能力と福祉」、七九頁以下を参照。

(14) 基本的な経験と潜在力は同一ではなく、潜在力によって経験が可能になるから、本来であれば、三段階区別すべきだろう。つまり、第一段階で、人間の生に共通する基本的な経験を取り出す。第二段階として、それぞれの基本的な経験における適切な機能を考え、その機能を実現する潜在力を剔出する。そして第三段階として、適切に潜在力を実現する徳の考察が続く。しかしヌスバウムは「相対的ではない徳」で、経験の領域と、それぞれの基本的な経験に対応する潜在力を、厳密に区別していない。「相対的ではない徳」で呈示しているリストは、基本的な経験と潜在力の混成リストに近い。対して『正義のフロンティア』では、経験に対応する機能を実現する潜在力のリストに衣替えされている。たとえば「相対的ではない徳」ではリストに、人間の根本経験である「死すべき運命」や「肉体」が挙げられる一方で、潜在力も挙げられている。対して、『正義のフロンティア』では「死すべき運命」の経験に対応して「人生の終局まで生きられる」潜在力、「肉体」の経験に対しては「健康でありうる」潜在力へと衣替えされている。

加藤尚武他編・監訳『徳倫理学基本論文集』、勁草書房、二〇一五年所収の論文、ヌスバウム「相対的ではない徳」、一一七頁、一三六頁以下。

(15) 加藤尚武他編・監訳『徳倫理学基本論文集』、勁草書房、二〇一五年所収の論文、ヌスバウム、「相対的ではない徳」、一一九頁。

(16) 「相対的ではない徳」では機能と潜在力を明確に区別していない。『正義のフロンティア』に至って初めて、両者は明瞭《めいりょう》に区別される。「相対的ではない徳」では、潜在力と機能のみならず、『正義のフロンティア』で明確に潜在力のリストと呼ばれるリストを「共通の人間性の特徴」とも呼んでいる。「相対的ではない徳」での構想は、したがって、「人間の基本的な経験」、「機能」、「潜在力」、「共通の人間性」、四つの概念が明確な区別なく使用されていて、混乱の原因となる。そのため、本文では『正義のフロンティア』で明確に区別されるに至った概念を使用している。

加藤尚武他編・監訳『徳倫理学基本論文集』、勁草書房、二〇一五年所収の論文、ヌスバウム「相対的ではない徳」、一一九頁、一三六頁。

(17) ヌスバウムはどうでもよい機能の例として、しばしば、ヘルメットをかぶらないオートバイの運転を挙げ、非難に値する機能として差別、環境汚染を挙げている。

ヌスバウム『正義のフロンティア』、法政大学出版局、二〇一二年、一九二頁。

(18) 既に述べたように「相対的ではない徳」では、機能と潜在力、人間の基本的な経験を明確に区別しておらず、適切な機能のリストとも語っている。これがリストの内容と表現が両者のリストで異なる一つの理由であろう。

(19)　閾値に関して随所でヌスバウムは語っているが、例えば以下を参照。ヌスバウム『正義のフロンティア』、法政大学出版局、二〇一二年、八五頁、八九頁、九九頁、一九三頁、二〇二頁、二〇九頁。

(20)　ヌスバウム『正義のフロンティア』、法政大学出版局、二〇一二年、二〇八頁。ヌスバウム『女性と人間開発』（岩波書店、二〇〇五年）も参照。

(21)　X軸とY軸に取ることができる機能は様々であるから、一つの無差別曲線において項aに該当する個人Aがbに該当する個人Bより上に位置するが、別の無差別曲線に対しては個人BがAより上方の空間に位置する場合がある。すると、AとBの福祉の優越は一義的には決定できない。福祉の公正には曖昧さが常にあり、選ばれる機能に相対的である。完全な順序づけを行うことはできない。セン、池本幸生他訳『不平等の再検討』、岩波現代文庫、二〇一八年、とりわけ六七頁以下。

(22)　ただし、ヌスバウムは必ずしも一貫していない。潜在力を理解する際に、魂、自然本性などの形而《けいじ》上《じょう》学的見解を含意する概念を回避すると言いながら、他方で、人間本性の観念に対応すると、いくつかの箇所で表現しているからである。この点でヌスバウムは時に自然主義的な傾向を覗《のぞ》かせる。フットなどで顕著だが、徳倫理の特徴としてアリストテレス以来、自然主義的傾向がある。以下の箇所を参照。

　ヌスバウム『正義のフロンティア』、法政大学出版局、二〇一二年、二一〇頁以下。

(23)　近代的な自我理解の生成について解明した見事な研究として以下のものを参照。C・テイラー、下川潔他訳『自我の源泉　近代的アイデンティティの形成』、名古屋大学出版会、二〇一〇年。

(24) ヌスバウムはしばしばアーミッシュの政治参加問題に言及しているが、『正義のフロンティア』でのアーミッシュへの言及、信仰の自由については以下を参照。ヌスバウム『正義のフロンティア』、法政大学出版局、二〇一二年、二一一頁以下。

(25) アーミッシュの人々は二〇一六年の大統領選挙で、七%ほどしか投票していないとの記事がある。ペンシルヴェニア州のアーミッシュの人々、一万五〇〇〇人の有資格者のうち、投票の登録をしていたのは二〇〇〇名ほどで、そのうち実際投票していた人たちは一〇〇〇名ほどだったようである。以下のURLを参照(二〇二三年一二月閲覧)。

https://christianityfaq.com/do-amish-people-vote/

(26) アーミッシュの人々について措《お》くとして、「政治参加を悪と考える」を言葉通り解釈して、宗教的生活のみを重要視する社会を思い描くなら、そうした社会ではそもそも宗教的規律に従った生活が求められているのであって、政治的活動はない。政治的行動は基本的な経験の重要な潜在力でもなければ、その実現である機能とも解釈できない。実際にそうした社会は存在した。たとえば、古代ユダヤ人社会には、現世的な政治から距離をとり、宗教的生活のみを勧めるラディカルな一派もいた。政治活動に対する姿勢のちがいから、ユダヤ人社会内で、ローマ帝国の政治的支配に対する対応のちがいが生じている。したがって、古代にまで広げて考えれば、政治参加の自由も潜在力として認められないだろう。

(27) ヌスバウム『正義のフロンティア』、法政大学出版局、二〇一二年、一七九頁。

(28) M.Nussbaum, "Nature, Function and Capability: Aristotle on Political Distribution": In: *Oxford Studies in Ancient Philosophy*, Supplementary Volume, pp. 145-184. 様々な論文集に掲載されているが、イ

ンターネット上で閲覧できる、World Institute for Development Economics Research of the United Nations University での発表原稿の頁付けによっている。

(29) ヌスバウムは、配分のコンセプト、全体論的コンセプト（holistic concept）、さらに手工業者と農耕従事者を排除する全体－部分コンセプト（whole-part concept）について語っている。M.Nussbaum, "Nature, Function and Capability: Aristotle on Political Distribution", p.14 以下。

(30) 正確には、個人の内在的潜在力の発揮を疎外するなんらかの要因がないとき、その個人は外在的潜在力をもっていると定義されている。外在的潜在力も、あくまで主体は個人の側にある。個人が望むときに、生の実現へと着手可能な態勢、つまり外在的潜在力を可能にするものが社会的条件と言えるだろう。M.Nussbaum, "Nature, Function and Capability: Aristotle on Political Distribution", p.20, p.24.

(31) 加藤尚武他編・監訳『徳倫理学基本論文集』、勁草書房、二〇一五年所収の論文、ヌスバウム「相対的ではない徳」、一一九頁以下、および一二七頁以下。

あとがき

大学時代、「倫理学概論」、「倫理学入門」、「倫理学史」など、倫理学と名のつく授業はすべて受講を避けていた。大学にまで来て、あれをやれ、これをやれ、それはやってはいけない、と諭されるのはたまらないと思ったからである。「倫理」は大学生の私には、ひどく魅力のない言葉に響いた。

それが少しずつ、時とともに、倫理思想に触れるにつけ、変わった。私たちが「倫理」とか「倫理学」と聞いたとき連想するものとはだいぶ異なった理解が、徳倫理では問題になっている。自分がどのように生きたいのか、岐路に立った際の道しるべ、後で後悔しないための指標、それが本来の倫理であると徳倫理は教えてくれているのではないか、そう考えるようになった。

徳倫理の道しるべは、一つの主張や教説、テーゼの形で示せるものではなく、人生でぶつかる様々な倫理的岐路にあって、思慮のヒントとして現れ出る。その点で、徳倫理は問題に対峙《たいじ》するときの心の正中線と呼ぶのがふさわしいかもしれない。本書は、私たちが思い悩むときの道しるべとなる思慮、あるいは心の正中線としての徳倫理について語っている。

倫理思想は、大きく分けて三つある。カントに代表される義務倫理、ミルやベンサムが提唱した功利主義、そしてアリストテレスを始祖とする徳倫理、あるいは徳倫理学である。一般の読者からすると、徳倫理も義務倫理も、義務やら徳やら、なにかとうるさそうでわかりづらく、大学生のときの私と同様、敬遠したい分野ではないかと思う。

「すべき」倫理、「してはならない」倫理のイメージを不動にしたのは、義務倫理である。

功利主義は、経済学にも採用されているので、多くの人が知るところだろう。対して、徳倫理となるとなじみがうすい。徳ある人になるように勧める倫理観、その程度の印象しかないのが普通にちがいない。日本では専門家の間でも徳倫理について知る人は、そう多くない。

そう考えて、序章と一章、二章では、全く倫理思想になじみのない読者を想定して、徳倫理がどのようなものか、その説明を試みた。倫理学についての知識がなくても、専門用語を知らなくても、充分読めると思う。

三章から六章までは、私たちが思い悩むとき、徳倫理が示す道しるべはどのように現れるか、悪いことしか出来ない状況、嘘が必要な場面、公平と平等に悩むとき、そして動物へのまなざしを巡って、どのように思慮は働くのか、示そうと試みた。

本書は、現代的徳倫理を展開する上で、スコットランド出身の思想家マッキンタイアの徳理解と、『正義のフロンティア』によって、アメリカの政治哲学者として有名なヌスバウムの潜在力（capability approach）を足がかりとして利用している。最後の附論は、その潜在力について、専門的な問題意識をもつ読者へ応《こた》えようとして書かれている。

潜在力は、センとヌスバウム、二人の思想家によって使用される概念だが、内容が異なり、関心も異なるため、その点について多少補足が必要だった。またヌスバウムの正義論と徳倫理の関係についても説明している。附論は本書のうちで、唯一専門家を念頭に書かれていると言ってよいかもしれない。

註についても、一言記しておきたい。参考とした文献や資料を読者が関心に応じて参照できるように、註に載せている。また、本文中では言及すると煩瑣《はんさ》になる説明も記した。多くは、専門家など読者から想定される疑問点に答えようとしている。


ある分野を総覧して、わかりやすく内容をまとめ、突っ込んだ難しい内容を回避した類《たぐ》いの書籍を入門書とするならば、本書は入門書ではない。また、本書は、徳倫理の歴史的展開を解説したものではないし、徳倫理のうちで今まで現れた思想を網羅的に説明もしていない。

現代の倫理思想の抱える疑問に答えるためには、どのような徳倫理が求められるか、それを考えた。現代的な徳倫理の試みは、こう解釈できますよ、と私なりの応答である。

それを一言で言えば、独断論と相対主義、どちらにも陥らない倫理の可能性を探る試みである。あるテーゼや原理を絶対視する独断論に陥らない倫理。しかし、独断論を避けて、それぞれの文化、社会、個人によって「正しさ」「よさ」はそれぞれ異なると諦めてしまう相対主義にも陥らない倫理の可能性。これが、本書を通して貫く問題意識、言わば通奏低音である。様々な倫理的岐路に立つとき、独断論と相対主義の間をぬって歩もうとするとき、徳倫理の導く思慮が何を教えてくれるだろうか、そう思いながら本書を書き進めた。

難しい倫理思想を難解な専門用語を出来るだけ使わずに表現しようと意図した。これが本書のもう一つの狙いである。本書を書くにあたって、ときに難しい内容もあるが、それは避けるのではなく、できるだけ私たちの語る生きた日本語のうちで表現しようと努めた。専門家にしか通じない翻訳語、日本語として摩訶《まか》不思議な専門的ジャルゴンではなく、私たちが語る、自然な日本語で思想は理解できるし、また理解できるものでなければならないと思う。

倫理的な問題は、私たちの人生に現れる問いである。人生に応える倫理思想は私たちが考えるときに思い浮ぶ言葉で表現できるはずである。そうでなければ、古代ギリシャに発し、西欧の土台をなしてきた思想の受容は、あくまで私たちの思考にとって「お客様」にすぎず、血肉となった精神にはならない。

そうした言葉が、日常的な言葉であるとは限らないが、人工的で感性に響かない翻訳語ではないだろう。私たちの悩む精神が血肉化した言葉をもたないならば、それは空疎にちがいない。

本書の題名をつけるにあたって、KADOKAWAの編集者、岸山征寛氏と黒川知樹氏は、数十の候補を考案してくださった。本書の題名、「つなわたりの倫理学」は、そのうちの一つである。

うまい表現だと思った。両側に広がる、独断論と相対主義の深い陥穽《かんせい》を避けつつ、間を歩いて行く道は、確かにサーカスの「綱渡り」のようなものかもしれない。どこかで我知らず、どちらかの陥穽に落ちてしまっているかもしれない。そうでないことを祈るばかりである。

この頃の書籍では、読者に内容のおおよそがわかるように小見出しをつけている。私には馴染みのないものだが、それも、SNSが日常化した時代の読者に対する道しるべなのだろうと思った。小見出しは、編集部が提案して、早稲田大学の哲学科の大学院生、渡辺浩太氏と木浪凜太郎氏が細かく検討してくれた。その労をとってくれた二人にはこの場を借りて、感謝したい。

本書の序章と第六章「人間的に考えるのをやめよう——動物の倫理」は、早稲田大学の哲学科の雑誌、『フィロソフィア』に発表したものを拡充した。正確には、本書のために書いていた草稿を、字数の関係上大分削って雑誌に掲載した。残りの章は全て書き下ろしである。

主要参考文献一覧

以下、直接引用・言及した文献のみを挙げる。参照箇所は必要に応じて章末に註釈を加えた。邦訳がある文献については邦訳を参照し、原書の書誌情報は省略している。

Allhoff, Fritz, "Business Bluffing Reconsidered", in: *Journal of Business Ethics*, Volume 45, Issue 4, 2003.

ハンナ・アレント、中山元訳『責任と判断』、ちくま学芸文庫、二〇一六年

アリストテレス、高田三郎訳『ニコマコス倫理学』上下、岩波文庫、一九七一／一九七三年（本書は他に光文社古典新訳文庫版、京都大学学術出版会版など各種の訳本がある。）

阿川尚之『憲法で読む　アメリカ現代史』、NTT出版、二〇一七年

Bilsky, Leora, "Judging Evil in the Trial of Kastner", in: *Law and History Review*, Vol 19, No.1, Spring 2001.

Bordewich, Fergus M., "The Lessons of Bhopal", in: *The Atlantic Monthly*, March 1987.

リチャード・バーン／アンドリュー・ホワイトゥン編、藤田和生他監訳『マキャベリ的知性と心の理論の進化論　ヒトはなぜ賢くなったか』、ナカニシヤ出版、二〇〇四年

Carson, Thomas L., "Second Thoughts about Bluffing", in: *Business Ethics Quarterly*, Vol.3, Issue 4, 1993.

Carson, Thomas L., "The Morality of Bluffing: A Reply to Allhof", in: *Journal of Business Ethics*, Volume 56, issue 4, 2005.
キケロ、泉井久之助訳『義務について』、岩波文庫、一九六一年
Darwall, Stephen, "Reasons, Motives and the Demands of Morality: An Introduction", in : *Moral Discourse and Practice: Some Philosophical Approaches*, Oxford/New York, 1997.
ジョゼフ・R・デ・ジャルダン、新田功他訳『環境倫理学—環境哲学入門—』、人間の科学新社、二〇〇五年
Eckerman, Ingrid, *The Bhopal Saga– Causes and Consequences of the World's Largest Industrial Disaster*, India, 2005.
江口聡編・監訳『妊娠中絶の生命倫理　哲学者たちは何を議論したか』、勁草書房、二〇一一年
Foot, Philippa, "Euthanasia", in: *Philosophy & Public Affairs*, Vol.6, No.2 1977.
ハリー・G・フランクファート、山形浩生訳『不平等論　格差は悪なのか？』、筑摩書房、二〇一六年
Gallup, G., "Chimpanzees: Self-Recognition", in: *Science*, 167, 1970.
ジェーン・グドール、河合雅雄訳『森の隣人　チンパンジーと私』、朝日選書、一九九六年
テンプル・グランディン／キャサリン・ジョンソン、中尾ゆかり訳『動物感覚　アニマル・マインドを読み解く』、日本放送出版協会、二〇〇六年
トニー・ホープ、児玉聡／赤林朗訳『医療倫理』、岩波書店、二〇〇七年
ロザリンド・ハーストハウス、土橋茂樹訳『徳倫理学について』、知泉書館、二〇一四年
マイケル・イグナティエフ、添谷育志他訳『許される悪はあるのか？　テロの時代の政治と倫理』、風行社、二〇一一年

ポール・ジョンソン、石田友雄監修、阿川尚之他訳『ユダヤ人の歴史』上下、徳間書店、一九九九年
加藤尚武他編・監訳『徳倫理学基本論文集』、勁草書房、二〇一五年
アルド・レオポルド、新島義昭訳『野生のうたが聞こえる』、講談社学術文庫、一九九七年
ジョン・ロック、大槻春彦訳『人間知性論2』、岩波文庫、一九七四年
Lurie, P./Wolfe, S.M., ”Unethical Trials of Interventions to Reduce Perinatal Transmisson of the Human Immunodeficiency Virus in Developing Countries”, in: *the New England Journal of Medicine*, Vol. 337, September 1997.
アラスデア・マッキンタイア、篠﨑榮訳『美徳なき時代』、みすず書房、一九九三年
ジョン・マクダウェル、大庭健編・監訳、双書現代倫理学2『徳と理性　マクダウェル倫理学論文集』、勁草書房、二〇一六年
村松剛『新版　ナチズムとユダヤ人』、角川新書、二〇一八年
村松聡『ヒトはいつ人になるのか　生命倫理から人格へ』、日本評論社、二〇〇一年
Nussbaum, Martha, “Nature, Function and Capability: Aristotle on Political Distribution”, in: *Oxford Studies in Ancient Philosophy*, Supplementary Volume, 1988.
マーサ・ヌスバウム、池本幸生／田口さつき／坪井ひろみ訳『女性と人間開発　潜在能力アプローチ』、岩波書店、二〇〇五年
マーサ・ヌスバウム／アマルティア・セン編著、竹友安彦監修、水谷めぐみ訳『クオリティー・オブ・ライフ　豊かさの本質とは』、里文出版、二〇〇六年
マーサ・ヌスバウム、神島裕子訳『正義のフロンティア』、法政大学出版局、二〇一二年
デレク・パーフィット、森村進訳『理由と人格　非人格性の倫理へ』、勁草書房、一九九八年

トム・L・ビーチャム／ノーマン・E・ボウイ編著、中村瑞穂監訳『企業倫理学3』、晃洋書房、二〇〇三年
トム・L・ビーチャム／ジェイムズ・F・チルドレス、立木教夫他監訳『生命医学倫理』第五版、麗澤大学出版会、二〇〇九年
ジョン・ロールズ、川本隆史他訳『正義論』、紀伊國屋書店、二〇一〇年
ダニエル・C・ラッセル編、立花幸司監訳『ケンブリッジ・コンパニオン　徳倫理学』、春秋社、二〇一五年
マイケル・J・サンデル、林芳紀他訳『完全な人間を目指さなくてもよい理由　遺伝子操作とエンハンスメントの倫理』、ナカニシヤ出版、二〇一〇年
マックス・シェーラー、青木茂／小林茂訳、シェーラー著作集八巻『同情の本質と諸形式』、白水社、一九七七年
Sen, Amartya, "Equality of What?", in: *McMurrin S Tanner Lectures on Human Values*, Volume 1, 1980.
Sen, Amartya, "The Concept of Development", in: *Handbook of Development Economics*, Vol 1, North Holland, 1988.
アマルティア・セン、池本幸生他訳『不平等の再検討　潜在能力と自由』、岩波現代文庫、二〇一八年
塩野七生『ローマ人の物語3　ハンニバル戦記上』、新潮文庫、二〇〇二年
ピーター・シンガー、山内友三郎／塚崎智監訳『実践の倫理』、昭和堂、一九九九年
Spaemann, Robert, *Glück und Wohlwollen*, Stuttgart, 1990.
田中美穂／児玉聡「川崎協同病院事件判決・決定に関する評釈の論点整理」、『生命倫理』、VOL・26、No・1、二〇一六年九月

チャールズ・テイラー、下川潔他訳『自我の源泉　近代的アイデンティティの形成』、名古屋大学出版会、二〇一〇年
チャールズ・テイラー、上野成利訳『近代　想像された社会の系譜』、岩波書店、二〇一一年
Varelius, Jukka, "Allhoff on Business Bluffing", in: *Journal of Business Ethics*, Volume 65, issue 2, 2006.
フランス・ドゥ・ヴァール、西田利貞/藤井留美訳『利己的なサル、他人を思いやるサル—モラルはなぜ生まれたのか』、草思社、一九九八年
バーナード・ウィリアムズ、森際康友他訳『生き方について哲学は何が言えるか』、産業図書、一九九三年
Recommendations from the meeting on mother-to-infant transmission of HIV by use of antiretrovirals, Geneva, World Health Organization, 1994 June 23-25.
シリーズ生命倫理学編集委員会編『シリーズ生命倫理学２　生命倫理の基本概念』、丸善出版、二〇一二年

図表作成　本島一宏

本書の序章と第六章は、早稲田大学哲学会発行『フィロソフィア』一〇八、一〇九号収録の論文を全面的に改稿したものです。他章はすべて書き下ろしました。

村松　聡（むらまつ・あきら）
1958年、東京都生まれ。上智大学哲学科卒業、同大学院修了後、ドイツ・ミュンヘン大学留学。横浜市立大学国際総合科学部応用倫理学担当准教授を経て、現在早稲田大学文学学術院文化構想学部教授。専門は近現代哲学、主に徳倫理に基づく倫理学、生命倫理などの応用倫理学。パーソン論、他者論、心身論についても研究を続けている。著書として、『ヒトはいつ人になるのか　生命倫理から人格へ』（日本評論社）、『教養としての生命倫理』（共編著、丸善出版）、『シリーズ生命倫理学２　生命倫理の基本概念』（共著、丸善出版）などがある。

つなわたりの倫理学《りんりがく》

相対主義《そうたいしゅぎ》と普遍主義《ふへんしゅぎ》を超《こ》えて

村松《むらまつ》　聡《あきら》

2024 年 2 月 10 日　初版発行

発行者　山下直久
発　行　株式会社KADOKAWA
〒 102-8177　東京都千代田区富士見 2-13-3
電話　0570-002-301（ナビダイヤル）

装 丁 者　緒方修一（ラーフイン・ワークショップ）
ロゴデザイン　good design company
オビデザイン　Zapp!　白金正之
印 刷 所　株式会社暁印刷
製 本 所　本間製本株式会社

角川新書

ISBN978-4-04-082501-4 C0210